京都から考える
都市文化政策とまちづくり
伝統と革新の共存

YAMADA Hiroyuki　　　AKASAKI Morihisa
山田浩之・赤﨑盛久 編著

ミネルヴァ書房

まえがき

　21世紀に入って，わが国は少子高齢化・人口減少の時代に入った。かつての経済成長・人口増加という形の都市発展の時代は終ったのである。そして都市衰退が懸念され，縮退政策が論じられ始めている。しかし逆に，「生活の質」（Quality of Life）の向上を目指す都市政策の時代が到来したとみることもできるのではなかろうか。

　そこで，生活の質の向上に貢献する重要な要因を挙げると，1つは環境であり，もう1つは文化である。環境の重要性については，国連の「持続可能性」概念の登場もあり，既に多くの議論が行われてきた。そこで本書では，文化に焦点をあて，文化による都市の発展，都市文化政策，文化によるまちづくり等について論じたい。対象とする都市は京都である。

　京都は1200年の歴史をもつ文化都市であり，豊かな文化資源に恵まれた都市である。しかし今日，京都が文化都市として誇れるものがあるのは，明治維新以後の京都市の文化政策・文化によるまちづくりの成果であることも確かである。

　明治維新の時に，禁門の変によって洛中の大半が焼失，東京遷都によって御所周辺が空洞化し，人口も激減して，京都は衰亡の危機に直面した。これに対して，行政は積極的な都市再生政策を実施したが，その中で文化政策は重要な位置を占め，大学のまち，芸術のまち・京都の基礎が築かれた。第2次大戦後も，高山市政は文化政策を重視したが，1978年には「世界文化自由都市宣言」が公表されて，その後の都市政策の基本理念となり，文化政策が着々と実施され，文化庁の京都移転も実現されることになる。

　そこで本書は，明治維新以後の京都市における文化政策の展開，文化によるまちづくりの歩みを明らかにしつつ，文化の発展による都市の発展の重要性を論じようとするものである。まず序章で，文化の発展と文化政策やまちづくりに対する基本的な考え方を説明した上で，本論に入る。本論は3部構

i

成である。第Ⅰ部では，まず京都の都市政策が近代化と伝統文化継承の２兎を追うものであったことが明らかにされ（第１章），次いで京都市の文化政策の展開過程が論じられる（第２章）。そして京都で特に重要となる，文化遺産—その保存と活用（第３章），学区中心のまちづくり（第４章），祭礼とまちづくり（第５章）が論じられる。

　第Ⅱ部は，景観問題である。第２次大戦後，京都では何度も景観問題が生じ景観論争が行われた。その経過と新景観政策の登場・成果（第６章），崩壊しつつある京町家とまちづくりの問題（第７章），空き家活用問題（第８章）が論じられる。さらに，京都の景観を構成する河川文化（第９章）が語られ，最後は，地域のまちづくりで活躍するリーダー達による実践報告（第10章）である。

　第Ⅲ部は文化によるまちづくりを支える「まちおこし」の問題である。京都市の産業政策全体の流れ（第11章），文化産業としての性格をもつ伝統産業の動向（第12章），京都の経済を背負う経済人の提言（第13章）が論じられる。

　最後に，終章で，京都の文化によるまちづくりに指導的な役割を果して来られた方々に「京都のまちづくり」の諸問題を論じていただいた。

　筆者は，数十年前から京都のまちづくりに何らかの形で関係する審議会・委員会・研究会等で多くの方々と交流することができ，多くのことを学ぶことができた。本書をこのような形でまとめることができたのも，これらの方々との交流のおかげと，心から感謝している次第である。

　2019年８月

山田浩之

京都から考える 都市文化政策とまちづくり
──伝統と革新の共存──

目　　次

まえがき

序　章　都市の発展における文化と経済 …………………… 山田浩之　1

1 文化と経済は車の両輪………………………………………………… 1

2 文化の概念と発展要因………………………………………………… 2

3 国における文化政策の展開…………………………………………… 5

4 地域における文化政策と文化によるまちづくり ………………… 6

第Ⅰ部　文化とまちづくり

第1章　多様性ゆたかな文化都市を志向した政策 …… 山田浩之　12
　　　　──明治維新を契機とした近代化への途

1 歴史都市と近代都市──京都は2つの顔を持つ ………………… 12

2 明治維新と京都策 …………………………………………………… 13

3 第2次世界大戦後の都市政策の展開 ……………………………… 16

4 多様性ゆたかな文化都市へ………………………………………… 22

第2章　新たな芸術文化の振興と伝統文化の継承 …… 平竹耕三　27
　　　　──文化政策における車の両輪

1 京都市の文化政策 …………………………………………………… 27

2 京都文化芸術都市創生計画の策定と改定………………………… 34

3 東京オリンピック招致と文化庁移転を契機とするプログラム …… 36

第3章　文化遺産の保全・活用と地方創生 …………… 峯俊智穂　43
　　　　──地域経済活性化と新しい文化の創造

1 社会状況の変化と文化財保護制度の見直し ……………………… 43

2 文化遺産とは何か …………………………………………………… 44

3 文化財とは何か……………………………………………………… 47

4 地方創生と京都創生 ………………………………………………… 49

目　次

 5　日本におけるインバウンド観光振興 ……………………… 52

 6　文化遺産を地域・観光資源として捉える……………………… 54

第4章　まちづくりの「場」としての元校舎 ……… 和崎光太郎　58
   ── 明倫学区を事例に

 1　学区と元校舎 ………………………………………………… 58

 2　地域が学校をつくり学校が地域をつくる──学区の歴史…………… 59

 3　明倫小学校の閉校から京都芸術センターの開設まで ……………… 60

 4　地域が実施し京都芸術センターが協力する事業 ………………… 62

 5　京都芸術センターと学区組織が共同で実施する事業……………… 65

 6　地域のコミュニティセンターとしての学校 ………………… 68

第5章　祇園祭の山鉾行事を支える現代京都の都市機能
   ── 祭礼とまちづくりの関係を問い直す
   ………………………………………………… 佐藤弘隆　72

 1　現代都市において祭礼を支えるもの ……………………… 72

 2　京都祇園祭の山鉾行事……………………………………… 74

 3　山鉾町の社会・空間構造の現状把握 ……………………… 77

 4　各山鉾の運営基盤の構築 …………………………………… 81

 5　現代都市における祭礼の継承とまちづくり ……………… 90

第Ⅱ部　景観と生活文化

第6章　景観問題・景観論争と景観政策の展開
   ………………………………… 山田浩之・松田　彰　94

 1　都市景観とは何か ………………………………………… 94

 2　景観問題の展開と景観政策・まちづくり………………… 96

 3　新景観政策の展開と成果──都市再生における景観政策の可能性 …… 101

第7章 「異なる価値観の共存」に向けた京町家の保全・継承
──生活文化の継承と発展を目指したまちづくり
………………………………………………高田光雄 116

1 解体が続く京町家 ……………………………………………… 116

2 京町家保全・継承の論拠 ……………………………………… 118

3 京町家の特徴と生活文化 ……………………………………… 120

4 京町家の保全・継承におけるまちづくりの視点 …………… 123

5 異なる価値観の共存──まちづくりの課題 ………………… 124

6 タイトでオープンなコモンズ──まちづくりの仕組み……… 126

7 シナリオアプローチ──まちづくりのプロセス …………… 128

第8章 コミュニティによる空き家対策 ………………赤﨑盛久 136

1 問題になる空き家 ……………………………………………… 136

2 京都市によるコミュニティの力を利用した空き家対策 …… 137

3 市場に流通していない空き家への対処 ……………………… 139

4 空き家活用のあるべき姿 ……………………………………… 142

第9章 鴨川における「景観」の変遷……………………鈴木康久 144
──治水・舟運・納涼床から

1 鴨川の位置づけを変えた「平安遷都」 ……………………… 144

2 「高瀬川」「寛文新堤」によって創出された活用の場……… 145

3 「納涼床」に代表される華やかな鴨川の出現 ……………… 148

4 近代化の中で進む「空間活用」と「治水」 ………………… 153

第10章 地域住民によるまちづくり
──実践報告
…………………谷口親平・横山経治・神戸　啓・赤﨑盛久 162

1 美しい街並をつくる──姉小路界隈 ………………………… 162

2 安寧・品格を保持する──西之町…………………………… 167

　　　　　　　　　　　　　　　　　　　　　　　　目　　次

　3　この町らしさを再生する——先斗町 ……………………………………… 173

　4　川と商店街を再生する——白川エリア ………………………………… 177

　　　　　　　　　第Ⅲ部　地域・文化産業とまちづくり

第11章　文化都市・京都の産業政策 ………………………白須　正　188

　1　市政の柱は産業と文化 ……………………………………………………… 188

　2　地方自治体における産業政策の重要性 ………………………………… 188

　3　産業都市・京都 ……………………………………………………………… 190

　4　文化に根ざした産業政策の歴史 ………………………………………… 191

　5　伝統産業振興の取り組み ………………………………………………… 193

　6　伝統・観光産業の低迷と近代工業の空洞化 ………………………… 194

　7　新しい産業政策——観光・新産業の振興 …………………………… 196

　8　京都型文化産業の振興 …………………………………………………… 199

第12章　伝統産業の振興と産地のまちづくり …………滋野浩毅　205
　　　　——文化都市の産業政策

　1　衰退する伝統産業 ………………………………………………………… 205

　2　京都の伝統産業 …………………………………………………………… 205

　3　産地のまちづくり ………………………………………………………… 211

　4　京都市・京都府の伝統産業振興条例の策定 ………………………… 215

　5　伝統産業が持つ文化的価値や創造性への着目 ……………………… 217

　6　伝統産業の特性を活かした文化創造に向けて——これからの課題… 218

第13章　産業政策のプレーヤーたちとそのビジョン …波多野進　223

　1　経済団体と産業政策 ……………………………………………………… 223

　2　京都の産業政策 …………………………………………………………… 223

　3　産業政策のプレーヤー …………………………………………………… 227

vii

4　産業政策の背景にある産業・企業観 ……………………………………… 231

終　章　座談会　「文化によるまちづくり」を考える
　　　　…山田浩之・池上　惇・青山吉隆・宗田好史・佐々木雅幸・赤﨑盛久 241
　　1　明治以後のまちづくり——近代化と伝統継承 …………………………… 241
　　2　「文化によるまちづくり」の優れた点 …………………………………… 244
　　3　「文化によるまちづくり」が抱える問題点 ……………………………… 249
　　4　町家の問題 ……………………………………………………………………… 254
　　5　観光をめぐる問題 …………………………………………………………… 257
　　6　京都のまちづくりへの提言 ………………………………………………… 259

あとがき
索　　引

コラム
　　1　「大学のまち・京都」のさらなる発展に向けて ………………………… 25
　　2　花街のまちづくり ……………………………………………………………… 42
　　3　健康・スポーツ文化と観光 ………………………………………………… 70
　　4　岡崎文化地区の形成と展開 ………………………………………………… 114
　　5　路地のまちづくり ……………………………………………………………… 135
　　6　琵琶湖疏水の貢献 …………………………………………………………… 160
　　7　京都市地域景観まちづくりネットワークの取り組み ………………… 184
　　8　京都リサーチパークの挑戦 ………………………………………………… 204
　　9　国際交流のまち・京都 ……………………………………………………… 239

<table>
<tr><td>序　章</td><td>都市の発展における文化と経済</td></tr>
</table>

1　文化と経済は車の両輪

　脱工業化，情報化が進行する時代となり，近年，都市政策において，文化政策が重要な位置を占めるようになってきた。都市政策とは，一言でいえば，都市問題を解決しつつ都市の発展を目指す政策であるが，都市の発展において文化の重要性が認識されるようになったのである。

　かつての産業社会においては，工業や商業の発展によって都市の経済発展がもたらされ，それとともに都市化が進行して，人口が増加し，都市の発展が実現された。都市政策も経済発展のための社会資本の整備が中心であった。

　しかし，ポスト工業化といわれる今日，経済の発展だけではもはや都市の発展を語ることはできない。1960年代後半以降，欧米先進国では，かつて繁栄した多くの工業都市や港湾都市が衰退しはじめた。英国のマンチェスター，グラスゴー，リバプール，米国のボストン，ボルチモア，デトロイトがその代表的な都市であり，1970年代半ばのニューヨークの財政破綻も有名である。これらの都市では，既存の工場や港湾施設が老朽化したり，人口が郊外に流出して中心部が空洞化したり，あるいはインナー・シティが荒廃してスラム化したりして，停滞や衰退に悩むことになった。

　そこで，その問題を解決して，都市の再生（アーバン・ルネッサンス）を図ることが都市政策の課題となる。そして，アーバン・ルネッサンスの手段となり，目標ともなったのが，都市文化の発展であった。たとえば，ニューヨークでは，舞台芸術やミュージアムを支援することによって，まちの賑いを取り戻すことに成功した。もう一つの有名な成功例は，スペインのビルバオである。疲弊した工業都市ビルバオは，グッゲンハイム美術館の誘致によって，多くの観光客が訪れる文化都市に変身したのである。[1]

I

またEUでは，1985年のアテネ以来，毎年1つ以上の都市を欧州文化首都（European Capital of Culture）として選定する，という文化政策が実施されている。欧州文化首都に選ばれた都市では，多くの文化イベントを開催して，観光客を呼びこみつつ，国際交流と地域振興を図っている。この政策は，選ばれた都市のイメージ・アップを実現して，ほぼ成功裡に今日まで続けられている（土屋 2012）。

経済発展はモノの豊かさをもたらし，文化の発展は心の豊かさをもたらす。経済の発展によってモノが豊かになるにつれて，人々は，量だけでなく，生活の質（Quality of Life）の向上を求める。経済の発展はまた余暇の増大をもたらすが，心を豊かにする余暇の過ごし方が求められる。これらは文化の欲求となり，文化の発展が重要となる。従って，都市の発展は，経済の発展と文化の発展が両輪となって進むことによって，はじめて実現される。

しかも，サービス経済化と高度情報化が進む現代では，経済の発展と文化の発展は独立して進むものではない。経済の発展は文化の発展を可能にし，文化の発展も生活の質向上の過程で経済の発展に寄与する。従って，経済の発展と文化の発展を両立させ，両者のリンケージを図る都市政策・文化政策が要請される。

2　文化の概念と発展要因

（1）文化の概念

ここで，都市における「文化の発展」について，その内容を考察しておこう。まず，文化の概念であるが，文化という言葉は，日本文化，東洋文化，文化交流，文化人，文化祭など，さまざまに使用されている。しかし，それらは，大きく分けて2つの意味で用いられている。

1つは，文化人類学や社会学で用いられている広義の概念で，社会の道徳・信仰・法律・風習などから成る生活様式であり，文化人類学者 C.クラックホーンは，文化人類学者のさまざまな定義を検討した上で，「文化とは，歴史的に形成された明示的あるいは黙示的な生活様式の体系であり，集団のすべてまたは特定の構成員によって共有されるものである」と定義している。[2]

これに対して，もう1つの意味で用いられるのは，より狭義で，芸術のように人間によって創られた人間にとって価値あるもの，を指している。梅棹忠夫はそれをわかりやすく簡潔に「心の足し」と表現する。「心の足し」となる財・サービスとしては，音楽や美術などのすぐれて芸術的なものだけでなく，マンガ，アニメ，落語，漫才などの娯楽的なものを含めてよいだろう。この第2の文化概念の定義は「人間の精神の働きによってつくり出され，人間生活を高めてゆく上の新しい価値を生み出してゆくもの」となる。

「人間生活を高めてゆく上の新しい価値」を，文化経済学では「文化的価値」と呼び，その内容として，美的価値，精神的価値，歴史的価値，象徴的価値，本物の価値などが挙げられる。さらに，文化的価値を有する財を「文化的財」（cultural goods）と呼び，文化的財の生産・流通・消費のプロセスを研究することが文化経済学の課題となる。なお，文化的価値を生み出すことは，言いかえれば「文化を創造する」ことに他ならず，創造性（creativity）は文化を考える場合の中心概念である。文化の発展は，この第2の概念を前提にして考えることになる。

（2）文化と経済とのかかわり

ここで，文化と経済との関係，特に文化的財の生産・流通・消費は経済活動でもあり，文化産業が形成されることをみておこう。

第1に，文化活動，たとえば絵画等の美術品を製作する活動においても，種々の材料や道具を使用し，労働を投入して作品が創作すなわち産出される，という投入産出活動が行われており，これは経済活動に他ならない。

第2に，芸術創作活動によってつくられた作品は，多くの場合，市場で販売され，市場価格（経済的価値）を持つ。

第3に，複製技術の発達により，芸術作品の複製生産が可能となり，複製文化産業が形成され，いわゆる「文化の産業化」が進行する。

第4に，種々の文化活動はそれが行われる地域にとって，経済的にも重要な意義をもつ。音楽の演奏会や美術の展覧会は集客を通じて地域での消費活動を促進し，経済効果をもたらし，地域経済の活性化に貢献する。美術館や博物館などの文化施設が新たに建設されるならば，地域に大きな経済効果を

もたらすだけでなく，地域文化の顔となり，地域文化の発展に貢献する。(7)

　以上では，文化活動が市場化によって文化産業として成立し，地域経済の発展にも貢献することをみたが，文化活動の中には，商品化が難しく，経済的価値が期待できない分野がある。前衛的・実験的芸術，学術研究などである。従って，これらの文化については，その文化的価値の意義を評価しつつ，支援等の文化政策が要請されることになる。

（3）文化発展の要因と分野

　それでは，文化の発展はどのように進められるのであろうか。文化の発展をもたらす要因は，大きく次の５つに分けて考えることができる。

- ①　文化を創造し育てる人的資源（(イ)文化の創造能力をもつプロフェッショナル―芸術家，科学者など；(ロ)創造活動を支援するコーディネーターなど；(ハ)文化の享受能力をもつ市民など）。(8)

- ②　文化の創造・育成・継承・支援を行う施設＝組織（ミュージアム・劇場・スタジアムなどの文化施設，学術研究・教育施設，有形の歴史文化遺産，祭礼・年中行事などの無形文化遺産，伝統技術等――文化経済学ではこれらを「文化資本」と呼ぶ）。

- ③　文化交流（地域間・国際間の交流，たとえば映画祭，音楽祭，体育祭，学会，など）。

- ④　文化環境（(イ)①②によって形成される文化クラスター，(ロ)文化的な景観）。

- ⑤　文化政策（国や地方政府による文化の保護・支援・振興に関する制度・政策）。

　地域は，地域の文化資源を考慮して，これらの要因による地域文化発展戦略を実行することになる。なお，文化の発展が行われる文化の中心的な分野として，まず①芸術文化，②学術文化，③スポーツ文化，④生活文化，⑤文化遺産の５つを挙げることができる。

　さらに，これらと関連する分野として，観光，教育，宗教，デザイン，工芸，建築，広告，出版，放送，ソフトウェア，ゲームなどがある。

3 国における文化政策の展開

　戦後の文化政策の柱の一つは，文化遺産の保護である。1950年に「文化財保護法」が制定されて，有形文化財だけでなく，無形文化財も保護の対象となった。その後，同法は，幾度もの改正を経て，現在，有形・無形文化財，民俗文化財，記念物，伝統的建造物群，文化的景観，文化財の保存技術，埋蔵文化財に分類されて，保護対象を拡大しつつ，すぐれた保護制度に発展してきた。都市は文化の記憶装置と言われるが，文化遺産の保護制度は重要な意義をもっている。[9]

　そして，今日新たに，文化遺産は保存だけでなく，まちづくり等に積極的に活用する，という観点が打ち出され，2018年に文化財保護法は改正された。改正保護法では，市町村が「文化財保存活用地域計画」を策定することになり，都市計画マスタープランに基づく「歴史的風致維持向上計画」と連動して，文化遺産保護政策が総合的なまちづくりの重要部分を担うことになる（馬場 2019）。

　文化政策のもう一つの柱は，文化振興であるが，1968年に文化庁が発足し，芸術文化を中心に，芸術活動の奨励・援助，芸術家の育成，文化施設（国立美術館・国立劇場等）の設置が進められた。1986年には「国民文化祭」が始まり，1990年には「芸術文化振興基金」が創設された。さらに，文化庁は1998年に「文化振興マスタープラン―文化立国の実現に向けて」を策定し，文化行政が取り組むべき政策として，芸術創造活動の活性化，伝統文化の継承・発展，地域文化・生活文化の振興，文化を支える人材の養成・確保，文化による国際貢献と文化発信，文化発信のための基盤整備を挙げている。

　そして，文化振興の根拠法として，2001年に「文化芸術振興基本法」が制定された。文化芸術の内容としては，芸術，メディア芸術，伝統芸能，芸能，生活文化，国民娯楽，出版物等，文化財等が例示されている。次いで，2017年に，「文化芸術の振興にとどまらず，観光，まちづくり，国際交流，福祉，教育，産業その他の各関連分野における施策を法律の範囲に取り込む」ために，「文化芸術振興基本法」が改正されて「文化芸術基本法」が施行された。

そして同法の趣旨に基づいて，同年12月，内閣官房と文化庁により，文化と経済の好循環を実現するために，「文化経済戦略」を策定した。これは，文化政策と経済政策を連携して，地域の発展を図ろうという政策である（伊藤2019；片山 2019）。

4　地域における文化政策と文化によるまちづくり

　このような国の文化政策の展開と連動して，地方でも文化にかかわるさまざまの政策が実施されてゆく。他方，住民も生活環境の改善や生活の質の向上，地域文化の継承などを求めて「まちづくり」運動を展開することになる。
　まちづくり運動は最初は小規模な住民主体の活動だったが，活動間の連携，専門家の協力，行政との協働なども進み，都市政策の方向にも影響を与える大きな流れが形成された。そこで，それらのまちづくりを総括して，「まちづくり」とは「地域社会に存在する種々の資源を基礎として，地域住民・専門家・行政など多様な主体が連携・協働して地域の生活環境の改善や地域文化の発展に努力し，地域の魅力や活力を高め，生活の質の向上を実現する活動」と定義しておこう。そこで，次に文化によるまちづくりの展開をみよう。それは大きく3つに分けることができる。

（1）文化振興まちづくり
　第1は，「文化振興まちづくり」である。1970年代・80年代に，梅棹忠夫の文化開発論の提唱（1974）もあり，小布施町の北斎館（1976）など，各地で美術館，博物館，音楽堂，文化センター，スポーツ施設等の建設が町並み修景や観光振興と連動して，活溌に行われた。また，芸術文化を中心に文化振興を図る文化振興条例を制定する地方自治体も多くなり，前述した「文化芸術振興基本法」を公布したことにより，文化振興条例を制定する地方自治体はさらに増加した。また，文化施設の建設・整備とともに重要なのが，文化遺産の保全と活用であり，国の文化財保護法の下で，各地域は文化遺産を保存しつつ，まちづくりを行うことになる。

序　章　都市の発展における文化と経済

（2）景観まちづくり

　第2は「景観まちづくり」である。景観も人間の営みの結果として形成される文化であり，環境であるから，美しい景観づくりは文化によるまちづくりの一つであり，次の3つに分けて考えることができる。一つは「自然景観づくり」である。都市にとっても緑は重要であり，山並み景観，水辺景観，公園等の整備は，景観まちづくりの一つの柱となる。

　もう一つは，「歴史的景観づくり」である。1960年代に京都や鎌倉の歴史的風趣のある地区で開発問題が生じ，反対運動によって1964年に「古都保存法」が制定され，「歴史的風土保存区域」制度が制定される。次いで，南木曽・妻籠や奈良県今井町等で歴史的町並みの保存運動があり，文化財保護法が改正されて「伝統的建造物群保存地区」の指定が始まっている。さらに，2008年には「歴史まちづくり法」が制定され，歴史的風致の維持・向上を進めるまちづくりが進展することになる[13]。

　3番目は，市街地において周辺環境と不調和の建造物を規制する「市街地景観づくり」である。明治維新以後，洋風建築が伝統的な町並みの中に出現し，次いで，建築技術の近代化により，鉄筋コンクリートのビルが建ちはじめ，雑然とした町並みが形成されてゆく。さらに，1963年の建築基準法改正により，容積率規制が導入され31 m という高さ規制が撤廃されたため，ビルの高層化が始まり，大都市で景観紛争が生じ，景観まちづくり運動も始まる。そのため，高さ規制，屋外広告物規制等の景観施策が，まちづくり協議会のような住民参加の制度の形成を伴いながら，行われるようになる。このような動きを受けて，国も2004年に「景観法」を制定し，地域の個性を活かした「景観まちづくり」が支援されることになる（日本建築学会 2005）。

（3）文化産業まちづくり

　「文化によるまちづくり」の第3は，「文化産業まちづくり」である。既にみたように，文化活動もいろいろな形で経済活動と関係している[14]。そこで，文化活動を地域経済の活性化に積極的に結びつけよう，というのが第3のまちづくりである。その中で，重要な一つの戦略が「創造都市戦略」である。創造都市とは，文化の創造性を活かした創造産業を基礎に創造経済を展開し

7

て，文化と経済の相互発展を目指す都市であり，1990年代にランドリー（ランドリー 2003）等によって提起された。

　創造産業（クリエイティブ産業）を国の将来の発展を担う産業として位置づけたのはイギリス政府である。イギリスの文化・メディア・スポーツ省は1998年に「創造性やスキル，才能を必要とし，知的財産の開発によって富と雇用を生み出す潜在力をもつ産業」を創造産業と定義し，アートとアンティーク，工芸，建築，デザイン，デザイナーファッション，音楽，舞台芸術，フィルムとビデオ，テレビとラジオ，ソフトウェア，ゲームソフト，出版，広告という13分野を挙げた。

　創造都市では，文化芸術と科学技術を創造性という概念の下で統一的に捉え，その創造プロセスにおいて都市のダイナミックな発展が期待される。ユネスコは，2001年に「文化多様性に関する世界宣言」を採択し，文化多様性は人類共通の遺産であり，交流・革新・創造の源として人類に必要なものであるとして，その重要性を主張しているが，文化多様性を推進するためのスキームの一つとして，「創造都市ネットワーク」を2004年に発足させた。このネットワークに参加を希望する都市は，7つの分野（文学，映画，音楽，工芸・フォークアート，デザイン，メディアアート，食文化）から1つの分野を選んでユネスコに申請し，審査を経て加盟が認められることになる。現在までに認定を受けた日本の都市は金沢（工芸），名古屋（デザイン），神戸（デザイン），札幌（メディアアート），浜松（音楽），鶴岡（食文化），篠山（工芸），山形（映画）である。[15]

　創造都市戦略は，大都市でなくとも実施できる点が重要であるが，創造産業等の文化産業によるまちおこしが，「文化産業まちづくり」となる。

注
(1) ニューヨークについては，上山・稲葉（2003：第2章），ビルバオについては，岡部（2003：Ⅰ）参照。
(2) 文化人類学の文化概念については，相良（2003：Ⅰ）参照。
(3) 梅棹（1993），初出は「文化開発の課題と方法」『大阪の文化を考える』（1974）。
(4) 『日本国語大辞典』（小学館）の定義を参考にした。

8

序　章　都市の発展における文化と経済

(5)　Throsby（2001），中谷・後藤監訳（2002）。文化経済学については，池上・山田（1993），池上・植木・福原（1998），後藤・勝浦（2019），スロスビー（訳・2014）を参照。筆者はさらに，学術的価値，教育的価値，文脈的価値，愛着価値を加えたいと考えている（山田，2016）。

(6)　文化産業については，山田（1993；1998；2002），後藤（2013），後藤・勝浦（2019：第6章）を参照されたい。

(7)　文化の経済効果については，山田（1981），山田・新井・安田（1998）を参照。

(8)　①の(イ)，(ロ)はフロリダ（2008）の言うクリエイティブ・クラスにほぼ対応する。

(9)　マンフォード（1966）。マンフォードはまた，「都市文化は手段と目標の両者となる」と言う。

(10)　日本建築学会（2004：1章）における佐藤滋の定義を拡張した。

(11)　吉田（2012），岡本（1992），中川（2001），平竹（2016）参照。

(12)　峯俊（本書：第3章），川村ら（2002）参照。

(13)　山田（本書：第6章2）及び『季刊まちづくり』24号（2009），「特集・歴史まちづくりの計画の徹底検証」を参照。

(14)　地域文化・文化政策と地域経済・文化産業・まちづくりを論じたものとして，次の研究を挙げておきたい。猪爪（1989），端ら（2006），高島（2009），石原・西村（2010），寺岡（2014），渡部（2019），OECD（2005＝2014）。

(15)　創造都市，創造産業については，佐々木（1997，2001），佐々木雅幸＋総合研究開発機構（2007），後藤（2013），後藤・勝浦（2019：第6章），野田（2014）参照。

参考文献

池上惇・植木浩・福原義春編（1998）『文化経済学』有斐閣。

池上惇・山田浩之編（1993）『文化経済学を学ぶ人のために』世界思想社。

石原武政・西村幸夫編（2010）『まちづくりを学ぶ』有斐閣。

猪爪範子（1989）『まちづくり文化産業の時代』ぎょうせい。

伊藤裕夫（2019）「文化芸術基本法」『文化経済学』16(1)。

上山信一・稲葉郁子（2003）『ミュージアムが都市を再生する』日本経済新聞社。

梅棹忠夫（1993）『都市と文化開発』（梅棹忠夫著作集㉑）中央公論社。

岡部明子（2003）『サスティナブルシティ』学芸出版社。

岡本包治編著（1992）『まちづくりと文化・芸術の振興』ぎょうせい。

片山泰輔（2019）「文化経済戦略の意義と課題」『文化経済学』16(1)。

川村恒明監修，根木昭・和田勝彦編著（2002）『文化財政策概論』東海大学出版会。

後藤和子（2013）『クリエイティブ産業の経済学』有斐閣。

後藤和子・勝浦正樹編（2019）『文化経済学』有斐閣。

相良憲昭（2003）『文化学講義』世界思想社。

佐々木雅幸（1997）『創造都市の経済学』勁草書房。

佐々木雅幸（2001）『創造都市への挑戦』岩波書店。

佐々木雅幸＋総合研究開発機構（2007）『創造都市への展望』学芸出版社。

高島博（2009）『文化による地域づくり』晃洋書房。

土屋朋子（2012）「EU の地域政策にみる地域振興」『文化政策研究』6。

寺岡寛（2014）『地域文化経済論』同文館出版。

中川幾郎（2001）『分権時代の自治体文化政策』ぎょうせい。

日本建築学会編（2004）『まちづくりの方法』丸善。

日本建築学会編（2005）『景観法と景観まちづくり』学芸出版社。

野田邦宏（2014）『文化政策の展開』学芸出版社。

端信行・中牧弘允・NIRA 編（2006）『都市空間を創造する』日本経済評論社。

フロリダ，R.／井口典夫訳（2008）『クリエイティブ資本論』ダイヤモンド社。

馬場憲一（2019）「文化財保護法改正について」『文化経済学』16(1)。

平竹耕三（2016）『自治体文化政策』学芸出版社。

マンフォード，L.／生田勉訳（1966）『都市の文化』鹿島出版会。

山田浩之（研究責任者）（1981）『文化施設の経済効果』総合研究開発機構。

山田浩之・新井益洋・安田秀穂（1998）「文化支出の経済効果」『文化経済学』1(2)。

山田浩之（1993）「文化産業の発展」池上惇・山田浩之編『文化経済学を学ぶ人の
　ために』世界思想社。

山田浩之（1998）「文化産業論」池上惇・植木浩・福原義春編『文化経済学』有斐
　閣。

山田浩之（2002）「文化産業論序説」『文化経済学』3(2)。

山田浩之（2016）「都市祭礼と文化経済学」山田浩之編著『都市祭礼文化の継承と
　変容を考える』ミネルヴァ書房。

吉田隆之（2012）「各自治体の文化条例の比較考察」『文化政策研究』6。

ランドリー，C.／後藤和子監訳（2003）『創造的都市』日本評論社。

渡部薫（2019）『文化政策と地域づくり』日本経済評論社。

OECD（2005）*Culture and Local Development.*（＝2014，寺尾仁訳『創造的地域づ
　くりと文化』明石書店。）

Throsby, D.（2001）*Economics and Culture.*（＝2002，中谷武雄・後藤和子訳『文
　化経済学入門』日本経済新聞社。）

（山田浩之）

第Ⅰ部　文化とまちづくり

<table>
<tr><td>第 1 章</td><td>多様性ゆたかな文化都市を志向した
政策
——明治維新を契機とした近代化への途</td></tr>
</table>

1 歴史都市と近代都市——京都は 2 つの顔を持つ

　京都は一般に，古都あるいは歴史都市として知られている。たしかに，京都は1,200年の歴史を有し，山紫水明といわれる自然景観を保持しつつ，数多くの文化遺産を蓄積・継承してきた。ユネスコの世界遺産「古都京都の文化財」の17社寺城をはじめとして，多くの社寺や有形文化財が存在するとともに，それらの社寺では，祇園祭（ユネスコ無形文化遺産）・葵祭・時代祭などさまざまな祭事や行事が催されている。また，本山・本家・家元も多数あり，年中，種々の催事が行われている。さらに，それらの伝統行事やその他の年中行事（大文字送り火・地蔵盆など）などの伝統文化と結びついた伝統産業（西陣織，京友禅，清水焼，京料理など74業種，表12‐1参照）も存在している。

　しかし他方，京都は，明治維新以後，近代化への道を歩み始めた。まず挙げられるのが教育制度の改革・近代化に力をつくし，大学のまちとして発展した点である。大学生の数は大都市の中では人口 1 人当たりで全国一の大学のまちである。また，琵琶湖疏水などの都市インフラの建設に努力して，殖産興業による工業化をすすめ，京都には先端産業や機械工業など，近代工業の企業の拠点が存在している。京都人・梅棹忠夫は次のように書いている。

　　「京都は古都ではないという意識が京都人にはある。京都はいまを生きている都であり，…（中略）…奈良や鎌倉といっしょにされてはたまらない。京都は近代都市なのだ。事実，中世以来の一大商工業都市でもある。その意味で，川端康成の『古都』という小説には，異議あり，ということになる。」（梅棹 1987：220）

第1章　多様性ゆたかな文化都市を志向した政策

　また五木寛之は，京都を「前衛都市」と呼んでいる。[1]事実，京都には，昔から，時代の先端をゆく，前衛として進むという気風があり，そのすぐれたものが伝統文化として継承されてきた，といってよい。従って，今日の京都は歴史都市と近代都市の2つの顔を持っている，ということができる（山田1992b）。それでは，このような2つの顔を持つ京都は，どのように形成されたのであろうか。本章は，このような問題意識の下に，京都における多様な文化の発展と都市政策の展開との関連を明らかにしよう。

2　明治維新と京都策

　明治維新で，都市・京都は大打撃を受けた。禁門（蛤御門）の変（1864年）で，洛中（特に下京）は焼け野原になった。さらに，天皇・公家及び太政官の東京移転（いわゆる東京遷都，1869年）により，御所の周辺は荒廃し，人口は激減，京都は衰亡の危機に立たされた。そこで，残された京都の人々にとって，京都の再建が課題となり，京都は文明開化，すなわち近代化の先頭に立つことを選択した，といってよい。近代化を中心とするさまざまの政策が打たれることになるが，それらは京都策と呼ばれるようになる。

（1）教育文化の近代化

　明治維新後の京都の再生（近代化）は，1869年の小学校の創設から始まった。[2]寺子屋の師匠西谷良圃の建議に，京都府の後に2代目知事となる槇村正直が理解を示し，寺子屋に代わる新しい教育施設（小学校）の設立が計画され，実現された。まず，従来からの町の自治組織である町組を再編成して，その規模を均等化し，各町組（番組）に1つずつ番組小学校を開校したのである。京都府からの下付金や貸付金もあったが，町の住民も小学校の運営のために寄付（「かまど」の数に応じて醵金額が定められたため「かまど金」と呼ばれた）を行い，小学校の開設・運営に貢献した。

　明治政府による新しい学校制度の施行は1872年であり，京都は3年早く自らの力で小学校を設立したのである。当初は，町会所を兼ねた小学校であったが，着実に内容を充実させてゆく。福沢諭吉は，1872年に京都の小学校を

13

第Ⅰ部　文化とまちづくり

視察して，その内容をほめたたえ，次のように記している。

　　「民間に學校を設けて人民を教育せんとするは，余輩積年の宿志なり
　　しに，今京都に来り，はじめて其の實際を見るを得たるは，其の悦び，
　　恰も故郷に帰りて知己朋友に逢ふが如し。大凡世間の人，この學校を見
　　て感ぜざる者は，報國の心なきひとといふべきなり。」（『京都学校記』）

　小学校の開設をはじめとして，京都に次々と新しい教育文化施設の建設が
進められた。京都市関連の主要なものを列挙すると，次のようになる。
　　・京都府画学校設立（1880年）　→　京都市立絵画専門学校（1909年）
　　　　→　京都市立芸術大学（美術学部）に発展
　　・第三高等学中学校が大阪から左京区吉田に新築移転（1889年）
　　　　→　第三高等学校（三高）に発展（1894年）
　　・京都帝国大学（理工科大学）創立（1897年）　→　京都大学
　　・京都蚕業講習所開設（1899年）　→　京都工芸繊維大学に発展
　　・京都高等工芸学校設立（1902年）　→　同上
　　・京都市紀念動物園開園（1903年）
　　・大礼記念京都美術館竣工（1933年）　→　京都市美術館
　この中で，とくに重要なものの一つが京都府画学校の設立である。同校は
最初から洋画科を含んで，西洋美術の導入を推進し，今日の京都市立芸術大
学への基礎となった。そして今日，同大学は京都の文化芸術都市としての発
展の中核となっている。
　もう一つの重要なことは，三高・京都帝国大学の誘致に成功したことであ
る。今日，京都は日本一の大学のまちとして，学術文化の発展に大きく貢献
しているが，三高・京大の誘致がその出発点である。

（2）殖産興業と都市インフラの整備
　京都のもう１つの近代化は，新しい産業おこしである。明治政府は東京遷
都の見返りとして産業基立金（10万両）を下賜，京都府も勧業基金（15万両）
を貸付け，これらの資金を基に，槇村正直を中心に，種々の文明開化事業・

殖産興業政策が行われた。その主要なものとしては，舎密局（化学等の試験・講習所，1870年），博覧会（1871年），女紅場（女性のための実業学校，1872年），伏水製作所（鉄具工場，1873年），織殿（1875年），西陣織物会所（1877年），そして琵琶湖疏水（1881年計画開始〜1890年完成）などがある。

　この中で，京都のその後の経済的発展を支える都市インフラ（社会資本）となったのが琵琶湖疏水である。同疏水は，京都と大津を水路で結ぶもので，生活用水の供給，物資輸送の手段であると同時に，蹴上水力発電所（日本で最初，世界で2番目の水力発電所）の建設を実現して，京都の工業都市としての発展に大きな役割を果たした。[3]

　その後も，都市インフラの建設は次々と進められる。まず，電力を活かした日本最初の路面電車（京都電気鉄道，1895年）が開業する。次いで，いわゆる三大事業（上水道のための第2琵琶湖疏水，主要幹線道路の拡築，市営電気軌道の敷設）が計画され，1908年に起工式が行われ，近代化の基盤整備が進行した。他方，伝統産業においても，たとえば西陣機業におけるジャガードの導入にみられるように，近代化が進行し，京都は産業都市として再生をはじめていた。日本史家・林屋辰三郎は次のように述べている。

　　「幕末・維新にいたり，京都は伝統産業の沈滞に加えて，東京奠都によって，千年にわたる『王城』の地位を失うことになった。これこそ，京都の第四の転機であった。この危機が，日本の近代的改革の先頭に立つことによってのり越えられたことは，多言を要しないであろう。まずは町組の基礎の上に立つ学区制の創設，西陣をはじめとする郷土産業の近代化，ついで疏水事業による産業動力の電化など，さまざまの近代化の華が，古都のなかに咲いたのである。こうして京都は新しい文化都市として発展することになった。」（林屋 1988：198-199）

（3）歴史都市の演出

　明治維新のはじめから西南戦争（1877年）頃までが急進開化時代と呼ばれるように，神仏分離・廃仏毀釈，廃藩置県，学校制度・戸籍制度・土地制度の改革，徴兵制，太陽暦の採用など，新政府は文明開化政策を矢継ぎ早に強

第Ⅰ部　文化とまちづくり

行していった。しかし，明治10年代以降，従来の慣習や伝統，地域の特性を
尊重する政策も採用しはじめる。特に，京都では，文化遺産や旧観の保存が
重要な課題として認識されるようになる。たとえば，右大臣の岩倉具視は，
1883年に「京都保存に関する建議」を提出し，次のように述べる（佐々木
1995：98-99）。

　　　「平安京ノ土地ノ美及風俗ノ善ナルハ海外各国ノ人モ亦称揚……宮闕
　　　ヲ保持シ，民業ノ衰微ヲ挽回スルニハ諸礼式ヲ興シ，他国ノ士民ヲシテ
　　　屢此地ニ出入リセシムルノ方法ヲ設クルニ如クハナシ。」

　これは，後に述べる第2次世界大戦後の京都の復興策「国際文化観光都市
建設法」と同じ発想だといってよい。これに先立って，荒廃している公家屋
敷跡を「京都御苑」として整備するという策が1877年から始まり，1883年に
は完成した。他方，1880年に，フェノロサが入洛して古社寺宝物の調査を行
っているが，全国的な調査も行われるようになり，1897年には「古社寺保存
法」が公布されて，文化財保護行政も本格化する。
　その間，京都では，1886年に円山公園が開設され，1895年には，平安遷都
千百年記念祭の行事として第4回内国勧業博覧会が開催されて，平安神宮が
創建，第1回の時代祭が行われた。歴史都市としての京都が自覚され，古都
京都の演出，伝統文化の創造が行われたのである。[4]

3　第2次世界大戦後の都市政策の展開

　明治に始まった近代化と伝統文化の継承という2つの路線は，第2次世界
大戦後も継続し，両者の対立と調整が京都のまちづくりの歴史を彩ることに
なるが，戦後の京都市都市政策の展開は，大きく3つの時期に分けられる。
第1期は戦後から1978年頃まで。同年が画期となるのは，この年に「世界文
化自由都市宣言」が発表され，以後，この宣言が都市政策の基本理念となっ
たからである。従って，第2期は1978年から始まり，2006年頃までである。
同年に，京都文化芸術都市創生条例が制定され，翌年には新景観政策が施行

されて，都市政策も新しい段階に入ったとみることができる。

（1）高山市政による「国際文化観光都市」建設
　大戦後，戦災を免れた京都は，まず，その伝統文化を活かして観光都市としての発展を目指すことになる。それが認められて，京都に対する特別法「京都国際文化観光都市建設法」が1950年に制定された。同法第1条は，次の通りである。⁽⁵⁾

　　　「第1条（目的）　この法律は，京都市が世界において，明びな風光と歴史的，文化的，美術的に重要な地位を有することにかんがみて，国際文化の向上を図り世界恒久平和の思想の達成に資するとともに，文化観光資源の維持開発及び文化観光施設の整備によってわが国の経済復興に寄与するため，同市を国際文化観光都市として建設することを目的とする。」

　1950年に京都市長に就任した高山義三は，単なる観光都市ではなく，文化面を強化しつつ，国際文化観光都市の建設に向けて，種々の事業を展開していった。その主要なものを挙げると，まず，1952年の京都市立音楽短期大学の開校がある。同校は，全国初の公立音楽大学であり，後に，京都府画学校から発展して京都市立美術大学となっていた部門と合同して1969年に京都市立芸術大学音楽学部となる。次いで，1956年に，これも全国初となった地方自治体直営オーケストラ「京都市交響楽団」が発足する。1958年には「京都市少年合唱団」も発足した。そして，1960年には，文化ホール「京都会館」が完成する。高山はまた，国際会議場となる「国立京都国際会館」の誘致にも努力し，市長退任後の1966年に完成した同館の初代館長に就任する。なお，伝統文化（芸能）についても，高山市長時代に京都市がバックアップして，薪能（1950～），市民狂言会（1957～），市民寄席（1957～）が始まっている。
　その間，1958年には文化行政を市長部局で行うため，文化行政を教育委員会から独立させて，「文化局」が設置された。後に，梅棹忠夫は，「教育はチャージ（充電），文化はディスチャージ（放電）」論を展開して，教育行政と

第Ⅰ部　文化とまちづくり

文化行政の分離を主張したが，高山市長の文化局設置は，梅棹の議論を先取りしたものであり，文化行政の京都モデルとして，他の地方自治体に大きな影響を与えた。ともあれ，高山市長は文化政策を都市政策の中心におき，文化面における近代化を推進した，ということができよう。他方，第1期には，都市インフラ（社会資本）の建設，整備も大きく進行した。

　　・道路整備─疎開跡地（御池通，五条通，堀川通など），外環状線等
　　・ニュータウン建設─洛西 NT（1969年），向島 NT（1971年）計画決定
　　・地下鉄建設─烏丸線（1974年に計画決定，1981年に開業）

　また，区画整理事業等による住宅地開発も，高度成長・都市化の波にのって大きく進行し，1975年には人口が146万人を超え，ほぼ今日の規模に到達することになった。

　都市開発の進行は，当然，歴史都市・京都の景観保全と衝突することになる。最初に大きな問題となったのは，1964年の京都タワー建設問題で，第1次景観問題と呼ばれる。また1966年に双ヶ岡開発問題が生じ，「古都保存法」が制定されて，開発反対運動が成功した。以後も開発対保存の論争が続き，京都の自然的・文化的景観を守る政策が緩やかに進行する。すなわち，1970年に風致地区条例，1972年に市街地景観条例，建築協定条例が制定され，1976年には文化財保護法に基づいて，産寧坂・祇園新橋地区が重要伝統的建造物群保存地区に指定され，次いで嵯峨鳥居本，上賀茂地区も同保存地区に指定された。

（2）世界文化自由都市宣言以後

　1978年に，京都市の都市政策の基本理念を示す宣言文が発表された。それが，次頁の冒頭に示す「世界文化自由都市宣言」であり，京都市の目指すべき都市像を格調高く謳い上げている。

　1973年から始まった石油危機によって，高度経済成長が終息した1970年代後半，舩橋求己市長は，桑原武夫（京都大学教授〔当時〕）を座長とする有識者懇談会に京都市が目標とすべき都市像を求め，提案されたのがこの宣言である。国際文化観光都市建設法では，観光都市建設が主目的で，文化は観光のための資源（手段）としての位置づけであったが，宣言では，世界との文

第1章　多様性ゆたかな文化都市を志向した政策

　「都市は，理想を必要とする。その理想が世界の現状の正しい認識と
自己の伝統の深い省察の上に立ち，市民がその実現に努力するならば，
その都市は世界史に大きな役割を果たすであろう。われわれはここにわ
が京都を世界文化自由都市と宣言する。世界文化自由都市とは，全世界
のひとびとが，人種，宗教，社会体制の相違を超えて，平和のうちに，
ここに自由につどい，自由な文化交流を行う都市をいうのである。京都
は，古い文化遺産と美しい自然景観を保持してきた千年の都であるが，
今日においては，ただ過去の栄光のみを誇り，孤立して生きるべきでは
ない。広く世界と文化的に交わることによって，優れた文化を創造し続
ける永久に新しい文化都市でなければならない。われわれは，京都を世
界文化交流の中心にすえるべきである。もとより，理想の宣言はやさし
く，その実行はむずかしい。われわれ市民は，ここに高い理想に向かっ
て進み出ることを静かに決意して，これを誓うものである。」

化交流を通じて「優れた文化を創造しつづける永久に新しい文化都市」とし
ての発展が目標であり，文化が主座に入った，といえよう。宣言以後の都市
政策の展開は図1－1のようになる。
　まず，宣言に基づく具体的な事業を検討するために設置された世界文化自
由都市推進懇談会（桑原武夫座長）が1980年に行った提案は次の4つの柱か
らなっている。すなわち，「新しい町づくりの構想」「世界文化自由都市と国
際交流」「日本文化研究所の創設」「市民劇場の建設」。これらのうち，「世界
文化自由都市と国際交流」については，1987年から「世界歴史都市会議」が

　　　　図1－1　京都市都市政策の展開―世界文化自由都市宣言以後
世界文化自由都市宣言（1978年）
　　　┗➡ 同宣言に基づく提言（1980年），第2次提言（1994年）
➡ 京都市基本構想（1983年）
　　　┗➡ 京都市基本計画（1985年），新基本計画（1993年）
┗➡ 京都市基本構想（グランド・ビジョン）（1999年）
　　　┗➡ 京都市基本計画（2001年），京プラン（2010年）
　　　┗➡ 国家戦略としての京都創生の提言（2003年）
　　　　　┗➡ 歴史都市・京都創生策（2004年），創生策Ⅱ（2006年）

19

第Ⅰ部　文化とまちづくり

始まり，1989年に京都市国際交流会館が開館している。「日本文化研究所の建設」については，1987年に国際日本文化研究センターが設立されて実現した。「市民劇場の建設」については，1995年に京都コンサートホールが開館し，また京都会館のオペラ上演可能な劇場への改築が行われた（「ロームシアター京都」として2016年に開館）。「新しい町づくり構想」については，その後，京都市基本構想審議会を経て，より体系的に「京都市基本構想」（1983年）が提案され，基本計画において具体的な提案が網羅的に展開されて，推進されていった。

　地方自治法に基づいて最初に定められた「京都市基本構想」では，宣言を受けて，「伝統を生かし，創造をつづける都市・京都」が基調テーマとなり，さらに5つの都市像が示されたが，その一つとして「創造性にみちた文化と芸術のまち」が掲げられた。そして，1994年が平安遷都1200年となることから，種々の記念行事が展開されたが，その一つとして「古都京都の文化財」（17寺社城）の世界文化遺産登録が実現された。さらに，1996年には「京都市芸術文化振興計画」が策定され，その具体的事業の中で最も重要な「京都芸術センター」が，学校統合のため廃校となった旧・明倫小学校の旧校舎を改装して，2000年に開館した。今日，この芸術センターは，芸術活動の支援・情報・交流センターの3機能を果たし，幅広く利用され，まちづくりにも貢献している。なお，学校統合のために廃校となった校舎の利用については，京都市都心部小学校跡地活用審議会の基本方針（1994年）に基づいて決定されており，旧・開智小学校は京都市学校歴史博物館として開館（1998年），また，旧・龍池小学校は，2006年に京都国際マンガミュージアムとして開館し，日本のマンガ研究の一つの中心となったことも注目しておきたい。

　ところで，都市施設の近代化―道路整備や地下鉄建設（烏丸線：1997年に延伸完成，東西線：1997年に開業，2008年に延伸終了）が進むとともに，1980～1990年代にマンションが急増し，京都の都心景観が大きく変化することになる。伝統的な繊維産業の衰退もあり，従来の木造低層の京町家が減少し，オフィスビルやマンションに建て替えられていった。さらに「第2次景観問題」とよばれる京都ホテル（1991年）と新京都駅（1991～1997年）の高層化問題が生じ，新しい形での「開発対保存」論争が行われた。

第1章　多様性ゆたかな文化都市を志向した政策

　この過程で，京町家の保存・再生への動きが生じてくる。従来は，町家は利便性，防火性などに問題があり，徐々に近代的な建築物に建て替えられて消滅してゆくとしても止むを得ない，と考える人も多かった。しかし，京町家の文化的価値が指摘され，町家の魅力が再認識されるとともに，町家を改装したレストランやショップなどのいわゆる「町家再生店舗」が出現し拡がることになる。行政も町家保存・再生への取り組みに積極的となり，1995年に「市街地景観整備条例」を施行，2年後に財団法人「京都市景観・まちづくりセンター」が設立され，「京町家まちづくり研究会」での議論を経て，2000年に「京町家再生プラン」が策定された（宗田 2009）。このような動きは景観政策全体の見直しにつながり，「時を超え光り輝く京都の景観づくり審議会」の議論を経て，2007年の「新景観政策」施行につながってゆく。新景観政策には，伝統的な建造物・町並みの保全・再生，都心部の高さ制限強化，建築物のデザイン基準や規制区域の見直し，屋外広告物対策の強化などとともに，新しく眺望景観の保全が加わった（本書第6章参照）。

　他方，文化政策についても，新しい展開が生じた。既にみたように，京都市の文化政策は先進的な取り組みを行ってきたが，国の「文化芸術振興基本法」（2001年）の制定により，京都市でも2006年に「京都文化芸術都市創生条例」が制定され，この条例に基づいて，翌年「京都文化芸術都市創生計画」が策定された。さらに，2012年にこの計画は改定され，現在，文化の継承・創生に関する人材育成，創造環境の整備，文化芸術と社会の出会いの促進，を3重要施策群として，種々の取り組みが行われている。さらに2016年に文化庁の京都移転が決定され，東京オリンピック開催に伴う文化プログラムと併せて，「京都文化芸術プログラム2020」が進められている（第2章参照）。

　さらに，梅原猛氏を座長とする「京都創生懇談会」より，2003年に「国家戦略としての京都創生の提言」が発表され，景観・観光・文化の3分野に関して，多くの提案がなされて，取り組みも進行している。これらの動きは，「伝統文化の保存・継承」路線の強化とみることができよう。

第Ⅰ部　文化とまちづくり

4　多様性ゆたかな文化都市へ

　明治維新以後における京都の都市政策には，2つの大きな流れ（路線）があることを，以上でみてきた。

　一つは，文明開化，すなわち近代化を推進する路線であり，これには2つの側面がある。その第1は，小学校創設に始まり，京都府画学校設立，京都帝国大学の誘致，第2次世界大戦後の京都市交響楽団，京都市立芸術大学の設立，世界文化自由都市宣言につながる文化・教育面での近代化である。第2は，舎密局に始まる産業の近代化と産業を支える都市インフラの建設（琵琶湖疏水，道路整備，鉄軌道建設など）すなわち都市基盤（社会資本）の近代化である。西洋文明の導入が積極的に進められ，また水力発電所の建設にみられるように，最新の科学技術の採用が絶えず行われた。その結果，今日の京都は全国一の規模（人口当たり）を誇る文教都市となり，産業面では多くのベンチャー企業を輩出する現代都市に成長している。

　もう一つの流れは，歴史都市の継承という路線である。この路線は，明治期の京都御苑の整備，古社寺保存法，平安神宮の創建などを経て，戦後の京都国際文化観光都市建設法，古都保存法制定への運動，町家再生，歴史都市・京都創生策，新景観政策へとつながる流れである。この路線は，京都のもつ豊富な文化遺産の単なる保存でなく，保存を通じて伝統文化を継承しつつ，古都イメージを創出して，歴史都市を演出する動きである。時には，平安神宮の創建，時代祭の創出のように，新たに伝統が創造された場合もある。

　この2つの路線は，時には激しく衝突しつつ，交錯しながら，京都は多様性を獲得し，都市の発展がもたらされた，といえよう。その結果，今日の京都は，風致地区などによって守られた自然景観（東山・北山・西山）に囲まれて，一方では豊かな文化遺産，本山・本家，家元，伝統産業が，他方では大学・研究所，ベンチャー企業，先端産業が共存し，さらに文化創造を担う芸術家，科学者等のプロフェッショナル，教養（文化の享受能力）を身に付けた市民・ボランティア・NPO が活動する都市，一言でいえば近代と伝統が共存し，交流する多様性ゆたかな文化都市として存在しており，今後も

第1章　多様性ゆたかな文化都市を志向した政策

「優れた文化を創造しつづける文化創造都市」として発展することが期待される。[11]

注

(1)　五木寛之は京都は「古いものが重石になって前衛をとりこむ町」という。五木
　　（2005）参照。

(2)　以下，本節は福沢諭吉の引用まで，辻（1999），京都市教育委員会・京都市学
　　校歴史博物館（2006：第1章）参照。

(3)　高橋・中川（2003），佐々木（1995），琵琶湖疏水については，田中（1995），
　　織田（1995）参照。

(4)　高橋・中川（2003：第3章1・2），京都御苑については伊藤（2010），井原
　　（2008）参照。

(5)　元は「国際観光都市」建設だったが，高山が「文化」を入れたとのことである。
　　この特別法によって，国立の陶磁器試験場が移管されて，京都市工業試験場とな
　　る。そして同法により，周辺の山から南側の湿地帯にかけて円周的に，緑地地域
　　を設定することにより，山裾等のスプロール化を防ぐ制度が高山市政時代にでき
　　上がった。清水武彦氏の講演「戦後京都の文化の礎—高山義三市長が築いたも
　　の」（京都市文化政策史研究会〔2012〕参照）。

(6)　梅棹（1993：424）疋田・槙田（2007）参照。

(7)　第1次及び次節で述べる第2次景観問題については，本書第6章2節，野田
　　（1992；2007），大西（1992）参照。

(8)　以下，本節は平竹（2016），疋田・槙田（2007）参照。

(9)　本書第4章参照。京都芸術センターについては，松本（2006）が詳しい。

(10)　京都国際マンガミュージアムは，京都精華大学との協働事業である。臼田・藤
　　田・小長谷（2007）参照。

(11)　本章は，山田浩之（2013）「京都市における都市政策の展開」『都市研究』13，
　　を修正・加筆したものである。

参考文献

五木寛之（2005）『宗教都市・大阪　前衛都市・京都』講談社。

伊藤之雄（2010）『京都の近代と天皇』千倉書房。

井原緑（2008）「京都御苑の近代」丸山宏・伊従勉・高木博志編『みやこの近代』
　　思文閣出版。

臼田利之・藤田裕之・小長谷一之（2007）「京都国際マンガミュージアム」塩沢由

第Ⅰ部　文化とまちづくり

　　　典・小長谷一之編著『創造都市への戦略』晃洋書房。

梅棹忠夫（1987）『京都の精神』角川書店。

梅棹忠夫（1993）『都市と文化開発』（梅棹忠夫著作集㉑）中央公論社。

大西国太郎（1992）『都市美の京都』鹿島出版会。

織田直文（1995）『琵琶湖疏水』かもがわ出版。

京都市教育委員会・京都市学校歴史博物館編（2006）『京都学校物語』京都通信社。

京都市文化政策史研究会編著（2012）『京都の文化と市政』山代印刷株式会社出版
　　　部。

近畿都市学会編（2014）『都市構造と都市政策』古今書院。

佐々木克（1995）「京都の再生」佛教大学編『京都の歴史 4 ——伝統の生成』京都
　　　新聞社。

高橋康夫・中川理編（2003）『京・まちづくり史』昭和堂。

田中真人（1995）「明治の京都が目ざしたもの」佛教大学編『京都の歴史 4 ——伝
　　　統の生成』京都新聞社。

辻ミチ子（1999）『転生の都市・京都』阿吽社。

野田浩資（1992）「京都という病」『都市研究・京都』京都市企画調整局活性化推進
　　　室。

野田浩資（2007）「景観政策」村上弘・田尾雅夫・佐藤満編『京都市政 公共経営と
　　　政策研究』法律文化社。

林屋辰三郎（1988）『近代の模索』岩波書店。

疋田正博・槙田盤（2007）「文化行政」村上弘・田尾雅夫・佐藤満編『京都市政 公
　　　共経営と政策研究』法律文化社。

平竹耕三（2016）『自治体文化政策』学芸出版社。

佛教大学編（1995）『京都の歴史 4 ——伝統の生成』京都新聞社。

松本茂章（2006）『芸術創造拠点と自治体文化政策』水曜社。

丸山弘・伊従勉・高木博志編（2008）『みやこの近代』思文閣出版。

宗田好史（2009）『町家再生の論理』学芸出版社。

村上弘・田尾雅夫・佐藤満編（2007）『京都市政 公共経営と政策研究』法律文化社。

山田浩之（1992a）「京都の文化産業」『都市研究・京都』5，京都市企画調整局活
　　　性化推進室。

山田浩之（1992b）「産業都市としての京都」『建築雑誌』107（1328）。

山田浩之（1994）「文化環境産業論」日本都市問題会議関西会議編『都市の文化』
　　　都市文化社。

　　　　　　　　　　　　　　　　　　　　　　　　　　　　　　（山田浩之）

コラム１　「大学のまち・京都」のさらなる発展に向けて

　近年，京都のまちは目を見張るような賑わいを見せている。これにはもちろん，国内外から年間5,000万人を超える観光客が京都を訪れていることの影響が大きいが，もう一つ忘れてならないのが，京都で活発な活動を続ける大学の存在である。京都には古くから大学が集積していたが，かつて大学と地方自治体との関係は薄かった。しかしながら，18歳人口がピークを迎える1992年に向けて，大学では規模の拡大とそれに伴う施設の整備が重要課題となり，市外への移転や市外での新学部の開設等の計画が多くの大学で浮上してきた。その結果，1986年の同志社大学全学部の１・２回生の田辺町（現・京田辺市）への移転，1989年の龍谷大学理工学部・社会学部の大津市での開設，1994年の立命館大学理工学部の草津への移転など，大学の市外流出や増設が続いた。

　こうした大学の市外流出の動きに対して京都市でも，1985年に庁内に大学問題対策委員会を設置し，同年11月には京都市・大学事務連絡協議会を結成するなどの取り組みが始まった。そして，1990年に京都の活性化を進める組織として企画調整局活性化推進室都市政策課が設置され，本格的に大学問題への対応が始まることになる。

　京都市の大学問題に対する問題意識は，「東京への一極集中と，全国の主要都市で魅力向上の取り組みが進む中で，全国の学生，研究者が京都市の大学で学びたい，研究をしたいという環境を作り出すためにはどうすればよいか」ということであった。これを踏まえ，京都市と大学関係者が共同で1991年度に「京都の大学の現状と動向に関する調査研究」を行い，1993年３月に全国初の地方自治体の大学政策である「大学のまち・京都21プラン」が策定される。以降，1994年３月に京都・大学センターが設立され，それを母体として1998年３月には大学コンソーシアム京都が設立認可，2000年９月には活動の拠点となるキャンパスプラザ京都が建設されるなど，京都市と大学との連携は一気に進んでいった。

　京都市には，28大学・大学院，10短期大学があり，合わせて14万6,999人の学生が京都で学んでいる（2018年）。人口に占める学生の割合は10.0%に及び，大学が京都市において果たしている役割は極めて大きいが，その主なものを挙げておきたい。

　第１には，学術研究に果たす役割である。2018年11月に京都大学の本庶佑先生がノーベル賞を受賞されたが，京都はわが国を代表する学術研究拠点である。その業績は広く全国や世界に発信され，京都の知名度を上げるとともに，学会等を通じて，国内外から優れた研究者が集まる「知の集積地」となっている。第２には，芸術文化活動

第Ⅰ部　文化とまちづくり

への貢献である。京都は数多くの芸術系大学を有し，教員や学生がさまざまな活動を展開しているが，大学は京都の芸術文化を支える核となり，都市の魅力を高めている。第3には，産業振興に果たす役割である。京都ではこれまでから活発な産学連携活動が展開されている。また，企業の人材不足が大きな問題となる中で，京都の大学は重要なフレッシュ人材の供給源である。第4には，国際化への貢献である。京都市には大学，大学院，短大を合わせ8,388人の留学生が学んでいる（2017年）。こうした留学生の内，ある者は母国に戻り，ある者は日本や他国で活躍しているが，彼らは京都の国際化に重要な役割を果たしている。第5には，経済面での貢献である。京都で学ぶ14万7,000人の経済効果は非常に大きい。京都で学ぶ学生の内，自宅生の1カ月の消費金額は6万9,690円，下宿生の消費金額は12万6,960円にのぼる（第54回学生生活実態調査〔全国大学生活協同組合連合会，2018年〕）。これに1万人の教職員の消費を加えると，経済面で果たす大学の役割はより大きさを増す。最後に，京都で学ぶ大学生が新しい風を吹き込むことである。全国からやってきて京都で学び，生活を送る多数の学生が（大学入学者のうち京都の高校出身者の割合は23.5%に過ぎない，「平成29年学校基本調査」），京都に多様な文化や考え方を持ち込んでくれる。

　このように，京都の大学は京都市にとって極めて重要な意味を持つ。そのために，京都市でも，大学コンソーシアム京都と連携し，京都市内の各種文化施設の割引優待が受けられる「キャンパス文化パートナーズ制度」，大学と地域住民との協働の取り組みを支援する「学まちコラボ事業」，地域連携のさらなる促進を図る「学まち連携大学」促進事業など，さまざまな形で大学間連携，地域と大学との連携を支援している。加えて，個別大学の施設整備に関しても「京都市大学施設整備支援・誘導のためのガイドプラン」に基づき施設整備を推進している。

　こうした取り組みの成果は，2013年に同志社大学烏丸キャンパス，2014年に京都大学の左京区役所跡地における東一条館，2015年に京都学園大学の山ノ内浄水場跡地での京都太秦キャンパス，龍谷大学の国際学部の深草キャンパス移転，2017年に京都美術工芸大学の東山キャンパスなど，大学キャンパスの京都市内への集積という形で表れている。毎年京都から4万人近い大学生が巣立ち，京都はもとより全国そして世界で活躍するが，卒業生の大部分は，卒業後も京都を愛する「京都サポーター」である。こうした卒業生に京都に関心を持ち続けてもらい，久し振りに京都に帰ってきた時に「やはり京都はよい」「京都は私の第2の故郷だ」「自分の子供も京都で学ばせたい」，是非そのように思っていただけるよう努力することが，「大学のまち・京都」の使命といえる。

（白須　正）

<table>
<tr><td>第2章</td><td>新たな芸術文化の振興と伝統文化の継承
——文化政策における車の両輪</td></tr>
</table>

1　京都市の文化政策

（1）京都市における文化芸術資源

　京都は794年10月22日に桓武天皇が新京に遷った平安遷都以来，国家，朝廷，公家，武家，町人などさまざまな立場の人たちによって文化的な営みが積み重ねられ，それが今日に至る京都の文化的土壌となっている。桓武天皇がこの地に遷った日を記念して10月22日には，京都が都であった時代の風俗の変遷を明治維新から時代をさかのぼって表す時代祭（京都御所から平安神宮まで巡行する時代行列）が挙行されている。

　こうした平安遷都1,100年を記念して明治時代に始められた比較的新しいものだけでなく，京都市内には，古代・中世から連綿と続く文化もある。世界文化遺産「古都京都の文化財」に登録されている17施設のうち，13社寺と二条城は京都市内にある。ユネスコ無形文化遺産に登録されている祇園祭は京都の祭りであり，能楽や歌舞伎も京都とゆかりが深い。同じくユネスコ記憶遺産である藤原道長の「御堂関白記」や「東寺百合文書」も市内に所在している。

　ここからわかるように，有形の建造物や美術工芸品，無形の民俗文化財やいわゆる人間国宝，遺跡や庭園を中心とする史跡や名勝など，多種多様な文化財が今なお京都には生き続け，世界的にも貴重なものと評価される一方，多くの人たちの目をも楽しませている。京都市内の文化財件数は3,141件（2018年9月1日現在）にのぼる。とりわけ国宝の約19％，重要文化財の約14％が存在し，その中核を占める山裾の寺院神社は，背景となっている三山の景観と相まって，いにしえから歌や絵画の題材として，芸術の発展にも大いに寄与してきた。

27

第Ⅰ部　文化とまちづくり

　他方，明治維新に至り都の地位を失った危機感から，京都の行政や市民は，旧来の文化資源を文化財として保存活用する取り組みをはじめとして，近代文化都市としての発展へとつながる数多くの取り組みを重ねることになる。

　そうした京都市の文化政策は，次のとおり，大きく3つの画期によって4期に分けることができる。

　　①　黎明期（〜1950年）

　　画学校や京都市美術館の開設などはあったものの，戦前・戦中から引き続く文化財や景観の保護を中心とした取り組みが進められた時代。

　　②　国際文化観光都市建設期（1950〜1978年）

　　1950年，京都市にだけ適用される京都国際文化観光都市建設法が制定され，国際文化観光都市を目指して，京都市立美術大学（現・京都市立芸術大学）の創設，京都薪能の開催，京都市立音楽短期大学（現・京都市立芸術大学）の創設，京都市交響楽団の発足，市民狂言会や市民寄席の開催，京都会館の開館など多岐にわたる文化事業が推し進められた時代。

　　③　世界文化自由都市宣言期（1978〜2006年）

　　1978年，京都市は「全世界のひとびとが，人種，宗教，社会体制の相違を超えて，平和のうちに，ここに自由につどい，自由な文化交流を行う都市」である世界文化自由都市と宣言し，「広く世界と文化的に交わることによって，優れた文化を創造し続ける永久に新しい文化都市」を理想の都市像として，国際日本文化研究センターの誘致創設，世界歴史都市会議の発足，京都コンサートホールや京都芸術センターの開館のほか，平安建都1200年記念事業や芸術祭典・京などを実施した時代。

　　④　京都文化芸術都市創生期（2006年〜）

　　2006年に京都文化芸術都市創生条例（以下，創生条例）が制定され，この条例に基づいて10年間を計画期間とする京都文化芸術都市創生計画（以下，創生計画）を策定し，これを更新することにより，同計画に基づき政策や施策を実施した時代。

　これはあくまでも京都市の文化政策ということで，京都市の施設を中心としているが，京都の文化芸術資源はこれらにとどまるものではない。京都精

華大学，京都造形芸術大学，嵯峨美術大学などの芸術系大学，デザインや映像，建築など工学系の大学や人文系の学部を有する多くの大学の力もあって，今なお文化芸術を生み出す力は，全国トップレベルである。染織，陶芸，漆芸などを中心とする伝統工芸は，伝統的な技術の継承により日常生活を彩る用具であるとともに，昨今は現代アートの分野への進出も著しい。各種文化財の修復や伝統建築，造園などの技術は，全国を支えているといっても過言ではない。

　伝統文化の継承においては，技術，材料，用具などに関し，京都は前近代以来一貫して全国に対して重い責任を負ってきた。そのことを改めてここで確認したい。その一方で，伝統の名を借りた単なる過去の模倣に堕しないために，常に新しい芸術文化へのチャレンジも併せて求められているのが，京都という都市なのである。

　さて，これらのうち①から③までについては，第1章で詳しく論じられており，また筆者自身の考えも平竹（2016a）で詳しく論じているので，本章においては，④に焦点を絞って論じることにしたい。

　④は他の3期とは異なり，2021年に控えている文化庁の京都移転やその前年の東京オリンピック・パラリンピック大会の開催といった，京都市政とは直接の関係がない要素を視野に入れなければ論じられなくなっている。なお，京都市文化政策の体系は図2-1のとおりである。

（2）文化芸術振興基本法の制定

　京都市文化政策の③と④を分けているのは，創生条例の制定である。創生条例は，当然のことながら，現在も京都市における文化政策の根幹をなしている。その制定は，文化芸術振興基本法（以下，旧基本法）の法制化から4年あまり遅れた，2006年3月のことであった。創生条例の制定そのものが旧基本法の内容を参考にしながら，地方自治体として求められる，とりわけ文化資源の宝庫である京都市にふさわしい条例として検討が進められたので，創生条例を説明する前段として，旧基本法を少し取り上げてみたい。

　旧基本法は，全35条からなる法律で，2001年12月に施行された。その前文では，まず文化芸術の創造や享受が人々の不変の願いであり，文化芸術は，

第Ⅰ部　文化とまちづくり

図 2-1　京都文化芸術都市創生条例制定後における京都市文化政策の体系

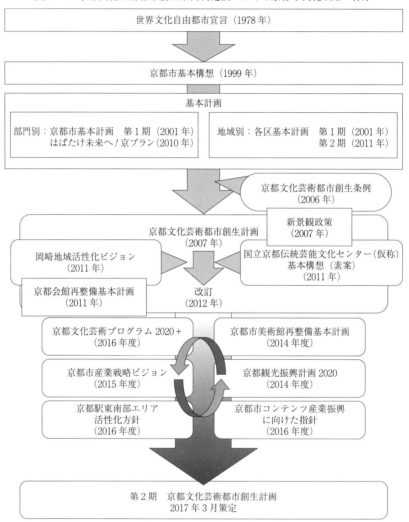

出所：「KYOTO STEAM――世界文化交流祭」実行委員会資料を筆者改変。

人々の創造性をはぐくみ表現力を高めるとともに，心豊かな社会を形成し世界平和に寄与すると指摘するなど，文化芸術の価値に言及している。その上で，そうした役割を果たすための基盤の整備や環境の形成は十分な状態には

ないとの認識に立って，伝統的な文化芸術の継承発展と独創性のある新たな文化芸術の創造促進は緊要な課題であるとする。最後にこのような事態に対処し，文化芸術を振興するために，文化芸術振興についての基本理念と方向性を示し，施策の総合的な推進のために法律を制定すると結ばれている。

「文化芸術の振興に関する基本的施策」と題する旧基本法第3章には，表2-1に示す文化芸術の分野ごとの基本的施策のほかに，国語や日本語教育の充実，著作権など国レベルでの文化政策の対象に加えて，劇場，音楽堂，美術館，博物館，図書館等の充実，国際交流等の推進，芸術家等の養成・確保，教育研究機関の整備などが定められている。さらには，高齢者，障害者，青少年等の文化芸術活動の充実，国民の鑑賞機会の充実，学校教育における文化芸術活動の充実，民間の支援活動の活性化などの規定も置かれている。

旧基本法は，観光，まちづくり，国際交流，福祉，教育，産業その他の関連分野を取り込むなどの目的により改正され，文化芸術基本法（以下，新基本法）と名称も変更されて，2017年6月に施行された。新基本法では第3章は「文化芸術に関する基本的施策」と改められ，個別の分野についても改正が行われている。新旧の差異を補って，表2-1として示すことにする。

（3）京都文化芸術都市創生条例の制定

創生条例の制定に話を戻すと，それに取り組みはじめたのは2004年度で，同年8月に「京都市文化芸術振興条例（仮称）策定協議会」（以下，策定協議会）が設置された。2005年4月には策定協議会が提言（中間報告）を発表し，それに対するパブリック・コメントを実施したほか，フォーラム「みんなで語ろう京都の文化芸術」を2度にわたって開催し，それぞれ「受け継がれてきた京都ならではの伝統文化」「文化芸術を未来へ育んでいくまち・京都」のテーマで，策定協議会委員がパネルディスカッションを行うなど，関心のある市民の議論を喚起した。

こうした市民的な機運醸成を経て，京都市会において全会一致で創生条例が可決成立したのは，2006年3月であった。創生条例においては，京都が文化芸術都市であるための基本理念を明らかにしている。それが次の5点である（第3条）。

第Ⅰ部　文化とまちづくり

表2-1　文化芸術基本法における文化芸術の分野

条　文		対　　象	施　策　内　容
第8条	メディア芸術以外の芸術	文学，音楽，美術，写真，演劇，舞踊その他の芸術	公演，展示等への支援，<u>制作等にかかわる物品の保存への支援</u>，知識・技能の継承への支援，芸術祭等の開催
第9条	メディア芸術	映画，漫画，アニメーション及びコンピュータその他の電子機器等を利用した芸術	<u>制作</u>，上映，展示等への支援，<u>制作等にかかわる物品の保存への支援</u>，<u>知識・技能の継承への支援</u>，芸術祭等の開催
第10条	伝統芸能	雅楽，能楽，文楽，歌舞伎，組踊その他の我が国古来の伝統的な芸能	公演，<u>これに用いられた物品の保存等への支援</u>
第11条	伝統芸能以外の芸能	講談，落語，浪曲，漫談，漫才，歌唱その他の芸能	公演，<u>これに用いられた物品の保存等への支援</u>，<u>知識・技能の継承への支援</u>，芸術祭等の開催
第12条	生活文化	茶道，華道，書道，<u>食文化</u>その他の生活に係る文化	振興に関する活動への支援
	国民娯楽	囲碁，将棋その他の国民的娯楽	普及に関する活動への支援
	出版物及びレコード等		
第13条	文化財等	有形及び無形の文化財並びにその保存技術	修復，防災対策，公開等への支援
第14条	<u>地域における文化芸術の振興とそれを通じた地域振興</u>		文化芸術の公演，展示，<u>芸術祭等への支援</u>，地域固有の伝統芸能及び民俗芸能に関する活動への支援

注：下線部は，2017年の改正において改正追加された部分である。

① 日常生活における文化芸術の定着

　文化芸術が市民にいっそう身近なものとなり，尊重されるようにすること。

② 伝統の継承と新たな創造活動の支援

　伝統的な文化芸術を保存継承し，かつ新たに文化芸術を創造する活動を支援するとともに，それらの活動を担う人材を育成すること。

③ 国際交流の促進

　文化芸術に関する交流を積極的に促進すること。

④ 文化芸術環境の向上

　文化芸術都市の創生に不可欠な文化財の保存と活用，景観の保全と

32

第2章　新たな芸術文化の振興と伝統文化の継承

表2-2　京都文化芸術都市創生条例と文化芸術基本法における施策の比較

項　目	創生条例	新基本法	説　明
暮らしの文化に対する市民の関心と理解を深める	第8条	第12条	新基本法では，生活文化に食文化の例示が加わり，暮らしの文化の振興は生活文化の一環で行われることになった。
市民が文化芸術に親しむ	第9条	第21条第22条第23条	いずれも，高齢者，障害者，青少年その他の市民（国民）が文化芸術に親しむことができるよう，鑑賞，体験，発表，交流などが求められている。
子供の感性を磨き，表現力を高める	第10条	第24条	条例では，新基本法のいう学校教育だけでなく地域なども含めた教育の充実，子供対象の公演や展示の実施など活動の充実が求められている。
伝統的な文化芸術を保存し，継承する	第11条	第10条第11条第12条第14条	伝統的な文化芸術やこれを支える技術の保存継承，市民をはじめ国内外の人々が伝統的な文化芸術を体験することのできる機会の拡大が求められている。条例では，新基本法のように細分化されていないが同趣旨である。
新たな文化芸術の創造に寄与する	第12条	第8条第9条第16条	条例では，新基本法のようなメディア芸術とそれ以外の芸術の区分はないが，基本的には同趣旨である。
地域のまちづくりに関する活動と連携し活性化する	第13条	—	条例では，地域のまちづくり活動との連携を図るために，文化芸術活動の場の提供などが求められている。
国内外の地域との交流を促進する	第14条	第15条	文化芸術活動を行う者の国内外からの受入れと派遣，文化芸術に関する国際的な催しの実施などが求められている。新基本法では文化遺産の修復や著作権制度整備への協力などもうたわれている。
国内外の人々の関心と理解を深める	第15条	—	京都の文化芸術に対する国内外の人々の関心と理解を深めるため，広く世界に向けて情報を提供することが求められている。
文化財を保存し，活用する	第16条	第13条	条例，新基本法とも同趣旨である。
景観を保全し，再生する	第17条	—	景観は，京都が文化芸術都市であるために不可欠の要素である。
施設の充実を図るための施策	第18条	第25条第26条第27条	施設運営の専門的知識を有する人材の確保と育成，施設の整備，施設相互の連携の推進などが求められている。新基本法は，劇場・音楽堂等，美術館・博物館・図書館等，社会教育施設等に区分されている。
文化芸術と学術研究が相互に影響を与え，創造的な活動を新たに生み出す	第19条	第17条	条例では，学術研究との連携が基本理念の一つとして強く意識されているが，新基本法では，大学その他の教育研究機関などの整備が中心となっている。
文化芸術と産業が相互に影響し，創造的な活動を新たに生み出す	第20条	—	条例では，産業活動との連携が基本理念の一つともなっている。
市民の自主的な活動を支援する	第21条	—	条例では，市民との共同事業の実施，文化芸術に関するボランティア活動への支援などが求められている。

注：旧基本法から新基本法への改正に当たり，まちづくりや産業を射程範囲に入れたとされているものの，文化芸術基本法にこれらの個別規定は設けられていない。

第Ⅰ部　文化とまちづくり

　再生，その他文化芸術を振興するための環境の整備に努めること。
　⑤　学術研究・産業との連携
　　文化芸術に関する活動と学術研究や産業活動との連携を促進すること。

　次に創生条例第2章第2節に掲げられている「文化芸術都市の創生のための施策」について，表2-2のとおり，新基本法との比較によって明らかにしたい。

　国語理解，日本語教育，著作権や著作隣接権など，まさに国レベルで全国的に統一すべき内容をもつ項目は，当然のことながら，創生条例には規定されておらず，表2-2には出てこない。逆に，暮らしの文化，景観，学術や産業と文化芸術との連携などは，新基本法には明文規定はなく，創生条例に特有の規定である。こうしたところに，住民主体の総合行政である自治体と，これらを射程範囲に取り込む改正がされたとはいえ，明文規定は置かず，他の法律に委ねざるを得ない国の，文化政策における相違が表われているといえよう。

2　京都文化芸術都市創生計画の策定と改定

（1）第Ⅰ期計画の策定

　創生条例に基づいて最初の創生計画（以下，第Ⅰ期計画）が策定されたのは，2007年3月である。第Ⅰ期計画が目指す「文化芸術都市」の姿は，①文化芸術にかかわる活動が盛んなまち，②日常の生活シーンのなかに文化芸術が見られるまち，③市民の皆さんが文化芸術を大いに楽しんでいるまち，④文化芸術によって社会全体が活気づいているまち，とされている。

　そして，「文化芸術都市」創生のための取組視点として，①文化芸術の振興だけでなく，文化芸術によるまちづくりを進める，②「個別の取組」だけでなく，さまざまな力の連携によるネットワークづくりを進める，③行政主導型の推進よりも，市民，芸術家，企業等とのパートナーシップ型の推進を図る，④これまで以上に京都の文化芸術の魅力や豊かさ＝「今ある文化資源」を活用する，とされている。文化芸術によるまちづくり，ネットワーク，

34

公民パートナーシップなどの考え方が取り入れられ，これ以前とは異なり，行政だけの計画から市民を巻き込んだ市民の計画へと大きく進化を遂げたものである。

　その上で，計画前半の5年間に着手するべき「五つの京都先行プロジェクト」が打ち出された。21世紀の文化芸術都市づくりの優れたモデルを示し，その先駆けの原動力となることが期待されたプロジェクトである。すなわち「京都ならではの文化・景観・観光三位一体の取組の推進」「文化芸術による魅力ある地域のまちづくりの推進」「文化芸術に親しみ，その楽しさを知る子どもたちの育成」「新たな文化芸術を創出する若き人材の育成」「文化ボランティアなど市民参加による文化芸術都市づくり」である。これらを実現するために，伝統芸能を中心とするコラボレーションや創作を試みる舞台公演「京都創生座」，子どもたちが自らの学校で本物の文化芸術に触れる「ようこそアーティスト　文化芸術特別事業」などの取り組みが進められた。

（2）第Ⅰ期計画の改定と若手芸術家の居住・制作・発表の場づくり事業
　こうした第Ⅰ期計画の前半5年間にわたる取り組みの成果を検証し，目指すべき姿を維持しつつも，その間の社会状況の変化を確認した上で計画の見直しを進めたのが，「京都文化芸術都市創生計画　改定版」（以下，改定第Ⅰ期計画）の策定作業である。その際，社会経済状況の変化や東日本大震災後の文化芸術のあり方を踏まえて，「文化芸術の継承と創造」「文化芸術に関する社会的基盤の整備」「文化芸術の社会的展開」という3つの視点が設定された。

　その結果，2012年3月に策定された改定第Ⅰ期計画では，3つの重要施策群，すなわち「継承と創造に関する人材の育成等」「創造環境の整備」「文化芸術と社会の出会いの促進」が設定され，それぞれ3つずつの重要施策が設けられた。すなわち「伝統芸能文化の更なる創生に向けた取組」「京都芸術センター等による芸術家の育成・活動支援」「文化芸術に親しみ，その楽しさを知る子どもたちの育成」，「京都会館の創造・発表拠点としての再整備」「京都芸術センターを中心とした情報機能等の充実」「国内外との文化芸術交流による質の高いコミュニケーションの促進」，「文化芸術と暮らしを改めて

結び付けるための取組」「文化芸術による地域のまちづくりの支援」「若手芸術家等の居住・制作・発表の場づくり」（以下，若手事業）である。

その中では，若手事業に着目したい。この事業は，「文化芸術と社会の出会いの促進」という重要施策群に含まれる事業であるが，京都で若手芸術家が芸術家として自立できるように，各種相談のほか，居住，制作，発表について支援する事業である。2011年度には「東山アーティスツ・プレイスメント・サービス（HAPS）実行委員会」を設立するなど準備を始め，2012年度から，かつて清水焼の中心地であった五条坂周辺の東山区六原学区を中心に本格的に事業を開始した。

若手事業によって，芸術家が京都に住み続け，京都で制作し，京都で発表することに対する支援を，京都市として初めて実施した。すなわち，芸術家が京都で芸術を生業にできる環境整備である。これまでの芸術支援がどちらかというと，展覧会や公演の実施など活動成果である芸術作品にコミットするか，練習場所の提供や融資など制作過程にコミットするなど，芸術面からアーティストを支えていたのに対し，住居紹介や税務セミナーの開催など，生活者としての面からもアーティストを支えることに舵を切ったのが若手事業である。

3　東京オリンピック招致と文化庁移転を契機とするプログラム

（1）京都文化芸術プログラム 2020
1）東京オリンピック・パラリンピックに向けたプログラム

2020年に東京オリンピック・パラリンピック大会（以下，東京2020）招致が決定したことを受けて，文化の祭典でもある東京2020に向けて，2015年2月に策定したのが「京都文化芸術プログラム2020」（以下，京都文化2020）である。そこには，改定第Ⅰ期計画を補完し，東京2020までに集中的に取り組むべき課題とその解決に向けた政策や施策が盛り込まれた。京都文化2020は，東京2020の終了後には創生計画に収斂していくものとして策定された。そこには，3つの方針と7つの視点が織り込まれた。

方針①「次の世代の担い手育成」

第2章　新たな芸術文化の振興と伝統文化の継承

　　・育てる──日本の文化芸術の継承と創造を担う若者たちの育成。
　　・果たす──全国の伝統的な文化芸術など継承のための中心的役割を
　　　　　　　果たす。
　方針②「今に息づく文化を守り，活かし，創造する」
　　・知る──市民による京都の暮らしの文化の再発見。
　　・守る──歴史的文化遺産が蓄積された都市・京都の継承・発展。
　　・活かす──京都の豊富な文化芸術資産の活用と創造。
　方針③「京都の魅力発信」
　　・広める──日本の文化芸術を，京都が中心となって国内外に発信。
　　・集う──文化芸術を「知る・体験する・学ぶ・創る」など，様々な
　　　　　　関わり方で京都に人が集う。
　そこに11の重要事業が掲げられたが，重要事業はあくまでも例示であり，
それぞれの視点に基づいて多彩な事業が企画され，実施されるべきものとさ
れた。

2）文化庁の京都移転方針決定に伴うプログラム変更

　ところが，それから1年が経過した2016年3月，日本において初めて中央
省庁が東京から離れるという，文化庁の京都への移転方針が決定した。京都
移転の意義は，京都市が発行した「京都文化芸術プログラム2020」のパンフ
レットによると，おおむね次の3点である。
　①　京都は地域コミュニティが今なお残り，日常生活に伝統的な文化が
　　　息づく，日本文化の故郷であり，そこに文化庁が移転することは，日
　　　本固有の文化に目を向け，再評価する機会となるだけでなく，文化を
　　　基軸とした国づくりや地方創生につながる。
　②　京都移転に合わせて機能強化を図ることにより，文化庁を中心に国，
　　　全国の地方自治体，経済界，大学等のさまざまな主体が連携して，文
　　　化と観光，産業，教育，福祉，まちづくりなどの幅広い分野を融合さ
　　　せることにより，文化力を強化できる。
　③　政治経済の中心である東京と文化の中心となる京都という複眼的な
　　　国づくりが可能となり，文化芸術の振興，持続的な経済発展，国際発
　　　信力の強化のほか，積極的な文化交流により世界平和に貢献できる。

第Ⅰ部　文化とまちづくり

　この方針を受けて，京都文化2020についても，同年8月には「京都から地方創生を実現——文化芸術の力で日本を元気に」の大方針を掲げ，方針④として「国内外との連携」，視点に「つなぐ——文化を中心とした幅広い交流により，歴史を受け継ぎ未来につなぐ，全国，世界をつなぐ」を加え，重要事業を一つ追加して，4つの方針，8つの視点，12の重要事業とするバージョンアップを行った。これが「京都文化芸術プログラム2020$^+$」である。

3）大きく進捗したプログラム

　京都文化2020$^+$における重要事業としては地味だが，画期的に進展したものとして，「守る」「活かす」の文化財関係，「広める」のWEB上で入場券が購入できるシステムの構築といった，広い意味での文化インフラの整備が[(3)]挙げられる。

　京都市内は国宝・重要文化財だけでなく，京都市指定の文化財建造物なども多数あり，その改修は大きな課題である。補助金を給付すべき京都市の財政的な問題もあり，あまり進んでいなかったが，京都文化2020$^+$に重要事業として，「未来へつなぐ歴史的建造物等計画的修理事業」を掲げ，「公開」を求めつつ京都市指定・登録文化財の大規模な改修を打ち出したことにより，従前に比べると建造物の大規模改修は着実に進展し，新たな文化観光資源として観光にも寄与している。

　また同じ文化財関係の重要事業である「京都遺産制度」は，「まち・ひと・こころが織り成す京都遺産」として制度化されている。これは名称が示しているとおり，京都の地域社会（まち），文化遺産を支える人や匠の技（ひと），精神性（こころ）に基づくテーマを設定し，文化財の種類にかかわらず，そのテーマに関連する文化遺産を調査し，集合体として認定するものである。このことにより，文化遺産の新たな魅力を伝え，歴史や文化への理解を深めることや，それらを支える地域や人々がそれまで以上に誇りを感じて，文化遺産を守り，活かす機運が高まることなどを目指している。

　まち「北野・西陣でつづられ広がる伝統文化」，ひと「山紫水明の千年の都で育まれた庭園文化」，わざ「世代を越えて受け継がれる火の信仰と祭り」などがすでに認定されている。文化遺産を縦，横，斜めなどさまざまな方向からのグルーピングによって提示することにより，観光客だけでなく京都市

第2章　新たな芸術文化の振興と伝統文化の継承

民の新たな発見につながるなど価値ある制度として定着しつつある。

（2）第Ⅱ期創生計画の策定と文化を基軸とした京都市政の運営

　第Ⅰ期創生計画が10年の満期を迎える2016年に，次の10年間を計画期間とする第Ⅱ期創生計画が策定され，2017年4月から運用されている。その基本方針は「成熟した都市文化を基盤に新しい文化を創造し続けるまち」であり，この方針を踏まえ，次の4つの方向性を掲げている。

　　①　暮らしの文化や芸術に対する豊かな感受性をもった人々を育む。
　　②　多様な文化が根付く暮らしの中から，最高水準の文化芸術活動を花
　　　　開かせる。
　　③　京都の文化芸術資源を活用し，文化を基軸にあらゆる政策分野との
　　　　融合により，新たな価値を創造する。
　　④　様々な文化交流を推進し，京都の魅力を発信する。

その最重要施策は，「地域に根差した暮らしの文化の振興」「光・音・香りなどで彩られた五感で感じる京都の景観の継承と活用」「伝統芸能文化の振興に向けた先駆的取組の実施」「芸術家の社会的，経済的地位の向上につながる各種取組の推進」「京都市美術館の再整備の推進」「世界遺産・二条城が文化財保存と活用のモデルとなる取組の実施」「文化庁の全面的な移転に向けた取組の着実な推進」「「東京オリンピック・パラリンピック」「関西ワールドマスターズゲームズ2021」等を契機とした国際的な文化の祭典の開催とその成果の継承」の8項目で構成されている。第Ⅱ期創生計画は，方向性や最重要施策からもわかるように，芸術文化の創造がやや後景に去り，暮らしの文化，文化財の活用，文化による経済的価値の創出が前面に出た内容となっている。その背景には，旧基本法が新基本法に改正されるに当たって，生活文化に食文化が例示として加わるなど生活文化が文化行政に入ってきたこと，観光，福祉，産業など他分野を取り込む法律とされたこと，文化庁が文化と経済を車の両輪とする方向に政策転換を図り，推進していることなどがある。

　また，京都市では文化を基軸とする市政運営を行うため，「文化首都・京都」推進本部会議を設置した。その2018年2月の本部会議では，文化芸術と

第Ⅰ部　文化とまちづくり

産業，観光，大学，まちづくり，教育，福祉など関連分野との有機的な連携を図り，世界文化自由都市宣言（1978年に市会の議決を得て宣言）にあるように，優れた文化を創造し続ける永久に新しい文化都市として，京都を持続可能な形で維持，発展させていく方針などが確認された。

　さらに2017年以降の新しい動きとして特筆すべきものに，アート×サイエンス・テクノロジーで未来を拓く「Kyoto Cultivates Project」がある。このプロジェクトでは，多くの自然災害や戦乱に巻き込まれつつも古代からの文化を承継している京都が，東洋的な自然と人間との共生や宗教的寛容性という土壌のもとで，新たな資源を耕し，育み，磨く（CULTIVATES）ことを目指すものである。文化芸術事業（フェスティバル），人材育成事業，ネットワーク事業が三本の柱である。文化芸術事業として，2020年3月には「第1回 KYOTO STEAM ── 世界文化交流祭」の開催が予定されている。これは，芸術家・文化人に産業界，行政，学術機関の連携で創造的人材の育成を中心に進める，まったく新しい取り組みであり，大学や企業の関心も高く，今後の展開が注目される。

　「京都は多種多様な文化資源があっていいですね，ウチはとてもとても」などと他の地域の方からよく羨やましがられる。それは間違いではないのだが，本章で明らかにしたように，市民や文化の担い手，それを支える寺院神社や企業，行政などの絶え間のない取り組みによって成し遂げられている。そこにこそ地域に根差した文化政策を議論し，展開する意義がある。本書のテーマがそうであるように，文化はまちづくりにとってとても重要な要素である。文化を生かしたまちづくりが津々浦々で進められることを期待したい。

注
⑴　平安京の東，北，西にある山々なので，東山，北山，西山と呼ばれてきた。これらを総称して三山という。近世までは，木材や薪炭，山菜などの供給源として生活を支えてきたが，現在はとりわけ桜や新緑，紅葉など四季折々の美しい景観が京都を代表する景観として広く親しまれている。
⑵　2006年3月までに，協議会7回，そのワーキング会議を11回開催した上で，条例に盛り込むべき事項の提言が行われた。策定協議会委員は，文芸，歴史，工芸，美術，音楽，華道，茶道，能楽，日本舞踊などの日本を代表する文化人・芸術家

のほか，経済界や市民の代表など京都ならではの多彩なメンバーである。

(3)　入場券等を販売するWEBシステムの構築については，京都が国内外からの観光客を数多く迎える都市であることから，かねてから待望されていたものである。とりわけ海外からの観光客向けに出発前に自国でコンサートなどのチケットを買えるようにしようという狙いがあった。2017年から本格的に稼働しており，スタート初年から京都市交響楽団の定期演奏会のチケットがアメリカ，ドイツ，香港など30カ国以上で売れている。

参考文献

平竹耕三（2016a）『自治体文化政策』学芸出版。

平竹耕三（2016b）「文化が開く京都の未来」東京文化資源会議編『TOKYO1／4と考える　オリンピック文化プログラム』勉誠出版。

山田浩之（2013）「京都市における都市政策の展開」『都市政策』13。

（平竹耕三）

コラム2　花街のまちづくり

　京都には5つの花街がある。すなわち，祇園甲部，宮川町，先斗町，上七軒，祇園東である。花街というと，舞妓さんのいる所というイメージであろうが，歌舞練場，お茶屋，置屋（屋形），検番（事務所）が揃っていて，芸妓さん舞妓さんが日本舞踊などの伎芸に励み，お客さんを飲食，舞踊などの文化的な所作でもてなすことのできる地域というのが定義といってよいであろう。

　芸妓さん舞妓さんは日本髪を結って，和服で日常を過ごす。ここからもおわかりのように，花街は京都の中でも，とりわけ和の気配が感じられる街である。芸妓さん舞妓さんの仕事場ともいえるお座敷は，やはり鉄筋コンクリートよりは日本の伝統家屋に似合うものであり，町並みも伝統的な家屋が建ち並んでいるところが多い。

　祇園甲部や宮川町は「祇園町南歴史的景観保全修景地区」に，先斗町や上七軒は「先斗町界わい景観整備地区」「上 京 北野界わい景観整備地区」に指定されている。花街はしっとりとした日本情緒が感じられる地域として，町並みや景観の保全と修景や再生が図られている。

　他方，花街が伝える文化については，何といっても舞踊公演である。「都をどり」「京おどり」「鴨川をどり」「北野をどり」は春に，「祇園おどり」は秋に行われている。「都をどり」と「鴨川をどり」は，1872年に開催された第1回京都博覧会のイベントとして始まったものであり，2021年には150年という記念すべき年を迎える。

　花街は，芸妓さん舞妓さんのほかに，彼女たちが生活する置屋の「おかあさん」や，お茶屋の「おかみさん」，着付けをする「男衆さん」「顔やさん」「髪結いさん」など多くの人の手で守り継がれている。伝統の技としては，季節ごと場面ごとに多彩な着物や帯はいうに及ばず，髷，簪，舞妓さんの「おこぼ」と呼ばれる下駄，千社札，団扇など多くのものが花街を支えている。

　行事としても，舞踊公演だけでなく，舞妓さんになる「店出し」，芸妓さんになる「衿替え」などの一生に1度のものや，師走に南座で行われる顔見世に各花街関係者が揃って観劇する「総見」，正月準備を始める日の「事始め」など年中行事のほか，花街ごとに独自のものもある。節分の「お化け」と呼ばれる行事は，昭和のどこかまで京都市中でも見られたもので，普段とは異なる扮装で厄を払うものという。

　こうして見てくると，花街は日本の伝統文化の縮図である。今は観光客があふれ返っているが，かつては普通にあった私たちの文化を大切に守り続けてもらっている花街を，未来にどう引き継げるのかは私たちにかかっている。

　　　　　　　　　　　　　　　　　　　　　　　　　　　　　　　　（平竹耕三）

第3章	文化遺産の保全・活用と地方創生 ――地域経済活性化と新しい文化の創造

1　社会状況の変化と文化財保護制度の見直し

　2019年4月1日，「文化財保護法及び地方教育行政の組織及び運営に関する法律の一部を改正する法律」が施行された。文化財保護法は1950年に制定以降，社会情勢の変化に応じて何度か改正されている。しかし今回は，地方創生の一環として，地方文化財行政と地域づくりとを一体化させるといった大幅な改正となった。文化財保護法の目的は，第1条にあるよう「文化財の保存と活用」にある。それが今改正によって，「活用」への比重をかけたものへと変わっている。

　文化庁は今改正の背景として，過疎化・少子高齢化等により地域が衰退していくなかで，地域の伝統や文化を継承する担い手も不足・不在となるため，文化財の減失や散逸等の防止が課題になっていることを挙げている。そこで，これまで価値づけが明確でなかった未指定を含めた有形・無形の文化財について，地域づくりに活かしながら文化財継承の担い手を確保し，地域社会総がかりで取り組んでいく体制づくりが必要であると捉えている。その整備として，地域における文化財の計画的な保存・活用の促進や，地方文化財行政の推進力の強化を図るものである。

　そのため今改正は，地方創生における観光振興の動きと切り離せない。改正の動きの発端となったのは，2017年5月の文化庁第181回文化審議会における文部科学大臣による諮問「これからの文化財の保存と活用の在り方について」である。この諮問理由には，文化財に求められる役割に対する期待として，「文化財を保存し活用することは，心豊かな国民生活の実現に資することはもとより，個性あふれる地域づくりの礎ともなることから，近年は，地域振興，観光振興等を通じて地方創生や地域経済の活性化にも貢献するこ

と」が挙げられている。ここに示されているように，文化財を地方創生や地域経済活性化の手段として位置づけ，地域づくりや観光振興のなかで保存と活用を両立することが求められている。

さらに，諮問の背景を観光振興に関連づけてみると，政府が2016年3月30日に策定した「明日の日本を支える観光ビジョン——世界が訪れたくなる日本へ」（以下，観光ビジョン）に遡る。インバウンド政策に関しては，2003年から訪日外国人客の誘致事業（ビジット・ジャパン・キャンペーン事業）が開始されており，それ以降，客数と旅行消費額は増加傾向にある。そこで観光ビジョンでは，観光を「地方創生」への切り札，国内総生産（GDP）600兆円達成への成長戦略の柱として位置づけている。内容は柱となる「3つの視点」と「10の改革」から成る。この視点の一つに「観光資源の魅力を極め，地方創生の礎に」があり，具体的な改革として「『文化財』を『保存優先』から観光客目線での『理解促進』，そして活用へ」が挙げられている。つまり，文化財を観光資源として活用することで地方創生につなげようとしている。

以上をふまえると，これからの文化遺産の保全・活用がもたらす効果について考える際には，地方創生時代にあって，地域経済活性化の手段とする視点は免れえない。

2 文化遺産とは何か

「観光ビジョン」では，文化財保護法「文化財」を活用しようと試みる内容が登場している。また，地域振興や観光振興に関する施策等の中では「文化遺産」という用語が登場する場合もあり，これは世界遺産条約「文化遺産」を指す場合かそれ以外のものを表す場合かに分かれる。

本節では「文化遺産」とは何かについて整理するために，まずは世界遺産条約「文化遺産」の定義と概念の広がりを確認し，次いで文化財保護法「文化財」の定義と概念の広がりを確認する。

第3章　文化遺産の保全・活用と地方創生

（1）世界遺産条約

　世界遺産条約は，正式には「世界の文化遺産及び自然遺産の保護に関する条約」という。国際連合教育科学文化機関（UNESCO）において1972年開催の第17回総会にて採択された。この条約の目的は，文化遺産及び自然遺産を人類全体のための世界の遺産として損傷や破壊等の脅威から保護し，保存するための国際的な協力及び援助の体制を確立することにある。

　日本の条約批准は1992年である。日本からの世界遺産リスト記載は1993年から始まり，2019年3月現在は22件が記載済である。京都市の場合，1994年に宇治市と滋賀県大津市を含めた2県3市に点在する構成資産17件がまとめて「古都京都の文化財」としてリストに記載されている。

　いわゆる「世界遺産」という呼び名は，世界遺産リストに記載された「物件」を指す。ただし1つの物件であっても，保存管理の点からみるとゾーニングがされている。そのため，世界遺産リストに記載されるのは「構成資産」（Property）の範囲であることから，構成資産を保護するために周囲に設けられる利用制限区域「緩衝地帯」（Buffer Zone）は世界遺産ではない。

（2）世界遺産条約「文化遺産」

　世界遺産の種類は，①文化遺産，②自然遺産，③複合遺産の3つである。このうち，世界遺産条約における「文化遺産」とは何かについて，以下の条約第1条から定義を確認する。

　　①　記念工作物
　　記念的意義を有する彫刻及び絵画，考古学的物件又は構造物，銘文，洞窟住居並びにこれらの物件の集合体で，歴史上，美術上又は科学上顕著な普遍的価値を有するもの。
　　②　建造物群
　　独立した又は連続した建造物群で，その建築性，均質性又は風景内における位置から，歴史上，美術上又は科学上顕著な普遍的価値を有するもの。
　　③　遺　　跡
　　人工の所産又は人工と自然の結合の所産及び考古学的遺跡を含む区域

45

第Ⅰ部　文化とまちづくり

　で，歴史上，観賞上，民族学上又は人類学上顕著な普遍的価値を有する
もの。

　この定義のいずれにもみられるように，世界遺産リストに記載される要件
として，「顕著な普遍的価値（Outstanding Universal Value）を有するもの」
が求められる。この価値の判断に関しては，「世界遺産条約履行のための作
業指針」（以下，作業指針）の中で10の基準が設けられており，「構成資産」
は要件として基準を１つ以上満たす必要がある。その他の要件として，文化
遺産の場合は「真実性」（オーセンティシティ）の条件を満たすことと，締約
国の国内法によって適切な保護管理体制がとられていることが求められる。
つまり，世界遺産である「構成資産」の法的保護は，各締約国の国内法に基
づいて対処される。日本の場合，文化遺産の法的保護は，主に文化財保護法
が拠り所となる。

　ただし文化遺産については，産業遺産への対応や地域・種別などの不均衡
問題などを背景として，1992年に「文化的景観」という新しい概念が導入さ
れている。定義は作業指針によると「人間と自然との共同作品」と示されて
おり，人間社会や人間の居住地は自然環境との関わりの中で形成された景観
であると捉えられている。そのため，構成資産だけではなく，「構成資産と
一体を成す周辺環境」を含んだ保護のあり方が問われるようになっている。

　その他，世界遺産条約は有形の文化遺産を対象としているが，2003年の第
32回 UNESCO 総会で「無形文化遺産の保護に関する条約」（無形遺産条約）
が採択されている。本条約の目的（第２条）は，口承による伝統及び表現，
芸能，社会的慣習，儀式及び祭礼行事，自然及び万物に関する知識及び慣習，
伝統的工芸技術などの無形文化遺産を衰退や消失の危機から保護し，次世代
へ伝えていくための国際的な協力及び援助の体制を確立することにある。た
とえば，能楽，人形浄瑠璃文楽，歌舞伎，和食：日本人の伝統的な食文化，
そして京都祇園祭の山鉾行事を含む「山・鉾・屋台行事」などがある。

　以上のように，法的保護の対象となる文化遺産の概念は，有形から無形の
ものまでを含めた広がりをみせている。

3 文化財とは何か

　世界遺産「文化遺産」の法的保護は文化財保護法に基づくものであること
が確認できた。実際，日本政府によって UNESCO 世界遺産センターへ推薦
される物件は，文化財保護法によって「文化財」として保護措置がとられて
いることになる。それでは，世界遺産条約「文化遺産」の構成資産となる文
化財保護法「文化財」とはどのようなものか。

（1）文化財保護法「文化財」

　文化財保護法は，1950年に，それまでの国宝保存法や史蹟名勝天然紀念物
保護法などの保護対象を「文化財」概念に包括して制定されている。

　文化財保護法の目的は，第1条の通り「文化財を保存し，且つ，その活用
を図り，もつて国民の文化的向上に資するとともに，世界文化の進歩に貢献
すること」である。つまり，文化財の「保存」と「活用」の両輪から成る。
ただし，まず「保存」あっての「活用」といった保存重視の捉えられ方が強
い。それでは文化財の内容について，以下の第2条より定義を確認する。

　　①　有形文化財

　建造物，絵画，彫刻，工芸品，書跡，典籍，古文書その他の有形の文
化的所産で我が国にとつて歴史上又は芸術上価値の高いもの（これらの
ものと一体をなしてその価値を形成している土地その他の物件を含む。）並び
に考古資料及びその他の学術上価値の高い歴史資料。

　　②　無形文化財

　演劇，音楽，工芸技術その他の無形の文化的所産で我が国にとつて歴
史上又は芸術上価値の高いもの。

　　③　民俗文化財

　衣食住，生業，信仰，年中行事等に関する風俗慣習，民俗芸能，民俗
技術及びこれらに用いられる衣服，器具，家屋その他の物件で我が国民
の生活の推移の理解のため欠くことのできないもの。

　　④　記　念　物

第Ⅰ部　文化とまちづくり

貝づか，古墳，都城跡，城跡，旧宅その他の遺跡で我が国にとって歴史上又は学術上価値の高いもの，庭園，橋梁，峡谷，海浜，山岳その他の名勝地で我が国にとって芸術上又は観賞上価値の高いもの並びに動物（生息地，繁殖地及び渡来地を含む。），植物（自生地を含む。）及び地質鉱物（特異な自然の現象の生じている土地を含む。）で我が国にとって学術上価値の高いもの。

⑤　文化的景観

地域における人々の生活又は生業及び当該地域の風土により形成された景観地で我が国民の生活又は生業の理解のため欠くことのできないもの。

⑥　伝統的建造物群

周囲の環境と一体をなして歴史的風致を形成している伝統的な建造物群で価値の高いもの。

この通り，現在の文化財は6種類ある。この中には，文化財保護法の制定後に追加で創設されたものもある。近年では，1975年に高度経済成長期の開発事業や生活変化等によって変貌するまちなみを保全するために「伝統的建造物群」が創設されている。京都市の場合，「京都市産寧坂」（門前町），「京都市祇園新橋」（茶屋町），「京都市嵯峨鳥居本」（門前町），「京都市上賀茂」（社家町）がある。

また2004年には，生活や生業に関わる景勝地を対象とした「文化的景観」が創設されている。京都市の場合，「京都岡崎の文化的景観」が重要文化的景観として選定されている。このように，文化財概念はより広範なものを含みながら変遷している。

（2）文化財と地域づくり

まちなみ保全や文化的景観保護は地域住民の生活や生業と結びつくことから，「地域づくり」の中で保存と活用のあり方が考えられることになる。しかし，文化財保護法は「文化財」の保存と活用を目的としており，周辺環境の整備は範疇に入らない。

そこで，たとえば2008年に施行された「地域における歴史的風致の維持及

48

び向上に関する法律」（歴史まちづくり法）がある。「歴史的風致」とは，第
１条の目的の中で定義されているように，①地域におけるその固有の歴史及
び伝統を反映した人々の活動，②その活動が行われる歴史上価値の高い建造
物，③その周辺の市街地とが一体となって形成してきた良好な市街地の環境，
といった３要素で構成されている。この維持と向上は，文化財保護行政と地
域づくり行政とが連携して取り組まれるものであり，文化財は「歴史的風
致」の構成要素として捉えられている。

　以上をふまえると「文化遺産」とは，世界遺産条約「文化遺産」と文化財
保護法「文化財」の定義や概念の広がりの中で，世界遺産条約や文化財保護
法に拠る法的保護の視点で用いられる以外は，地域固有の自然環境や生活・
生産と結びついて保存と活用が図られる「地域づくりのための資源」という
意味を含有するものであるとして使用されることがわかる。

4　地方創生と京都創生

（1）地方創生
1）まち・ひと・しごと創生法
　2014年，「まち・ひと・しごと創生法」が施行された。いわゆる「地方創
生」の始まりである。この目的は，人口減少に歯止めをかけ，東京圏への過
度の集中を是正することにある。

　日本の総人口は，2017年現在１億2,671万人であり，2008年をピークに減
少へ転じている。日本の将来推計人口は，2065年には8,808万人にまで減少
するといわれている（内閣府 2018：2）。地域によって人口減少の状況や原因
は異なるが，人口減少に関わって問題となっているものとして，低出生率に
よる少子化，超高齢化社会，そして労働力人口減少が挙げられる。多くの地
方では，少子化に加えて東京圏や都市部への人口流出によって地域の担い手
不足が生じている。加えて，労働力人口が減少することで消費市場が縮小し，
地域経済縮小や財政悪化による社会サービス低下の危機にある。そこで，人
口，経済，地域社会の課題に対する一体的な取り組みが展開されている。

　政府は2014年に「まち・ひと・しごと創生長期ビジョン」（以下，長期ビジ

第Ⅰ部　文化とまちづくり

ョン）を策定し，「2060年に１億人程度の人口を維持する」という中長期展望を示している。また同年に「長期ビジョン」が提示する日本の将来像へ向けた「まち・ひと・しごと創生総合戦略」（以下，総合戦略）を策定し，2015年度を初年度とする５カ年の目標，施策の基本的方向，そして具体的な施策を打ち出した[2]。この「長期ビジョン」と「総合戦略」は，各地方公共団体での策定が推進されている。

２）まち・ひと・しごと・こころ京都創生

　京都市の場合，2015年に「まち・ひと・しごと・こころ京都創生」長期ビジョンと総合戦略を策定している。大きな特徴は，京都の使命として日本の「こころの創生」を掲げていることである。これは，国が掲げる「まち・ひと・しごと創生」に加え，京都が大切にしてきた日本伝統の美意識や価値観，そして家族や地域の絆などといった「こころの創生」を重視していることに拠る。

　「京都創生」について京都市は，2003年より国家戦略として京都を創生するために，歴史都市・京都ならではの魅力を守り，育て，発信するという視点から「景観」「文化」「観光」の３つの分野から取り組んできた。地方創生では，人口減少社会の克服に取り組むことになるが，「人の数」だけではなく「笑顔の数」を追求するような，これまでの「京都創生」で取り組んできた観点をより包括的に深化させている。その意味で，地方創生としての「京都創生」は「地方創生・京都モデル」であると掲げている。京都創生の基本理念と基本目標は次の通りである。

　【基本理念】

　① 　人の数の追及だけではなく，一人一人が笑顔で，安心して生き，暮らせる社会を追及する

　② 　京都ならではの「こころの創生」を重視する

　③ 　国内外から訪れる「交流人口」も，「京都にとって大切なひと」として重視する

　④ 　全国の自治体と更に連携し，我が国全体の地方創生の推進を志す

　⑤ 　市民等と行政が共に「自分ごと」，「みんなごと」として，人口減少問題に一丸となって挑む新たな関係を築く

第3章　文化遺産の保全・活用と地方創生

【基本目標】
① 　人々や地域のやさしさあふれる子育てしやすい環境を高め，若い世代の結婚・出産・子育ての希望をかなえる
② 　国内外から訪れ，学び，住み，交流する新たな人の流れをつくる
③ 　京都の強みを活かして，経済を活性化し，安定した雇用を創出する
④ 　「日本のこころのふるさと」の魅力に磨きをかけ，心豊かな生き方，暮らし方を大切にする社会を築く
⑤ 　地域の特性を踏まえ，豊かな地域コミュニティが息づく，安心安全で魅力と個性あふれるまちづくりを進める

京都創生における文化遺産保護に関しては，この【基本目標】④の施策1「『日本のこころ』を守り発信する取組，こころの絆の継承，自然との共生」におけるリーディング事業の一つ「文化遺産制度等の推進」の中で取り上げられている。内容は次の通りである。

　「京都のあらゆる文化遺産を抽出し，テーマやストーリーを持った文化財群として，立体的に再認識，再評価し，保護・活用するための制度を創設する。
　また，京都市独自の制度である"京都を彩る建物や庭園"制度，"京都をつなぐ無形文化遺産"制度を推進し，引き続き京都市内の文化遺産の維持・継承・活用に努める。」

　具体的な取り組みには，2016年に創設した「まち・ひと・こころが織り成す京都遺産」制度がある。この制度の特徴は，京都市内の文化遺産をテーマ毎にまとめ，「地域性，歴史性，そして物語性を持った集合体」として認定することにある。京都市内には国宝，重要文化財，そして市指定登録文化財など，多くの有形・無形の文化遺産がある。しかし，文化遺産を個々に認定するのではなく，「京都の地域社会」「文化遺産を支える人や匠の技」「精神性」などに基づくテーマを決め，そのテーマに関連する文化遺産を調査し，集合体として認定するものである。

　保存対象である文化遺産にテーマやストーリーを持たせることは，地域固

51

第 I 部　文化とまちづくり

有の魅力を有する「観光資源」として活用できるようになる。しかし，それ
だけでなく，地域住民が文化財と地域や自身とのつながりを再認識・再評価
できる機会にもなるという，その意味での活用にもなるだろう。

5　日本におけるインバウンド観光振興

　第1節でも取り上げたが，「観光ビジョン」では，観光を日本の成長戦略
の柱，そして地方創生への切り札であるとして位置づけている。本節では，
「観光立国」へ向けた動きが始まることとなった経緯を整理する。

　観光振興が内閣の主要政策課題となったのは，2002年2月の第154回国会
における小泉内閣総理大臣施策方針演説の中で，「我が国の文化伝統や豊か
な観光資源を全世界に紹介し，海外からの旅行者の増大と，これを通じた地
域の活性化を図ってまいります」といった方針が示されてからである。

　この背景には，構造不況にある日本経済のデフレ進行や失業率の上昇等が
挙げられる。政府は2001年6月より「今後の経済財政運営及び経済社会の構
造改革に関する基本方針（骨太の方針）」を起点とした構造改革を推進してい
たが，経済と財政の改善傾向をより確実なものとするために，2002年6月に
内閣府の経済財政諮問会議は「経済財政運営と構造改革に関する基本方針
2002」を取りまとめた。この基本方針では，「6つの戦略と30のアクション
プログラム」が掲げられており，このうち「(4)産業発掘戦略」のアクション
プログラムとして「観光産業の活性化・休暇の長期連続化」が位置づけられ
ている。そして同年12月の経済財政諮問会議では，議事として「観光政策の
課題とグローバル観光戦略について」が取り上げられ，国土交通省が関係省
庁と協力して「グローバル観光戦略」を策定するに至った。

　「グローバル観光戦略」をみると，政府が観光振興の中で訪日外国人旅行
を強く促進する意義3点を確認できる。

　第1に，日本は外国人旅行者の受け入れでは国際競争力が低いことにある。
1964年に日本人の海外観光旅行が自由化されて以降，日本人海外旅行者は増
加したが，その一方で，訪日外国人旅行者数は伸び悩んでおり，両者の間に
著しい不均衡が生じていた。2001年の訪日外国人旅行者数も，日本人の海外

52

旅行者数と比べると1/3〜1/4となっている。また，受入数を世界各国と比較した場合も劣位となっていた（国土交通省 2002：1）。そのため，日本は訪問先として魅力が乏しい国であると認識されていることの現われであり，国際観光旅行市場の獲得に向けた国際競争力が極めて低いことが指摘されている。

第2に，観光産業は21世紀の日本のリーディング産業となりうると期待されていることである。産業としての観光は，あらゆる産業に関係する裾野が広い総合産業である。そこで，拡大する国際観光旅行市場の中で訪日外国人旅行者を増大させることが可能となれば観光産業の規模も増大し，日本経済を牽引すると捉えられている。

そして第3に，訪日外国人旅行者の促進はさまざまな面から大きな意義と緊急性を有することである。例として，①国際相互理解の促進すること，②日本の経済活性化の起爆剤となること，③地域の魅力の再発見を通じて自信と誇りが醸成されること，である。また，実行すべき戦略が4つ掲げられ，その一つである「外国人旅行者訪日促進戦略」の中で，「ビジット・ジャパン・キャンペーン」を強力に展開することが挙げられた。

その後，2003年1月の第156回国会における小泉内閣総理大臣（当時）の施政方針演説で，「日本の魅力再生」として，日本には歴史に根差した文化や伝統，すぐれた人材や企業が各地にあるため，地域が持つ潜在力や魅力を引き出し，日本を再構築することが掲げられた。そして，観光振興に政府を挙げて取り組み，2010年に訪日外国人旅行者数を倍増させることが目標として示された。

これを受け，日本の観光立国としての基本的なあり方を検討するために，2003年1月から総理大臣主宰で「観光立国懇談会」が開催されている。同年4月には報告書「観光立国懇談会報告書——住んでよし，訪れてよしの国づくり」が作成され，観光立国の実現へ向けた課題と戦略が示された。副題の「住んでよし，訪れてよしの国づくり」は，観光立国の基本理念として掲げられている。この理念は，まずは地域住民が地域の魅力を知り，その地域に住むことに誇りをもち，そして幸せを感じられることが重要であると示されたものである。

さらに，観光立国懇談会報告書を受け，関係行政機関の緊密な連携を確保

第Ⅰ部　文化とまちづくり

し，観光立国実現のための施策の効果的かつ総合的な推進を図ることを目的として2003年5月から「観光立国関係閣僚会議」が開催され，行動計画の作成に着手された。そして同年7月に「観光立国行動計画」が策定され，これ以降「観光立国」の実現へ向けた具体的な取り組みが推進・展開されていくこととなる。

　なお，近年（2003～2018年）の訪日外国人旅行者数の推移をみると，ビジット・ジャパン・キャンペーンが開始された2003年は521万人であったが，2018年には3,000万人に到達している。「観光立国推進基本計画」では，2020年までの目標として4,000万人にすることを掲げている。そのため，国や各地域では，増加し続ける外国人旅行者に対し，観光立国の理念である「訪れてよし」にあたる受入れ態勢を整えることが課題となってくる。それと同時に，人口減少・過疎化が進行するなかで，「住んでよし」の地域をどのように実現・維持するのかも大きな課題であるといえよう。

6　文化遺産を地域・観光資源として捉える

（1）地域経済活性化のための文化遺産の保全・活用

　観光振興が地域経済活性化につながるためには，観光客数を増やすだけでなく，「観光消費」が重要となる。これは，生産波及効果，付加価値誘発効果，雇用誘発効果などの経済効果が期待される。

　日本国内における旅行消費額は，2017年は26.7兆円となっている。内訳をみると「日本人国内宿泊旅行」が16.5兆円と最も高く，全体の6割以上を占めている。次いで「日本人国内日帰り旅行」「訪日外国人旅行」「日本人海外旅行（国内分）」の順となっている。訪日外国人旅行者の消費額は日本人旅行者に比べると少ないが年々増えており，全体に占める割合も高くなってきている（国土交通省観光庁編 2018：34）。

　京都市産業観光局（2018）によると，観光客総数は2017（平成29）年は5,362万人となっている。このうち宿泊者数は1,557万人，そして外国人宿泊客数は353万人である。宿泊者数と外国人旅行者数は，いずれも過去最高値となっている。また，消費額は2015年より急激に増え，2017年は1兆1,268

第3章　文化遺産の保全・活用と地方創生

億円と過去最高となっている。これは，宿泊客数の増加に比例している。とりわけ外国人宿泊客数の推移をみると，2015年から300万人を超えており，前年よりも100万人増加している。そのため，京都市における外国人旅行者の増加は，観光消費額の向上へ結びついている。

　また，当該調査の中で京都市を訪ねる外国人旅行者を対象とした「外国人満足度調査」をみると，「街の清潔さ」「治安」「寺院・神社，名所・史跡」「自然・風景」が高評価となっている。そのため，京都市内の文化財をはじめ，京都固有の自然環境や生活に関わるものが魅力となり，観光資源として観光消費額の向上にも役立っていることが窺える。そのため，文化遺産を「保全・活用」することは地域経済活性化のための手段となると捉え，観光資源としてのあり方を考えていく意義がみえる。

（２）新しい文化を創造するための文化遺産の保全・活用

　京都では，2020年に東京オリンピック・パラリンピック競技大会の東京開催決定を受け，京都を舞台とした文化と芸術の祭典である「京都文化フェア（仮称）」を開催しようとする取り組みがある。2016年３月には「京都文化力プロジェクト2016-2020基本構想」がまとめられている。この祭典開催の意義として，「京都の文化を世界の人々に味わってもらうとともに，京都が体現している『日本』と『世界』が文化を通して活発に交流し，そこに生まれる喜びや幸せを共有することが大切である」と示している。そして，この交流と共有が「世界の文化首都・京都」を実現するとともに，「来るべき次の世代への，いのち輝くこころの文化の伝達となる」と捉えている。京都文化プロジェクトの基本的目標は次の３つである。

　　①　世界の人々に京都の魅力を伝え，もてなす基盤をつくる
　　②　世界の人々に京都の総合的な文化力を提示する
　　③　世界の人々と協働し，新たな創造の潮流を起こす

またプロジェクトの推進方策では，「文化芸術の振興」「地域振興」「産業振興」「国際的な課題への対応」「教育，人材の育成」の５つの観点に効果が波及されるように取り組まれている。文化遺産の保全と活用に関わるものを取り上げると，目標①では「京都の人が京都の文化を知り，大切にするこ

と」，目標②では「京都の人が京都の文化を知り，大切にすること」，そして目標③では「京都の伝統文化をきちんと伝える」「京都の伝統文化を支える人々の活動の場をつくる」といったように，伝統文化の継承が重要とされていることがわかる。しかし，目標③の中に「伝統を活かした創造を生み出すしかけづくり」があるように，伝統を活かして新しく創造することも含まれている。つまり「京都文化力」とは，伝統文化の継承だけでなく，伝統文化を踏まえた新しい文化創造を起こすものでもあると捉えることができる。

　本章を通して，文化遺産の保全と活用がもたらす効果とは，地域経済活性化に資する観光消費額増加のための観光資源となるだけでなく，地域住民への伝統継承と新しい文化創造といった「地域文化力」を高めることができると提示できる。地方創生時代にあって文化遺産保護を考える場合は，「地域のなかで文化遺産をどう捉えるのか」や「将来の世代へ何を伝えたいのか」といった，地域や地域住民と文化遺産との関わり方を見つめ直す作業が必要となる。この関わり方によって文化遺産は，「地域資源」にも「地域の観光資源」にもなる。そして何より，人口減少と観光立国の時代の中で，これからの地域コミュニティづくりを考える際の重要な手がかりになるのではないだろうか。

　注
⑴　文化庁資料では「まちづくり」と表記されているが，本章では地方創生との関連で論じたいため「地域づくり」を採用する。
⑵　現在のものは「まち・ひと・しごと創生総合戦略2018 改訂版」となる。

　参考文献
明日の日本を支える観光ビジョン構想会議（2016）「明日の日本を支える観光ビジョン」。
観光立国懇談会（2003）「観光立国懇談会報告書」。
観光立国関係閣僚会議（2003）「観光立国行動計画」。
京都市（2015）「『まち・ひと・しごと・こころ京都創生』総合戦略」。
京都市（2018）「まち・ひと・こころが織り成す京都遺産『千年の都の水の文化』」

パンフレット。

京都市産業観光局（2018）「京都観光総合調査 平成29年（2017年）1月～12月」。

「京都文化フェア呼びかけ」に基づく推進委員会（2016）「京都文化力プロジェクト 2016-2020基本構想」。

経済財政諮問会議（2002）「平成14年第41回議事録」。

国土交通省（2002）「グローバル観光戦略」。

国土交通省観光庁編（2018）『観光白書 平成30年版』日経印刷。

国立社会保障・人口問題研究所（2017）「日本の将来推計人口（平成29年推計）」総務省統計局「国勢調査」。

内閣府（2018）『高齢社会白書 平成30年版』日経印刷。

文化庁文化審議会（2017）「文化財の確実な継承に向けたこれからの時代にふさわしい 保存と活用の在り方について（第一次答申）」。

文化庁文化審議会「29庁財98号 平成29年諮問第33号」。

「まち・ひと・しごと創生総合戦略2018改訂版」。

歴史まちづくり法研究会編（2009）『歴史まちづくり法ハンドブック』ぎょうせい。

「第154回国会 本会議 第4号（平成14年2月4日）」。

「第156回国会 本会議 第4号（平成15年1月31日）」。

「世界遺産条約履行のための作業指針」（WHC.17/01, *Operational Guidelines for the Implementation of the World Heritage Convention*, Paris, 12 July 2017.）

文化庁 HP「文化財保護法及び地方教育行政の組織及び運営に関する法律の一部を改正する法律の概要」（http://www.bunka.go.jp/seisaku/bunkazai/pdf/r1402097_01.pdf/, 2019年3月24日アクセス）。

文化庁 HP（http://www.bunka.go.jp/seisaku/bunkazai/shokai/sekai_isan/pdf/sekaiisan_gaiyo.pdf, 2019年3月31日アクセス）。

（峯俊智穂）

	まちづくりの「場」としての元校舎
第4章	――明倫学区を事例に

1 学区と元校舎

　京都市内でも地域によって違いはあるが，京都市では主に学区を単位とし て自治連合会や社会福祉協議会などの住民組織（以下，学区組織）が構成さ れ，学区によってはこのような学区組織が20以上もある。学区組織の活動拠 点は学校もしくは閉校後の校舎・学校敷地内にある自治会館などがほとんど であり，これは学校が閉校した後も変わることがない。このように，京都市 の学区は単に通学区を意味するのではなく，自治単位としての意味も多分に あるのである（ゆえに本節では通学区のことを「校区」とし，「学区」と区別す る）。中には，左京区の錦林小学校・第三錦林小学校・第四錦林小学校（第 二錦林小学校は戦後に近衛中学校に転用されたので現存しない）の校区のように， 学校名（校区名）と学区名が全く一致しない地域もある。たとえば，第四錦 林小学校区とほぼ重なる領域に，吉田学区がある。

　このような京都市の学区における最大の特徴は，1947年に小学校が新制中 学校に転用された学区や，学校統廃合によって校区としての機能を失った学 区においても，学区が自治組織の単位として継続していることであろう。と くに，学校統廃合で校区としての機能を終えてから20年以上も経つ学区で区 民運動会（学区住民の運動会）や区民祭り（学区住民の祭り）が主に元校舎の グラウンドで開催され続け，さらにそこで学区組織の一つである体育振興会 によるテニスやゲートボールなどの活動が行われていることは，これからの まちづくりを考える上で学ぶべきことが多々あろう。元校舎の中でも，閉校 後に新たな文化施設に生まれ変わった元校舎，よく知られた所では京都市学 校歴史博物館（元・京都市立開智小学校），京都芸術センター（元・京都市立明 倫小学校），京都国際マンガミュージアム（元・京都市立龍池小学校）などで

は，京都市ならではの文化施設が運営されるとともに，そこで学区組織による活動も行われている。本章では，学区組織とその拠点である元校舎に注目し，まちづくりの場のあり方の具体例をみていきたい。

2　地域が学校をつくり学校が地域をつくる――学区の歴史

　わが国では，明治初期から各地に小学校が創られはじめた。その設立は上からの命令によるところが大きかったものの，まだ「公立」という概念すら無く，「教育」という言葉もほとんど使われていなかった明治初期から，地域の人たちが小学校のために資金を出し，または徴収され，小学校を運営した。

　この小学校の創設は，1872年から翌年にかけて出されたいわゆる学制という法令に基づいて進められるのが一般的であったが，現在の京都市中心部（上京区および中京区・下京区・左京区・東山区各区の一部）では，すでに1868〜1869年に全国初の学区制小学校が64校創設されていた。その学区が室町時代にルーツを持つ町組を再編して誕生した「番組」という町の連合体であったことから，これらの学校は番組小学校と呼ばれる。

　番組小学校は，単に日本最初の学区制小学校であったというだけではなく，番組（学区）の集会所や役所の出張所，消防，警察の機能などを兼ね備えた地域のコミュニティセンターでもあり，だからこそ京都の町人は番組小学校の創設と運営に尽力した。小学校と学区のこのような関係は，明治中期（1890年代）に学区が学区会議員からなる学区会を開催して学区市税を運用する公式な自治体となるに至り確立する（学区制度の成立）。その直後に市制特例が解除されて京都市の自治行政が始まり，各学区は京都府ではなく京都市の管轄となる。大正期から昭和戦前期にかけて京都市の行政区域は拡張を続け，新たに京都市に編入された地域ではその時点から学区制度が始まった。1931年に京都市が伏見市や嵯峨村などを編入していわゆる「大京都市」が誕生した時には，京都市内の学区数は100を超えていた。

　この京都の学区制度は，およそ50年続いた後に国家権力の介入によって1941年に終焉を迎える。しかしこれはあくまで制度上のことであり，実態と

第Ⅰ部　文化とまちづくり

しては京都市の行政は学区組織を必要とし続けた。ゆえに，1947年に小学校が新制中学校に転用された学区や，戦後に京都市に編入された地域（西京区など）の学区でも，学区単位で自治活動が行われ続けた。とくに1872〜1873年に京都府独自の制度の下で地域の力によって創設された（つまり学制以前に設立が進められた）村立の小学校，いわゆる郡中小学校にルーツを持つ小学校の学区では，番組にルーツを持つ学区と同様の自治組織を有しているケースが多々ある。ゆえに，京都市独特の学区の姿は，元番組エリアや京都市中心部にのみで見られるわけではなく，地域によってそのありようは異なるが（とくに，戦前の地方自治行政に翻弄されながらも地域の小学校を守り通した大宮学区はその最たる例であろう），おおよそ現在の京都市全域で確認できるのである。1990年代の小学校の大規模統合により小学校がなくなった学区においても，現在でも元小学校校舎（または元校地内の施設）を中心として学区単位での自治活動が行われ続けている。

　以上のように，京都市の小学校と学区との関係からは，「地域が学校をつくり学校が地域をつくる」モデルケースとも言いうる事例を抽出することが可能であり，そこから学ぶことのできることは多々ある。次節からは，元校舎が新しい施設に生まれ変わってからもそこで学区組織による自治活動が盛んに行われている事例として，元・明倫小学校校舎である京都芸術センター（運営管理は京都市芸術文化協会）と明倫学区をとりあげ，まちづくりの「場」としての学校のありようを紹介したい。

3　明倫小学校の閉校から京都芸術センターの開設まで[2]

　元校舎が京都芸術センターというまちづくりの「場」を兼ねる文化施設として活用されるに至るまでには，いかなる経緯があったのだろうか。この経緯についてはすでに，アートマネジメントに着眼した松本茂章や演劇人に着眼した渡部春佳によって論じられており（松本 2005；渡部 2012），さらに松本茂章は官民協働の視点からこの経緯を時系列で丹念に辿っている（松本 2006：53-101）。しかし，学区住民との京都芸術センターとの関係という視点からの研究は存在しない。というのも，学区住民と元校舎の利活用との関連

60

第4章　まちづくりの「場」としての元校舎

については話し合いの内容などが公文書として資料に残ることは限りなく少なく，市当局担当者には守秘義務がある。しかも，元・明倫小学校校舎の場合は明倫小学校閉校からすでに26年の時を経ており，学区住民の代表的立場にある人たち（自治連合会の役員など）の世代交代が進んでいる。ゆえに本章の視点から京都芸術センター設立の経緯をたどるには史料的限界が非常に大きいのではあるが，ここではその経緯の概略を述べておきたい。

　明倫小学校が1993年3月に閉校した後，校舎は1995年3月まで京都市立高倉西小学校校舎として活用された。同校は，明倫小学校の統合先である京都市立高倉小学校が元・京都市立日彰小学校跡地に建設される間の期間限定的な小学校であり，明倫小学校の西に位置した京都市立本能小学校と明倫小学校との統合校である（大規模統合前のこのような期間限定的な統合校の誕生は「一次統合」と呼ばれる）。つまり，明倫小学校は1993年3月に閉校したが，その建物が小学校校舎としての役割を終えたのは1995年3月である。

　早くもその2カ月後に，明倫小学校元校舎の転生は具体的な姿をともなって動き始めている。明倫小学校元校舎は1995年5月から「芸術祭典・京」の芸術共感部門の会場として活用されており，この試みは京都芸術センター公式ホームページ内の沿革によれば「元小学校が芸術表現の場として活用できるかどうか，芸術の場とすることが地域住民に受け入れられるかどうかを試行」するものであった。

　この試行開始から1年が経過した1996年6月，「京都市芸術文化振興計画」が策定された。この「計画」は，趣旨文で「近年，京都の文化創造力・発信力の停滞や相対的な地位の低下には歴然たるものがある」と危機感を露にし，1978年に策定された世界文化自由都市宣言（第1章参照）にある「文化都市」となることが「京都の責務である」と断言する（京都市 1996：1）。その「具体的実施案」として謳われたのが，「京都における芸術文化交流を促進し，芸術文化活動の振興を図るために，その中核となる拠点」として「京都アートセンター（仮称）」を設立することであった（京都市 1996：9）。これが，今日の京都芸術センターである。注目すべきは，この「計画」の段階ですでに「実際に芸術家や市民がつどい，交流を図るための場所としても機能する」こと，「市民や内外からの来訪客に開かれた施設」となることが明言さ

61

れていること（京都市 1996：9），つまり，「芸術家」でも「内外からの来訪客」でもない「市民」が参画するアートセンターの設立が当初から目指されていたことである。このことは，文化芸術振興のためにも重要なことであろうが，それ以上に，元校舎を再利用するにあたり学区住民の理解を得るためにこそ重要なことではなかろうか。

　翌1997年の２月には都心部小学校跡地活用審議会において元・明倫小学校校舎を京都アートセンターとして活用することが承認され，同年10月からは京都アートセンターの試行事業としてアートアクション京都が実施されている。この事業は，アーティストにアトリエや稽古場として制作室を提供するという現在の京都芸術センターにおける事業とほぼ同様の内容になっており，前述の「京都市芸術文化振興計画」策定以後，急速に現在の京都芸術センターの姿が生み出されていったといえよう。この事業には試行結果を京都アートセンター検討委員会での議論に反映させる目的があったとともに，注目すべきは，地域（学区住民）の京都アートセンターへの理解を深めることも同時に目指されたというところにある。この検討委員会が1998年10月に報告書を提出し，翌1999年１月からの１年間で元・明倫小学校校舎に耐震補強やエレベーター設置といった改修を施した上で，2000年４月に京都芸術センターが開設された。

4　地域が実施し京都芸術センターが協力する事業

　本節では，まず学区組織の中核である自治連合会が主催し，京都芸術センターが場所を提供し協力する事業を紹介する。

① お花見

　京都芸術センターには明倫小学校時代からの桜の木が１本あり，４月にグラウンドでお花見が開催される。毎年開催するわけではないが，京都芸術センターでの制作室使用者や展覧会を開催するアーティスト，京都芸術センターの事務局スタッフも参加し，まちづくりの「場」としての元校舎での文化祭のようなイベントになっている。

第4章　まちづくりの「場」としての元校舎

② 夏まつり

お花見と同様に，地域の人たちに京都芸術センターのスタッフやアーティストもともに参加するのが特徴であり，まちづくりの「場」が活用される例として模範的な事業である。京都市の学区では同様の夏祭りイベントが開かれるところが多々あり，名称はそれぞれ異なるが（例えば修徳学区では「サマーナイト in 修徳」），それらは総称して「区民祭り」といわれる。

③ 運 動 会

京都市の学区では，「区民運動会」と呼ばれる，学区住民が参加する運動会が開催されているところがある。開催時期は学区によるが，おおむね9〜10月の運動会シーズンに，学区の子が通う学校の運動会と重ならない日に開催されている。この区民運動会の特徴は，学校が閉校してからも元校舎のグラウンドで開催され続けているところにあり，明倫学区はその典型である。主催団体は，自治連合会だけではなく，学区組織の一つである体育振興会も加わっている。明倫学区の運動会には，京都芸術センターのスタッフやアーティストも参加している（写真4-1）。

④ 文 化 祭

京都市内の各学区でみられる区民祭りと区民運動会に加えて，区民文化祭が開催されているのは，明倫学区の特徴の一つである。明倫学区の文化祭は，11月に京都芸術センターの講堂・大広間・フリースペース等で開催され，展示・舞台の設営や音響・照明などには京都芸術センターのスタッフが協力している。やはりこの事業も京都芸術センターのスタッフやアーティストも時折出演している。

⑤ 防災訓練

基本的にどこの学区でも実施されているのが，この防災訓練である。主催は自治連合会であるが，同じく学区組織として重要な役割を担っており明治初期から続いている消防分団（現在は組織上は消防署の下部組織）や自主防災会が主導している。年に一度，グラウンドや講堂などで行われている。

⑥ ラジオ体操

自治連合会と体育振興会の主催で，京都芸術センターのグラウンドで行われている。明倫学区は夏季のみであるが，開智学区のように夏季以外にも開

63

第Ⅰ部　文化とまちづくり

写真4-1　区民運動会

出所：京都芸術センター提供。

催される学区もある。
　⑦　体育振興会の活動
　地域住民が特定日にテニスやグランドゴルフ（ゲートボール）などをグラウンドで行っている。中には，有隣学区のように本格的なテニスコートを備えている学区もある。
　⑧　明倫幼稚園での活動
　明倫幼稚園はすでに閉園しているが，元園舎は元・明倫小学校校舎と同様に京都市芸術文化協会が管理している。この元園舎では，自治連合会が主催するもちつきやバーベキューなどの親睦会が開かれ，卓球部の活動や，合唱・大正琴の練習の他，高齢者を対象とした体操や手芸，工作なども開かれている。さらに，京都芸術センターのコミュニティダンスのワークショップを機に生まれたコンテンポラリーダンスチームもここで活動しており，その活動の成果は前述した明倫学区の文化祭で披露されている。

64

5 京都芸術センターと学区組織が共同で実施する事業

　次に本節では，地域と京都芸術センターが共同で実施している事業を紹介する。

　①　祇園祭山鉾金工品の調査・展示・報告講演会

　明倫学区内には祇園祭で登場する山鉾を有する町が数多くある。山鉾は言わずと知れた文化財であり，ゆえに祇園祭は「動く美術館」とも言われる。文化財であるからにはその調査が必要となり，展示することで広く深く認知される。しかし，山鉾の調査と展示にはそれなりの広さを兼ね備えた場が必要であり，かつ遠方まで安全に運ぶのは費用などの面から困難である。1931年竣工の元明倫小学校校舎の原型をほぼとどめている京都芸術センターの大広間は，このような観点から山鉾の調査・展示にふさわしい。さらに，祇園祭開催中は他の山鉾を鑑賞することができない山鉾町の住民にとっても，この展示と報告講演会は貴重な機会であり，山鉾町の中心で開催する意義が多分にあるといえよう。

　「祇園祭・錺職人の技展」は，祇園祭山鉾の金工品の調査と展示，及び近年に新調された懸装品のお披露目をするイベントとして，各山鉾保存会，公益財団法人祇園祭山鉾連合会，京都芸術センターの主催で（文化庁の「文化遺産を活かした地域活性化事業」の一環），京都芸術センターの大広間で2003年から2014年まで年1回，合計12回開催され，学区内外にある21基の山鉾を調査・展示する成果を残した。

　このイベントは，2001年から15年間にわたって実施された山鉾金工品の調査の上に成り立っており，この調査の報告として「山鉾のかざり——祇園祭山鉾金工品調査報告講演会」も，公益財団法人祇園祭山鉾連合会および京都芸術センターの主催で，2016年からその翌々年にかけて，京都芸術センターの大広間または講堂で計3回開催されている。

　②　ペトロフピアノ・コンサート

　大正期から明倫小学校で使われたペトロフピアノを修復・活用したコンサート「ペトロフピアノ・コンサート」は，2004年に始まり今日まで続く。こ

第Ⅰ部　文化とまちづくり

のコンサートは京都芸術センターでの看板イベントの一つであるが、主催が明倫自治連合会及び明倫ペトロフの会であることはあまり知られていない（京都芸術センターは共催、ただし2018年および翌年はピアノ来校100年及び番組小学校創設150周年ということで京都芸術センターも共同主催）。

　このコンサートは、元校舎という場で学区住民が文化財を修復し、学区住民がその文化財を活かしたイベントを開催するという点で、まちづくりの場としての学校を考える格好の素材である。ここに言う文化財は、国や地方自治体によって指定されたかどうかは問題ではなく、学区住民にとってどのような意味・価値を持つのかが重要であり、地域コミュニティを生み出す文化資源または地域資源と言い換えてもよいだろう。このような学区の「文化財」を活かす学区単位での試みは、明倫学区以外でも、たとえば下京区の修徳学区まちづくり委員会による「修徳まちなみ文化財」の選定（あくまで候補の選定であり実際の選定は学区住民による）などがある。

　ただし、学区の文化財を活かすイベントを開催するにあたっては、学区住民による相当な苦労を要することは言うまでもない。明倫学区では、まずペトロフピアノを修復するために学区内有志で明倫ペトロフの会が結成され、ペトロフピアノによるコンサートを開き、寄付金を募り、同時に修復プロジェクトによる合議が2004年から2007年にかけて進められた上で、同年と翌年にかけてようやく修復が完了し、修復完成コンサートの開催に至っている。修復に要した費用は不明だが、当然ながら簡単に集められる額ではなく、要した時間と労力も相当なものである。

　明倫小学校のペトロフピアノは、1910年製で、1918年の明倫小学校開校50年記念に学区内の有志らによって寄贈された。ハンガリー＝オーストリア帝国宮廷御用達の称号を得たボヘミア地方（現・チェコ共和国）のアントン・ペトロフ社製であることから、ペトロフピアノと呼ばれる。明倫小学校出身の日本画家・中村大三郎の代表作である屏風絵《ピアノ》（1926年、京都市美術館蔵）に描かれているのは、このピアノである。2008年の修復の際には、この《ピアノ》に描かれた姿をもとに、脚部や譜面台が当時の姿に再現された。現在は、明倫ペトロフの会が《ピアノ》のレプリカを制作し、ペトロフピアノとともに学区に残していくための寄付を募るコンサートを実施中であ

第4章　まちづくりの「場」としての元校舎

写真4-2　ペトロフピアノ・コンサート

出所：写真4-1と同じ。

る（写真4-2）。

　以上，本節で紹介した①②は，ともに明倫学区ならではのイベントではあるのだが，前節で紹介したような学区組織の活動が，京都芸術センターを主な場として実施されているからこそこれらのイベントが可能になり，かつ継続されているということを看過してはならない。加えて言うならば，学区内の各山鉾保存会が主催し京都芸術センターが協力する祇園祭の山鉾懸装品お披露目・お囃子公開練習や，生活工藝館無名舎（舎主は吉田孝次郎氏）が主催するコレクション展示（吉田孝次郎氏所蔵の染織品の展示や公演会を実施し，地域に受け継がれてきた暮らしや町衆の気風やセンスを染織工芸品を通して紹介する事業）など学区組織以外の主催でも地域住民が元校舎である京都芸術センターを場として活動し得ているのも，第3節でみたような「日常」があってこそであろう。

　つまり，まちづくりの場としての元校舎が日常的に学区組織や地域住民によって活用され，双方が連携しているからこそ，最後に紹介したような地域

67

第Ⅰ部　文化とまちづくり

住民と京都芸術センターとによる共同実施のイベントが成功するのである。

6　地域のコミュニティセンターとしての学校

　明倫学区といえば，京都市中心部にありかつ祇園祭の中核部分でもあるので，京都市内の各学区の中でも特別視されがちである。しかし，本章で紹介した明倫学区の多様なイベントは，元校舎が京都市内の他の学区と同様にまちづくりの場として活用され続けているからこそ実現・継続していることを忘れてはならない。この点では，明倫学区は特別な学区ではないのである。

　今後，京都市においてどのような方向性でどのような都市計画が進められるのか筆者にはわからない。1980年代に京都市中心部で大幅な人口減少が進み大規模な学校統廃合がなされた一方で，2000年頃からマンションの建設ラッシュによって中京区・下京区では人口増加に転じた。1995年に閉校した京都市立春日小学校の跡地に2018年に京都市立御所東小学校（上京区に立地するが通学区域は中京区にまたがる）が誕生したことは，記憶に新しい。明倫学区の人口は，鯵坂学によれば1990年の1,426人に対して2010年では2,946人と106.6％増加しており，2010年の居住世帯の約8割が集合住宅・マンションに居住している（鯵坂 2016）。ただし，人口動態がどのように動こうが，学校，元校舎，元校地を拠点とした学区組織がまちづくりを牽引する大きな力となり得るのは確かである。地域のコミュニティセンターとしての学校が今後（閉校後も含めて）どのように変容しようとも，そこがまちづくりの場として活用され続けることこそが京都の文化を守り育てる上で重要であろう。

注
⑴　一見わかりやすいようで実は複雑な京都市内の学区について知るには，京都市文化市民局地域自治推進室が運営するホームページ「京都市　自治会・町内会＆NPO おうえんポータルサイト」（http://www5.city.kyoto.jp/chiiki-npo/，2019年4月11日アクセス）がさしあたり便利である。
⑵　3節・4節・5節の執筆にあたり，京都市芸術文化協会の草木マリさんにたいへんお世話になりました。この場をかりてお礼申し上げます。

参考文献

鯵坂学（2016）「『都心回帰』時代の京都市中京区の学区コミュニティ」『政策科学』45(4)。

伊藤之雄編（2006）『近代京都の改造』ミネルヴァ書房。

大宮小学校創立100周年記念 HP（http://大宮小学校創立100周年記念.homepage.jp/, 2019年5月30日アクセス）。

京都芸術センター公式 HP 内「京都芸術センター沿革」（http://www.kac.or.jp/history/, 2019年5月30日アクセス）。

京都市（1996）「京都市芸術文化振興計画」。

京都市学区調査会・長塩哲郎編（1937）『京都市学区大観』京都市学区調査会。

京都市情報館 HP 内「世界文化自由都市宣言」（https://www.city.kyoto.lg.jp/sogo/page/0000035716.html, 2019年5月30日アクセス）。

京都市文化市民局地域自治推進室 HP 内「京都市　自治会・町内会 & NPO おうえんポータルサイト」（http://ww5.city.kyoto.jp/chiiki-npo/, 2019年4月11日アクセス）。

三条ラジオ・カフェ（79.7MHz）『まちづくりチョビット推進室』「修徳まちなみ文化財ってご存じですか？」（2013年9月21日放送）（http://www.koh-sei-const.co.jp/chobitto/130921.html, 2019年4月11日アクセス）。

辻ミチ子（1977）『町組と小学校』角川書店。

松本茂章（2005）「芸術創造拠点と官民パートナーシップ」『同志社政策科学研究』7(1)。

松本茂章（2006）『芸術創造拠点と自治体文化政策』水曜社。

三上和夫（1988）『学区制度と住民の権利』大月書店

明倫自治連合会広報委員会「明倫ニュース」創刊号（2002年5月）～第33号（2017年7月）。

和崎光太郎（2014）「京都番組小学校の創設過程」『京都市学校歴史博物館研究紀要』3。

和崎光太郎（2015）「京都番組小学校にみる町衆の自治と教育参加」坪井由美・渡部昭男編『地方教育行政法の改定と教育ガバナンス』三学出版。

和崎光太郎（2018）「学校史とは何か」『アルケイア』13。

和崎光太郎・森光彦著，京都市学校歴史博物館編（2016）『学びやタイムスリップ』京都新聞出版センター。

渡部春佳（2012）「地域における芸術創造のダイナミクス」『情報学研究』83。

（和崎光太郎）

コラム3　健康・スポーツ文化と観光

　貴族や武家の遊びや鍛錬であった蹴鞠，流鏑馬は，京都観光の目的となり，蓮華王院本堂（三十三間堂）で行われる「通し矢」は，新成人が競う年頭の風物詩となっている。また，武道指導者を養成する専門学校の演武場として1899年に建てられた旧武徳殿は，日本古来の武道を愛好する人々のあこがれの舞台であり，この游泳部門であった京都踏水会で江戸時代から伝わる日本泳法を習ったシンクロナイズドスイミングの立花美哉，武田美保選手は，アテネオリンピックで銀メダルを獲得している。

　明治期以降，京都の健康・スポーツ文化の第一の特徴は，全国に先駆けた西洋医学の導入や学校教育の近代化である。市民は，1868年から政府に西洋医学の教員病院の設立を要望していたが受け入れられず，お寺や花街や町衆から寄附を集め，ドイツ人を講師に呼び，地域医療を先取りし，医療を第一とする病院がまず（寺の境内に）設立された。

　スポーツの分野においては，駅伝発祥の地とされ，1917年4月27日，日本で最初の駅伝「東海道駅伝徒歩競走」が三条大橋からスタートしている。男女の全国高等学校駅伝，全国都道府県対抗女子駅伝や京都マラソン，全国車いす駅伝は，京都の冬の一大イベントである。1915年には京都第二中学校（京都府立鳥羽高等学校）が，全国中等学校優勝野球大会（全国高等学校野球選手権大会＝夏の甲子園）の第1回大会で優勝した。野球はもともと硬球を使用する競技だが，安全に野球を楽しめるように教員たちが「京都少年野球研究会」を立ち上げ，ゴム製ボールの開発を進めた結果1918年に「軟球」が生まれ，これが軟式野球の発祥といわれる。京都サンガF.C.の前身の「京都紫光サッカークラブ」は，京都府師範学校（京都教育大学）のOBによって1922年に創設された，日本で一番古い歴史を持つクラブチームである。ラグビーでは，下鴨神社境内の糺の森は関西ラグビー発祥の地とされ（1910年，関西初の第三高等学校ラグビー部の創部及び三高・慶応義塾の我が国初の試合において楕円球を初めて蹴った，第一蹴の地），京都市立伏見工業高等学校が1979年度の全国大会初出場，翌年度に優勝し注目された。他にバスケットボールの国内黎明期の地もある（京都第一中学校の佐藤金一教諭が1915年に京都YMCAで初めてチームを作った）。また，障害者スポーツの分野でも先駆的な取り組みをしている。「卓球バレー」は，40年ほど前に京都市立鳴滝養護学校（現・総合支援学校）でルールを作り大会を開いたことが始まりで，日本卓球バレー連盟が誕生するなど競技人口が広がっている。

　京都の健康・スポーツ文化の第二の特徴は，商業ベースの健康・スポーツではない

点である。半世紀以上の歴史を有し全国に類がない京都市体育振興会は，豊かな自治精神の下，市民がボランティアとして地域のスポーツ活動を支えるもので，地域住民の健康増進，体力の向上はもとより，地域コミュニティの活性化，市民スポーツの普及・振興に取り組んでいる（結果，地域体育館整備などの新規施設の整備をはじめ，夜間照明設備の整備や校庭開放事業による学校施設の開放事業などが大きく進んでいる）。これらは，いずれも京都の貴重な健康・スポーツ文化であると言って良い。

　一方，観光の分野では，名所旧跡を団体で巡るマスツーリズムから，特定のテーマを定めた旅行スタイルのニューツーリズムに観光形態が大きく変化しつつある。とりわけ，健康・スポーツツーリズムは，観光客が着地する側の交流人口の増加による地域経済の活性化に加え，発地側では高騰する医療費の抑制につながるといった効果が期待される。この「ニューツーリズム＋着地型観光」によって観光が「まちづくり」に近づいており，「地域資源」（＝健康・スポーツ文化の活用）が鍵となる地域創造型観光が重要になっている。

　京都市では，京都市市民スポーツ振興計画を改定し，市民のスポーツ活動の現状と課題を整理する中で，長寿化の進展に伴う健康志向との関連から「するスポーツ」，プロスポーツやトップスポーツの観戦をはじめとする「みるスポーツ」，あるいは指導者やスポーツボランティアとして参加する「支えるスポーツ」というような多様な広がりを指摘している。中でも，世界遺産を巡る京都マラソンなど京都のまちの魅力を生かしたスポーツイベントの開催，プロスポーツの振興（京都サンガF.C.，京都ハンナリーズ，京都フローラ），大規模スポーツイベントの誘致促進などの取り組みにより，スポーツを観光資源として観光誘客やまちの活性化につなげていくとしている。折しも3年連続の大規模国際スポーツ大会（ラグビーワールドカップ，東京オリンピック・パラリンピック競技大会，関西ワールドマスターズゲームズ）が開催される。また，健康長寿・笑顔のまち・京都推進プランにおいて「京都らしいライフスタイルへの転換を促進することによる健康づくり」を取り組み方針の第一の柱としている。京都の「文化」の中で取り組む健康づくりとして京都の文化遺産（名所）をめぐるスタンプラリー機能を備えたスマートフォンアプリの利用や「歩くまち・京都」を楽しみながら健康増進を目指すことを提唱している。

　京都を訪れる人々が，これらの優れた健康・スポーツ文化を観光によって学習し体験することができるなら，京都におけるワンモアトリップとして健康・スポーツツーリズムは，京都観光の射程を拡大する可能性があるだろう。

参考文献

生田義久（2018）「京都市域に所在する『教育碑』についての総合的考察」佛教大学教育学部学会紀要第17号，佛教大学教育学部論集第29号。　　　　　（村田和繁）

<table>
<tr><td>第 5 章</td><td>祇園祭の山鉾行事を支える現代京都の
都市機能[1]
——祭礼とまちづくりの関係を問い直す</td></tr>
</table>

1 現代都市において祭礼を支えるもの

（1） 現代人の祭礼に対する認識

　近世以来の歴史的都市では，町人によって豊かな祭礼文化が生み出され，その多くは近代に発展した（松平 1983）。しかし，高度経済成長期以降の各都市では，住まい方の多様化により激しい人口変動が起き，都市やその周辺の社会・空間構造は大きく変容した。その結果，現代都市は伝統的な文化を支える共同的基盤ではなくなったとされている（神谷 2018）。しかし，現在でも，都市の中で伝統的な祭礼が維持・継続されている例は多い。果たして，本当に都市は伝統的な文化を支える機能を失っているのだろうか。

　2016年，全国33件の祭礼が「山・鉾・屋台行事」としてユネスコ無形文化遺産に登録された。山・鉾・屋台とは神輿に付随する風流が発展したものであり（植木 2001）[2]，1つの町丁を基本単位として出されることが多い[3]。このような祭礼は，「地域の人々が一体」となって執り行われ，「実践者」に「アイデンティティ」や「芸術的創造性」を与え，「コミュニティ形成」に寄与するものとして評価されている（文化庁 2016）。

　このように，現代の祭礼は現代人が失いつつある共同性を回復・形成するものとして認識されており，その機能面に関心が集まっている。よって，祭礼は観光資源としてはもちろん，まちづくりの資源・手段として捉えられ，利用されることが多い。その一方で，全国の実践者にとっての関心は祭礼を存立させる仕組みをいかに持続させるかというところにある。このような認識の差は，その継承のあり方の認識に隔たりを生み出している。

第5章　祇園祭の山鉾行事を支える現代京都の都市機能

（2）祭礼研究の歩み

　祭礼の存立を支える組織・集団を対象とした研究は，組織・集団間に生じる優劣や親和・対抗関係を明らかにした宗教学による先駆的研究に始まり（柳川 1987；薗田 1967），祭礼のモノグラフを手掛かりに高度経済成長期の都市を捉えようとした文化人類学による研究によって確立された（中村 1971；米山 1974）。

　その後，社会学の松平誠は近代の地縁共同体の構成や階級の変化を捉えながら，地域社会を再編させる祭礼の機能を明らかにした（松平 1983）。さらに，現代に残る「伝統型祝祭」は「選べる縁」によって開放的になったり，「選べる縁」で結束した個人の集まりが「合衆型祝祭」を誕生させたりする現代における祭礼のあり方が示されている（松平 1990）[4]。このように，社会を形成する祭礼の機能が強調されると同時に，開放的になった現代の祭礼は新たな「まちづくりの手段」として世間からの認識を強めることとなった。

（3）本章の目的

　祭礼によって形成されるコミュニティや共同性は，祭礼を行う大義となったとしても，その存立を物理的に支えるものとしては不十分である。本章では，世間からほとんど認識されてこなかった祭礼の存立を支える仕組みを，「文化を支える都市機能」として，地理学的アプローチを用いて明らかにしていくことを目的とする。

　ここでは京都祇園祭の山鉾行事を事例とするが，まず，祭礼を支える諸組織・集団の役割や関係性を通時的に一般化可能な構造として捉える。これは本章の結果を単なる事例の提示だけに終わらせず，他都市の祭礼と比較可能な汎用性のある基本的な研究の枠組みを示すためである。その上で，山鉾運営の中核に位置づけられる組織に焦点を絞り，都市の社会・空間構造が山鉾の運営を支える基盤として再構築されていく仕組みを把握する。この仕組みこそが祭礼を支える都市機能であり，その基準や論理を捉えることで祭礼の継承のあり方を考察することができる。そして最後に，その結果から祭礼と「まちづくり」の関係を問い直したい。

73

第Ⅰ部　文化とまちづくり

2　京都祇園祭の山鉾行事

（1）山鉾行事の概観

　祇園祭は京都市東山区に所在する八坂神社（旧祇園社）の祭礼である。八坂神社は二条通（北），松原通（南），東山辺り（東），大宮通・壬生辺り（西）に囲まれた範囲を氏子区域としている。祭りは7月の1カ月間に渡って行われ，17日の神幸祭と24日の還幸祭では，氏子区域全域を神輿が渡御する。

　神輿渡御に付随した風流として発展した山鉾巡行は，神幸祭に付随する前祭と，還幸祭に付随する後祭に区別される。前祭には24基（うち休み山1基），後祭には11基（うち休み山1基）の山鉾が存在し（表5-1），1町1基の原則により，それらが所在する35町は山鉾町と総称される（図5-1）。山鉾町は下京古町と呼ばれる京都でも最古級の町であり，近世・近代には繊維関連業で栄え，豊かな町人文化を蓄積してきた。現在では，京都市の景観政策において，「都心幹線沿道地区」と「職住共存地区」と指定される都心部（田の字地区）を形成し，その中心部である四条烏丸は銀行や企業が集積する中心業務地区（CBD）として機能している。

（2）山鉾行事の存立構造

　筆者は，山鉾行事に関わる諸組織・集団の関係性を「行事全体スケール」と「個別山鉾スケール」に分けて考えている。両スケールでは，さまざまな組織・集団の関係性が結ばれることで，山鉾行事の「存立構造」が成立する。ここでは，各時代の山鉾行事に関わる諸組織・集団を5つのグループに類型化し，いかに山鉾行事の存立構造を構成するのかを確認していく。

　まず，両スケールに跨って「運営組織」が存在する。これは山鉾1基ごとに存在し，個別の山鉾を支える人員・資金・場所を確保する。筆者はこれらの確保によって構築される運営組織の活動基盤を「山鉾の運営基盤」と呼んでいる（佐藤 2016）。そして，各運営組織の山鉾を集合させることで行事全体が成立する。運営組織はいずれの時代においても地縁共同体を中心に形成

第5章　祇園祭の山鉾行事を支える現代京都の都市機能

表5-1　各山鉾の基本データ

名称	前後	規模	形態	運営組織	所在地
長刀鉾	前	大	鉾	公益財団法人	長刀鉾町
函谷鉾	前	大	鉾	公益財団法人	函谷鉾町
菊水鉾	前	大(復)	鉾	公益財団法人	菊水鉾町
月　鉾	前	大	鉾	公益財団法人	月鉾町
鶏　鉾	前	大	鉾	公益財団法人	鶏鉾町
放下鉾	前	大	鉾	公益財団法人	小結棚町
岩戸山	前	大	曳山	公益財団法人	岩戸山町
船　鉾	前	大	鉾	公益財団法人	船鉾町
芦刈山	前	小	舁山	公益財団法人	芦刈山町
油天神山	前	小	舁山	公益財団法人	風早町
霰天神山	前	小	舁山	公益財団法人	天神山町
占出山	前	小	舁山	任意団体	占出山町
郭巨山	前	小	舁山	任意団体	郭巨山町
太子山	前	小	舁山	一般財団法人	太子山町
蟷螂山	前	小(復)	舁山	任意団体	蟷螂山町
木賊山	前	小	舁山	公益財団法人	木賊山町
伯牙山	前	小	舁山	任意団体	矢田町
白楽天山	前	小	舁山	公益財団法人	白楽天町
保昌山	前	小	舁山	公益財団法人	燈篭町
孟宗山	前	小	舁山	任意団体	笋町
山伏山	前	小	舁山	公益財団法人	山伏山町
布袋山	前	休	休	なし	姥柳町
綾傘鉾	前	小(復)	傘鉾	任意団体	善長寺町
四条傘鉾	前	小(復)	傘鉾	任意団体	傘鉾町
北観音山	後	大	曳山	公益財団法人	六角町
南観音山	後	大	曳山	公益財団法人	百足屋町
大船鉾	後	大(復)	鉾	公益財団法人	四条町
橋弁慶山	後	小	舁山	公益財団法人	橋弁慶町
役行者山	後	小	舁山	公益財団法人	役行者町
黒主山	後	小	舁山	公益財団法人	烏帽子屋町
鯉　山	後	小	舁山	公益財団法人	鯉山町
浄妙山	後	小	舁山	公益財団法人	骨屋町
鈴鹿山	後	小	舁山	公益財団法人	場之町
八幡山	後	小	舁山	公益財団法人	三条町
鷹　山	後	休	休	公益財団法人	衣棚町

されてきており，近世の町中組織に始まり，近代以降の公同組合，町内会，山鉾保存会というように変遷してきた。

　「統括組織」は，行事全体の執行に当たり，複数の運営組織を統括する存在である。近世までは鉾当番や山当番がいたが，このような組織的な存在は見受けられなかった。しかし，明治期には，全氏子を代表して山鉾の巡行補助金を集めた清々講社や大正期に行政からの補助金の窓口として設立された山鉾連合会が誕生した。そして，統括組織を窓口として，外部から行事全体に対してさまざまな働きかけを行うのが「周辺組織」である。これには，近世の四座雑色や近代以降の行政，警察などが該当し，特に現代では観光や社会貢献を目的とした各種団体や企業が周辺組織として多数活躍している。

　個別山鉾のスケールには，特定の山鉾の運営組織から実働的な作業を請け負う「実働組織・集団」が存在する。大工方・手伝い方・車方は山鉾の作業を，囃子方・笛方は祇園囃子を，曳き手・舁き手は巡行の力仕事を請け負った。また，特定の山鉾の運営組織による活動を補助的に支えてきた「補助組織・集団」も存在する。これには，近世の寄町制度や現代の後援会，学生ボランティア・アルバイトなどが該当する。

　以上のように，京都祇園祭の山鉾行事の諸組織・集団の関係性は通時的に

第Ⅰ部 文化とまちづくり

図5-1 山鉾町の地域概観図

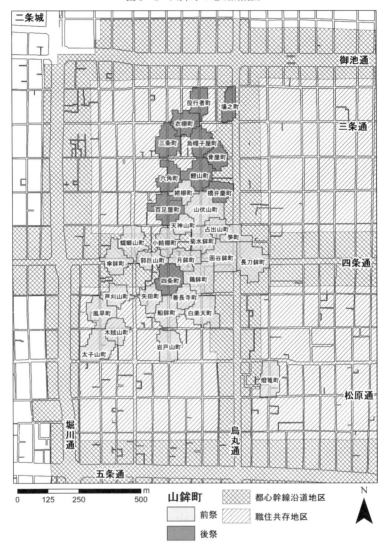

一般化された構造として捉えられる。これは同時代の他都市と比較する際にも有効な基準となる。次節では，引き続き京都祇園祭の各山鉾の事例とし，この存立構造の中核に位置付けられる運営組織に焦点を絞り，現代都市の社

会・空間構造の変容に伴う祭礼の運営基盤の再構築の実態を明らかにする。

3　山鉾町の社会・空間構造の現状把握

（1）山鉾町の現代的変容

　高度経済成長期頃，地価の高騰や呉服関連業界の好調が影響し，山鉾町では多くの職住一体の京町家は事業ビルに建て替えられていった。そして，都心の居住機能は縮小され，郊外からの通勤者が増加することで山鉾町全体の居住世帯数は減少していった。

　1990年代，バブル崩壊の影響で呉服関連業界も衰退すると，山鉾町の京町家や事業ビルで営業する一部の事業者は移転や廃業を余儀なくされた。とりわけ，職住共存地区の中小規模の呉服関連業者は家業を縮小し，賃貸マンションやテナントビルなどの不動産経営に移行する例が増加した。2000年頃，職住共存地区を中心に廃業した事業ビルや大規模京町家が大規模な分譲マンションへと建て替えられていった。その結果，山鉾町の居住世帯数は全体的に増加し，マンションの有無や規模により各山鉾町の世帯数に大きな差がみられるようになる。

　2007年の新景観政策の制定後，建物の高度制限の強化により，職住共存地区での分譲マンション建設は落ち着きをみせたが，都心幹線沿道地区では依然として分譲マンション建設が続けられている。そして近年，職住共存地区では，旅館業の許可を得た新築や既存の建物の宿泊施設への転用が増加している。こうして，山鉾町に立地する建物は多様化し，同じ都心の山鉾町間でも社会・空間構造に顕著な地域差がみられるようになった（図5-2）。

（2）各山鉾町の分類

　筆者は国勢調査（2015年）から，各山鉾町を次のように類型化し，地図化した（図5-3）。

　　Aタイプ：マンション世帯がいない
　　Bタイプ：賃貸マンション世帯がいるが，分譲マンション世帯がいない
　　Cタイプ：分譲マンション世帯がいる

第Ⅰ部　文化とまちづくり

図5-2　山鉾町の建物分布

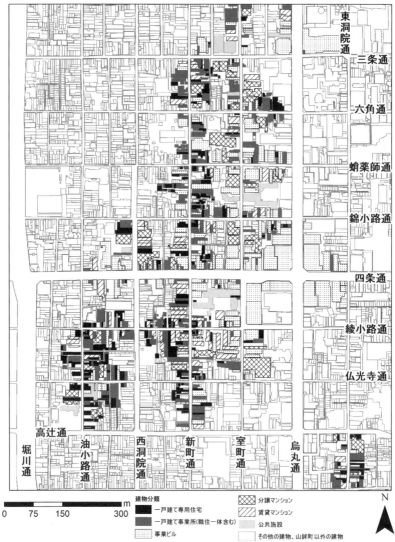

出所：Zmap（ゼンリン 2014）をベースに独自調査による修正を加えて筆者作成。

第5章　祇園祭の山鉾行事を支える現代京都の都市機能

図5-3　山鉾町の世帯数と社会構成の分類

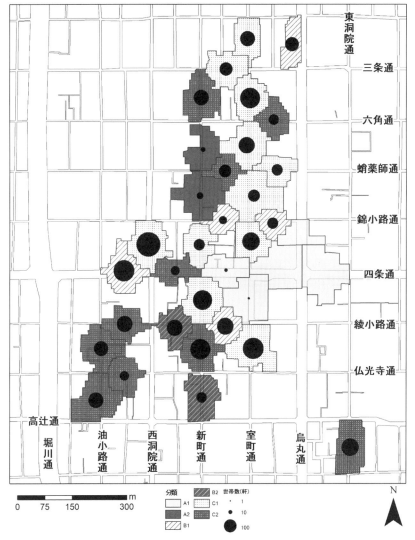

出所：「国勢調査」（2015年）を基に筆者作成。

各タイプの居住世帯数10軒未満：A1・B1・C1
10軒以上：A2・B2・C2

A1タイプは都心幹線沿道地区に位置し，四条烏丸・四条室町に近接する。ここは中心業務地区（CBD）にあたり，事務所や店舗の需要が高く，町内に立地するほとんどの建物は中高層の事業ビルである。よって，ここに居住する世帯は非常に少ない。その一方で，事務所や店舗が複数入居するテナント機能をもつ事業ビルが多く，事業所数が非常に多い。

A2タイプは，四条通から新町通を北上した六角町（北観音山）と百足屋町（南観音山）の隣り合う2町が該当する。百足屋町では，複数の路地があり，裏借家として建てられた建物が多数あったが，高度経済成長期以降に借家人の家持化が進み，両町とも持ち家率が高い。それに対して，事業ビルは単一企業の自社ビルが中心であり，事業所数は15軒ほどである。

B1タイプは都心幹線沿道地区に含まれるか，もしくは近接した町内に多い。これらは，他の山鉾町に比べ町内の宅地面積が狭く，大規模な建物が建てづらいため，小中規模の事業ビルのテナント利用が多くなる。それに伴い，事業所数が多い傾向にある。

B2タイプは職住共存地区に位置する2町が該当する。ここでは，中小規模の事業ビルが立地するものの，テナント利用は少なく，事業所数は15軒ほどである。

C1タイプは，四条通や室町通に近接し，町内の一部が都心幹線沿道地区に含まれる町内に多い。そのため，新景観政策の制定後も高層のマンションが建設される傾向がみられる。また，大・中規模の事業ビルの呉服関連の会社が多い。

C2タイプは町内全域が「職住共存地区」に含まれる場合が多く，新景観政策の制定前の高層マンションが多い。また，中規模の事業ビルの呉服関連の会社や職住一体の事業者が目立つ。

第5章　祇園祭の山鉾行事を支える現代京都の都市機能

4　各山鉾の運営基盤の構築

（1）人員の確保

　ここからは，2017年から翌年にかけての全山鉾の保存会へのヒヤリング調査と公益財団法人化している保存会の2015年の事業報告から各山鉾の運営基盤を整理し，それらを比較していく。まず，運営基盤の社会的側面として，保存会役員の構成状況を表5-2に示した。「◎」は役員を構成する中心的な存在を示し，「○」はそれに準じる存在である。「△」は補助組織・集団として関与する存在を示している。「―」の場合は町内にそれに該当する存在がそもそもいない。これらの結果から，各保存会による人員確保の基準・論理をみていく。ほとんどの山鉾において，保存会役員の構成は各町内の不動産所有者を中心とする。これは近世・近代初頭の町中組織による山鉾の運営に[6]基づいており，山鉾運営の基本的な形といえる。ただし，現代では，不動産所有者の住まい方は多様化しており，筆者は彼らを，「町内居住者（一戸建て・持ちビル）」「町内事業者（町外居住）」「町内居住者（分譲マンション）」として分けて捉える。

　同町内で同じ家が続いているケースは多くはないが，一戸建て・持ちビルの町内居住者は，この地で職住一体の暮らしをしてきた近世以来の町中組織の構成員に最も近い存在である。ほとんどの保存会は基本的に彼らを役員としており，そこから理事長や常任理事など重要なポストが選出される。ただし，A1，B1，C1の保存会の場合，もしいれば中心的な立場となるものの，そこに該当者は希少な存在である。特に，A1の長刀鉾町，函谷鉾町，笋町（孟宗山）には居住世帯が1軒も存在せず，C1の山伏山町でも一戸建て・持ちビルの居住世帯は存在しない。また，蟷螂山や四条傘鉾のように町内に一戸建て居住者と持ちビル居住者が存在していても，事情により，彼らが役員とならない事例もある。

　会社やテナントビルを経営する町内事業者には町外に居住している場合が多い。彼らは近世・近代初期に抱屋敷所有者と同じ系譜に位置づけられる。ほとんどの保存会では，町内居住者と区別されずに役員に就いており，重要

表5-2 各保存会の役員と手伝いの輩出状況

		町内									町外							
		戸主・社長（代表者）						非戸主			実働集団			その他				
		不動産所有			不動産所無													
名称	町分類	町内居住	町外居住	マンション	会所借	借家	マンション	後継者	女性会	従業員	囃子方	作事	転出者	町外企業	学生（OB）	社会奉仕（OB）	知人友人	一般
鶏鉾	A1	○	◎	—	—	—	—			△			○		△			△
月鉾	A1	○	◎	—	—	—	—				△		△		△	○		
長刀鉾	A1	—	◎	—	—	—	—	△			△		△		△	△		
函谷鉾	A1	—	◎	—	—	—	—				—		△	○				
孟宗山	A1	◎	◎	—	△	—	—			△	—		△		△			△
北観音山	A2	◎	◎	—	—	—	—		△	△	—	○	○○		△			
南観音山	A2	○	◎	—	—	—	—				—		○		△			△
霰天神山	B1	○	○	—	—	—	—	○	△		—				△			
占出山	B1	—	○	—	—	—	—		○		○	○	○					△
綾傘鉾	B1	◎	◎	—	—	—	—				—		△		△			
四条傘鉾	B1	◎	◎	—	—	—	—			△			△					△
鈴鹿山	B1	○	○	—	△	—	—				—							
岩戸山	B2	—	◎	△	—	—	△			△			○					
伯牙山	B2	○	◎	△	△	—	○						△					
放下鉾	C1	○	◎	◎	○	—	△		○	△	—		○		△			
山伏山	C1	○	◎	◎	○	○	○			○								
白楽天山	C1	○	◎	○	○	—	△						○		△			
菊水鉾	C1	◎	◎	◎	◎	△	—				—		△	△				
蟷螂山	C1	◎	○	○	○	—	—				—							
黒主山	C1	○	○	△	○	○	—	△		○	○		○		△		△	
橋弁慶山	C1	◎	○	△	○	—	—	△	△	△	○							
鯉山	C1	◎	○	○	○	—	—			○	—							
役行者山	C1	○	◎	○	○	—	—				—		△		△	○		
大船鉾	C1	○	◎	◎	○	△	—	△	△	△	—		○	○				△
鷹山	C2	◎	◎															
船鉾	C2	◎	◎	○	—		△				○○		△	△	△			
油天神山	C2	◎	◎	△	○	△	○			○	—		△		△			
保昌山	C2	○	○	△	—	△	△		○		—							
芦刈山	C2	○	○	△	○	△	△			△	—		△					
郭巨山	C2	○	○	○	—	△	○	△			—		△○		△			
太子山	C2	○	○	○	—	—	△				—							
木賊山	C2	○	—	○	—	—	—				—							
布袋山	C2	○	—	△	—	—	—				—							
浄妙山	C2	◎	△	○	—	—	△			△	—		△		△			
八幡山	C2	○	○	○	○	—	—				—		△				△	△

出所：2017〜2018年の筆者による調査を基に筆者作成。

第5章　祇園祭の山鉾行事を支える現代京都の都市機能

な役職に就く者も少なくない。多くの場合，一戸建て・持ちビル居住者が少ない町内では，彼らが中心的な構成員となっており，特にA1ではその傾向が顕著である。ただし，C2の町内のうち西洞院通以西に位置する各町内では，町内居住者が多く，町外居住の不動産所有者が少ないこともあり，町外居住者から役員の輩出はみられず，手伝いへの参加に限られる。

　町内に分譲マンションが存在するC1とC2のうち，いくつかの保存会では分譲マンションから役員が輩出されている。その中でも蟷螂山では役職でも数でもマンション住民が中心となっている。その一方で，分譲マンションから役員を出していない保存会はC1に多くみられる。このタイプの町内は一戸建て・持ちビル居住者が数軒と少なく，分譲マンション世帯の多さに必要以上の緊張感を持たざるを得ないためである。そして，C2のように一定数の一戸建て・持ちビル世帯が存在する場合はその感覚は緩和される傾向にある。

　ただし，いずれの保存会も分譲マンションの入居開始後すぐに役員が出されたわけではない。山鉾行事への分譲マンション居住者の取り込みの先駆的な事例としてC2の太子山が挙げられる。太子山町では，1986年という早い時期に分譲マンションの建設計画が立ち上がると，住民らは建設を認める条件の一つに祇園祭への協力を要請した。こうして，マンション居住者による授与品の準備や山や御神体の見張りなどの協力体制が整えられた。そして2000年頃には，経験を積んだ分譲マンション世帯から保存会役員が出された。他の山鉾町でもこれを見本とし，C1の黒主山や鯉山，C2の船鉾などボランティアや「友の会」などの補助組織・集団から始まり，数年間経験を積んだ分譲マンション居住者が新たに役員となっている。

　また現時点では，分譲マンションの役員がいない場合でも，全く参加がないわけではない。いずれの保存会でも補助組織・集団としての参加は少なくともみられ，C1の放下鉾の「三放会」や菊水鉾の「賛助会」など，保存会の下部組織が分譲マンション用に設けられている保存会もある。さらに，C1の橋弁慶山やC2の八幡山では，分譲マンションの建設からまだ日が浅いだけに，未だ役員はいないが，ボランティアとして参加するマンション居住者から将来的に役員を出すことも想定されている。

第Ⅰ部　文化とまちづくり

　以上が町内の不動産所有者による保存会役員であり，住まい方は多様化していても，近世以来の「家持ち」という基準・論理は根強く残っている。しかし，現在では不動産所有者だけで十分な構成員が確保できる保証もなく，その他の存在を新しい基準・論理をもって適宜，役員として参加させる保存会もみられる。

　各山鉾町の居住者・事業者には，町内に不動産を所有しない者，つまり借家や賃貸マンション，テナントの利用者も存在する。山鉾行事は家持ちによる運営というイメージが非常に強い。しかし，大正後期から占領期頃にかけては，借家人の運営組織への参加は普通に見られた。現在でも数は少ないが，船鉾や橋弁慶山など町会所を保存会から住居や事業所として借用する者が役員となっている。また，C1やC2では，借家やテナントからボランティアを受け入れている事例が多い。さらに，従来の山鉾の運営には戸主のみが関わるものであったが，現在のA1，B1，C1といった一戸建ての居住世帯が少ない一部の山鉾町では，後継者となる予定の子弟や会社の従業員も役員とする対応もみられる。

　このように現在の山鉾の保存会は，町内の状況に応じて，本来なら，補助組織・集団に回っていたような，不動産を所有しない借家層や非戸主も祭礼運営に参加させ得るのである。そして，それだけでなく，日常の町内とはつながりの無い祭礼時のみの関係で保存会に参画する事例もみられ，A・Bの山鉾町では，実働組織・集団からの役員が輩出される事例が複数みられ，町内の不動産を既に手放している元居住者・事業者の役員も少なからずいる。

（2）資金の確保

　各山鉾の保存会の収入には，祇園祭協賛会や行政から連合会を通して支給される「補助収入」と各保存会による独自の事業で確保される「事業収入」がある。協賛会による巡行補助金は鉾・曳山（大型山鉾）と舁山・傘鉾（小型山鉾）のそれぞれ約480万円，約135万円の一定額が毎年支給され，修繕・新調に関する補助金は費用に応じた額が臨時に支給される。筆者は公益財団法人になっている保存会の2015年度の決算を用い，各保存会の全収入から臨時的な修繕・新調の補助金を差し引いた額により巡行補助金への依存率を算

出した。これらを，予算規模の異なる小型山鉾と大型山鉾に分けて，各保存会の事業収入の調達力を比較した。[10]

　まず，小型山鉾の保存会の補助金依存率をみると，C1が総じて補助金依存率が低い。このタイプの昇山が多く所在する室町通は四条烏丸の地下駅からの利便性が高く，京町家の残存数が少ないことにより京町家の伝統的な付加価値が高められる。そのため，京町家型の町会所を所有している保存会は，表屋部分を店舗として貸し出し，年間約200〜500万円の家賃収入を得る。また，白楽天山は保存会の所有する事業ビルのテナント料として約400万円，黒主山は町内の分譲マンションのなかに保存会が所有する部屋を貸し出すことで650万円の家賃収入を得ている。

　さらにC1では，町内から集められた寄付金や授与品の販売による事業収入も高い。[11]すべての不動産所有者から町内会費が徴収され，その一部が保存会に寄付されるパターン，町内会費とは別に，分譲マンションを含めた全不動産所有者から保存会費が集められるパターンがある。また分譲マンションからの参加に合せて，厄除け粽や御守り，手拭いなどに加え，Tシャツやキーホルダーなど多彩な授与品が用意されている。

　その一方で，B1とC2の補助金依存率は全体的に高い。両タイプとも，保存会所有の不動産の面積が小さかったり，町内の位置が四条烏丸からの利便性が低かったりして事業所としての需要が低く，十分な不動産収入を得づらい。よって，積極的に不動産貸し出す意識は少なく，一部がガレージや住居として年間約30〜100万円の賃料を得るのみである。このように不動産収入を大して期待できない場合，必然的に町内からの寄付金や授与品による収入が重要となる。よって，両タイプのほとんどが町内の不動産を所有する全戸から寄付金を得ている。

　小型山鉾の保存会の補助金依存率の平均が24.9％なのに対して，大型山鉾は22.3％と若干低い。そのなかでも，A1は総じて補助金への依存が低く，四条烏丸からの利便性の高さにより宵山期間に多くの見物人を集め，授与品[12]などにより，長刀鉾で約5,000万円，他の鉾も約2,000万円と多くの収入を得る。また，授与品収入と比べると少額であるが，町内各戸の不動産所有者からの寄付金やテナント事業者に対する不勤料などもみられ，函谷鉾では，経

第Ⅰ部　文化とまちづくり

済的な補助組織が設立され，保存会役員を含む個人会員80名と法人会員12件といった町外の各方面から協賛金を集める手段も確立されている。これに加えて，函谷鉾と鶏鉾では保存会の所有する事業ビルのテナント料による収入も大きい。

A2とB2では，補助金依存率が高い傾向にある。いずれも新町通に位置し，最も人通りの多い四条通のA1の鉾に比べると，集客性は高くない。そのため，北観音山と南観音山では，必要以上に授与品や拝観による収入を得ておらず，町会所を事業所として貸し出して得る家賃収入が主要な収入となっている。その一方で，町会所を持たない岩戸山は授与品等に力を入れざるを得ず，多様な授与品が揃えられ，近年ではソーシャル寄町という外部からの協力者を募る取り組みもみられる。

C1は三者三様である。菊水鉾はA1の長刀鉾に次ぐ高い事業収入を得ており，補助金への依存は非常に低い。菊水鉾町は都心幹線沿道地区に位置し，A1の鉾と同様に多くの見物人を集め，授与品から約2,000万円を得る。また，菊水鉾は一戸建てや事業ビルの所有者に対する保存会費に加え，分譲マンションからも賛助会費を徴収している。さらに，マンション型の町会所の広いスペースを活用した有料のお茶席が設けられており，この収入が授与品販売と別に約700万円もある。

同タイプの大船鉾は標準的である。保存会は一戸建てや事業ビルの所有者からのみ保存会費を集め，分譲マンション住民からは保存会費を徴収しないものの，授与品による収入と町外協力者による寄付金など近年の復興の影響による話題性や協力体制が強く作用している。そして，放下鉾の補助金依存率は高く，特に授与品による収入がとりわけ低い。しかし，不動産収入は全山鉾の中で最も高く，保存会の所有する京町家と事業ビルといった町会所以外の複数の物件を事業者に貸し出すことで，多額の家賃収入を得ている。これにより，補助金への依存が高くとも，安定した資金調達を実現している。

C2の船鉾では，補助金依存率が標準よりやや高い。保存会は近年の厄除け粽（ちまき）の改良や授与品の種類を充実させることに注力しているが，その売り上げはA1の鉾4基には及ばず，約600万円ほどである。不動産収入としては，京町家型の町会所を事業者に貸し出し，約300万円の収入が得

られる。この他には，御初穂料が一戸建てや事業ビル，賃貸マンションの所有者からは土地建物の大きさや事業状況に応じて徴収され，分譲マンション居住者からも全戸一律で徴収される。また，同じ基準で徴収される町内会費の一部も保存会に寄付される。

（3）場所の確保

　町会所は祇園祭のお飾りや儀式執行，足洗いの場，山鉾の収蔵など町内，保存会のコミュニティセンターとして機能する（谷ら 1975）。1956年の調査の時点では，町会所を所有する保存会は24件存在し，そのほとんどが木造の京町家であった（京都市 1956）。その後，一部の町会所は鉄筋構造や中高層の建物へと建て替えられた（佐藤 2014）。そして，2018年現在では，復興を果たした山鉾が新たな町会所を取得したため，27軒の町会所が存在する（表5‐3）。これらのうち，表屋型や裏別棟型と呼ばれる京町家の形態を留めている町会所は17軒のみである。[13]

　事業ビル型への建て替えの最大の利点は，町会所として保存会が利用するスペース以外をテナントとして貸し出せ，多くの家賃収入を得られることである。また，防火性や耐震性，防犯性に優れ，空調も整えやすく，少人数でも効率的な管理が可能となる。よって，この形態の町会所はテナント需要が高く，一戸建て・事業ビルの町内居住者が少ない町内に適しているといえる。

　1950年から1995年にかけて，事業ビル型への建て替えはいずれも A1や C1の町内において，世帯数が大きく減少した期間に多く，1966年の白楽天山，1973年の黒主山，その翌年の函谷鉾，そして，1991年の鶏鉾で建設された。また，放下鉾でも，1994年に町会所とは別の京町家が事業ビルに建て替えられた。現在も文化財保護の観点から京町家型の町会所が維持されている孟宗山でも，事業ビル型への建て替えの案は存在していた。

　マンション型の町会所の特徴は，分譲マンションの一部分を保存会が所有し，会所や収蔵場所として利用されることである。これらは各町内に分譲マンションが建設されていく2000年前後から事業ビル型と代わるように C1タイプの山鉾町において採用されるようになる。菊水鉾は町会所としての機能をほとんど持たない小規模な京町家を所有していたが，1995年，そこを3階

87

表5−3　各山鉾の場所的基盤

山鉾名称	町内分類	所在地	町家形態	賃貸利用	所有者	敷地所有者	収蔵庫所在	お飾り	販売
長刀鉾	A1	長刀鉾町26	表屋型	−	財団法人	同じ	町会所	町会所	町会所・道路
月鉾	A1	月鉾町57	表屋型	−	財団法人	同じ	町会所	町会所	道路
孟宗山	A1	笋町686	裏別棟型	−	町中	同じ	町会所	町会所	町会所
鶏鉾	A1	鶏鉾町500	ビル型	テナント	財団法人	同じ	町内(別)	町会所	道路
函谷鉾	A1	函谷鉾町789	ビル型	テナント	財団法人	同じ	町会所	町会所	−
北観音山	A2	六角町358の1	表屋型	事業所	財団法人	同じ	町会所	町会所	道路
南観音山	A2	百足屋町388の1	表屋型	事業所	財団法人	同じ	町会所	町会所	町会所
霰天神山	B1	天神山町286	裏別棟型	ガレージ	財団法人	同じ	町会所	町会所	町会所
占出山	B1	占出山町314	特殊型	−	不詳	同じ	町内(京都市所有)	町会所	町会所
鈴鹿山	B1	場之間町588の1	−	−	不詳	大原神社	町外(京都市所有)	町会所	町会所
綾傘鉾	B1	筆屋寺町135の1	特殊型	−	不詳	−	山鉾館	ホテル	道路
四条傘山	B2	なし	−	−	−	−	町外	個人宅	道路
伯牙山	B2	なし	−	−	財団法人	財団法人	町会所	町会所	町会所
岩戸山	C1	小結棚町432	表屋型	−	財団法人	同じ	町会所	町会所	町会所
放下鉾	C1	四条町355	表屋型	事業所	財団法人	同じ	町会所	町会所	町会所
大船鉾	C1	なし	裏別棟型	−	財団法人	同じ	町内(別)・町外	町会所	町会所
山伏山	C1	山伏山町544	裏別棟型	事業所	財団法人	同じ	町会所	町会所	町会所
役行者山	C1	役行者町358	ビル型	−	財団法人	同じ	町内(別)・山鉾館	町会所	町会所
鯉山	C1	鯉山町522	ビル型	テナント	財団法人	−	町会所	町会所	町会所
白楽天山	C1	白楽天町528	マンション型	−	建設会社	同じ	町会所	町会所	町会所
蟷螂山	C1	蟷螂山町479　1階部分	マンション型	居宅	財団法人	−	町内(別)・山鉾館	町会所	町会所
菊水鉾	C1	菊水鉾町573　2階	マンション型	事業所	財団法人	同じ	町会所	町会所	町会所
黒主山	C1	烏帽子屋町497　2階部分	−	居宅	財団法人	同じ	町内(別)・山鉾館	町会所	町会所
橋弁慶山	C1	橋弁慶町231	表屋型	事業所	財団法人	同じ	町会所	町会所	町会所
保昌山	C2	燈籠町574	表屋型	居宅	個人3名	個人3名	町内(別)・山鉾館	町会所	町会所
船鉾	C2	船鉾町391	表屋型	事業所	財団法人	同じ	町会所	町会所	道路
郭巨山	C2	郭巨山町522	裏別棟型	居宅	個人3名	同じ	町内(別)・山鉾館	町会所	町会所
八幡山	C2	三条町342	−	−	財団法人	同じ	町会所	町会所	町会所
太子山	C2	太子山町607	特殊型	−	財団法人	同じ	町内(別)・山鉾館	町会所	町会所
油天神山	C2	風早町568	−	−	財団法人	同じ	町会所	個人宅	マンション
芦刈山	C2	なし	−	−	−	−	山鉾館	個人宅	個人宅
木賊山	C2	なし	−	−	−	−	マンション・山鉾館	個人宅	個人宅
浄妙山	C2	なし	−	−	−	−	山鉾館	マンション	マンション

出所：表5−2と同じ。

第5章　祇園祭の山鉾行事を支える現代京都の都市機能

建ての収蔵庫に建て替えた。しかし，それには会所家としての機能はほとんどなく，収蔵機能も不十分であった。よって，お飾り場は町内の金剛能楽堂に設けられ，鉾本体の収蔵には南区の工務店の収蔵庫が借用されていた。2003年，老朽化により移転した金剛能楽堂の跡地に分譲マンションが建設されると，保存会は建築業者と交渉の上，マンションの2階部分を購入し，その2階部分を町会所として設計させた。2008年には，4棟目の分譲マンションが建設されると，保存会はその2階の一室を購入し，そこから鉾に上がれるようにしている。

　蟷螂山の町会所に関しては，明治期に既に失われており，町会所及び収蔵場所の確保は復興以来の重要課題であった。2001年に町内で初めての分譲マンションが建設されると，保存会は建築業者との交渉の上、仮設展示場の設置スペースを確保した。これに続き，2002年に建設された分譲マンションには収蔵庫，さらに，その翌年に建設された分譲マンションの1階部分には会所家の機能が設けられ，そこを保存会が借用している。このように，町会所を失っていた山鉾は分譲マンションの建設を利用し，町会所の機能を複数に分けて段階的に場所を確保していった。

　黒主山に関しては，最初は事業ビル型町会所を保存会と町内企業の共同で所有していた。保存会の持ち分は5分の2で，共有者の企業からその分の家賃を得ていた。しかし，2003年にその企業が経営不振になると，事業ビルがマンションの建築業者に売却された。保存会は自身の5分の2の持ち分を建築業者と等価交換することで，2005年に新たに建設された分譲マンションの1階に収蔵庫，2階に部屋5室を得た。この部屋5室は会所家としては使用せず，すべて賃貸として貸し出している。そして，祭礼時には，エントランスがお飾り場として使用され，通りに面したセットバックした空間は授与品の販売所の設置に利用される。

　最後に，町会所を所有していない場合の対応を確認しておく。ここで問題となるのは宵山期間のお飾り場や授与品の販売所の設営場所，収蔵場所の確保である。B2とC2では，一戸建てが多いため，個人宅のミセの間やガレージがお飾り場か授与品販売所として利用される。収蔵場所に関しては，京都市の所有する共同収蔵施設である山鉾館を無償で利用している。[14]ただし，

第 I 部　文化とまちづくり

C2の浄妙山のみ，分譲マンションのエントランスをお飾り場，通りに面した敷地が授与品の販売所として借用している。

5　現代都市における祭礼の継承とまちづくり

　以上のように各保存会によって確保される運営基盤は，町内の社会・空間構造や山鉾の形態が，祭礼の場面で有機的に結びつくことにより生み出される。これは山鉾という文化を支える京都都心部の都市機能としてみることができる。そして，各要素の確保にはそれぞれ異なる基準・論理がみられ，それは各山鉾町の社会・空間構造によっても異なる。その結果，各山鉾の運営基盤の構築にはさまざまなパターンが存在する。この多様性を許容する存立の仕組みが現代都市における祭礼の継承につながっている。

　上記の成果から，祭礼と「まちづくり」との関係に言及しておく。コミュニティを形成する祭礼の機能は，確かに魅力的であり，祭礼を続けることの大いなる意義となっているのは間違いない。しかし，伝統的な祭礼にみられる個別の山・鉾・屋台などは都市（各町内）の社会・空間構造に支えられて初めて存立できることを忘れてはならない。つまり，「まちづくり」は「祭礼を行う目的」ではなく，「祭礼を行う条件」なのである。よって，現代都市の祭礼の継承のあり方を考える際は，祭礼を支える「まち」をよく理解し，その社会・空間構造を上手く機能させるための基準・論理を見つけ出すことが重要である。

　注
(1)　本章は，2018年度に立命館大学へ提出した筆者の博士学位論文の一部を抜粋し，加筆・修正を加えたものである。調査をサポートいただいた橋弁慶町の那須明夫氏をはじめ，快く調査に応じてくださった山鉾連合会及び，各山鉾の保存会関係者の皆様に深く感謝を申し上げる。
(2)　風流とは，祭礼の際に本質的な神事とは別に出されるさまざまな趣向を凝らした造り物や仮装の行列，踊りなどを指す。山・鉾・屋台は地域によっては「だし」や「だんじり」などとも呼ばれ，漢字表記はさまざまである。
(3)　隣り合う複数の町丁や複数の町丁が連合して成るより広域の単位（学区など）

から1基の山・鉾・屋台を出す事例も全国的にみられる。

(4) 松平誠の成果は，現在までの祭礼研究や世間の祭礼の見方に大きな影響を与えている。「祭縁」という語句を用いながら祭礼に関わる組織・集団の関係性を示した研究（樋口 2012）や祭礼の持続可能性を「文化資本」や「ソーシャル・キャピタル」の枠組みで捉えた最新の研究にもつながる（山田編著 2016）。

(5) 2019年3月現在，公益財団法人26団体・一般団体法人1団体，任意団体7団体が存在する。

(6) 家持の戸主であり，町の自治を担った旦那衆の集団。

(7) これについては別の機会で詳しく取り上げたいと考えている。

(8) ただし，賃貸マンションがボランティアに出てくる山鉾はほとんどない。

(9) 分析の時点で決算を取得できなかった場合は同年の予算を使用した。

(10) 事業報告の公開義務のない一般財団法人や任意団体，復興中の鷹山に関しては分析から省いた。

(11) ここでいう「販売」は，授与・頒布に対して寄付金や募金，お初穂料などを何かしらの金銭を得ることも含める。

(12) 前祭は17日の巡行前，後祭は24日の巡行前の3日間。

(13) この中には長刀鉾や占出山などのように，伝統的な形態こそ引き継がれているものの，会所家が鉄筋構造に建て替わっている事例もみられる。

(14) 芦刈山は町内に土蔵のみ所有し，岩戸山と浄妙山は町内に収蔵場所を借用するが，山鉾館も併用している。

参考文献

植木行宣（2001）『山・鉾・屋台の祭り』白水社。

神谷浩夫（2018）『ベーシック都市社会地理学』ナカニシヤ出版。

京都市（1956）「重要民俗資料 祇園祭山鉾に関する資料」。

佐藤弘隆（2014）「祇園祭山鉾町における町会所の形態の変化」『京都民俗』32。

佐藤弘隆（2016）「京都祇園祭の山鉾行事における運営基盤の再構築」『人文地理』68(3)。

薗田稔（1967）「祭り参加の諸相と階層」『人類科学』19。

谷直樹・川上貢・高橋康夫（1975）「祇園祭山鉾町会所の建築」『日本建築学会近畿支部研究報告集，計画系』15。

中村孚美（1971）「町と祭り」『日本民俗学』77。

樋口博美（2012）「祇園祭の山鉾祭礼をめぐる祭縁としての社会関係」『専修人間科学論集社会学篇』2(2)。

文化庁（2016）「「山・鉾・屋台行事」のユネスコ無形文化遺産登録（代表一覧表記

第Ⅰ部　文化とまちづくり

　　載）について」。
松平誠（1983）『祭の文化』有斐閣。
松平誠（1990）『都市祝祭の社会学』有斐閣。
柳川啓一（1987）『祭と儀礼の宗教学』筑摩書房。
山田浩之編著（2016）『都市祭礼文化の継承と変容を考える』ミネルヴァ書房。
米山俊直（1974）『祇園祭』中央公論社。

（佐藤弘隆）

第Ⅱ部　景観と生活文化

| 第6章 | 景観問題・景観論争と景観政策の展開 |

1　都市景観とは何か

（1）景観の捉え方

　京都の景観問題・景観政策を考察するに当たって，まず都市の景観とは何かについて考えよう。かつての日本には，風景・景色という言葉があったが，景観という言葉はなかった。しかし，ドイツ語の Landschaft という言葉が「景観」と訳され[(1)]，戦後の経済成長と都市化が進行する過程で環境問題の一つとして，景観紛争が頻発し，景観という言葉が定着することになる。そして景観という概念についても多くの論議がなされたが，それらを参考にして，本章ではまず，景観とは「視覚によって捉えられた環境」，より簡略化して「見える環境」と捉えよう[(2)]。当然そこには「見る主体」と「景観対象」が存在するが，見る主体は大きく，都市に居住する「生活者」と都市を訪れる「旅行者（観光者）」の2つのタイプに分けることができる。

　まず，生活者の立場からみよう。生活者は日常活動の中で，さまざまの景観対象を眺めている。たとえば，家の周囲の住宅・ビル等の建造物，庭木や街路樹や公園，町を囲む山や川。そして建造物のデザインが美しく，自然の緑が豊かである程，住み心地が良いと感じるであろう。従って，景観は生活者にとって生活環境の「快適性（アメニティ）」に影響を及ぼす重要な要素の一つとなる。生活者にとって，まちの景観は「生きる景観」である。

　これに対して，旅行者（観光者）は訪問地の魅力ある文化観光資源，たとえば歴史のある美しい寺院や神社，城，庭園，伝統的町並みなどを見るためにやって来る。それらの文化観光資源はそれ自体が景観対象であるが，それらが緑ゆたかな林の中や山麓にあれば，全体としてより美しい景観が形成されることになる。ただし，生活者にとってより望ましい「生きる景観」と旅

行者にとってより魅力的な景観とが常に同方向とは限らない。しかし，両者が調和すれば，「住んで良し訪れて良し」ということになり，景観まちづくりはその方向を目指すべきであろう。

　次に，景観を形成する「景観対象」は大きく分けて2つある。一つは，家屋，ビル，社寺，道，橋，駅などの「人工物」であり，もう一つは樹木，森，山や川などの「自然」である。欧州景観条約（European Landscape Convention）では，景観を「自然と人工物の相互作用の結果」であるとしているが[3]，人工物だけでなく，自然（緑）も人々の手によって整えられてきたものであり，いずれも歴史の中で人々の営みの成果の蓄積である。そして人工物と自然の相互作用から構成される景観は多数の見る主体によって共有される資産であり，従ってコモンズ（共同財）である。

　経済学的には，景観対象が景観として眺められるとき，景観サービスが公共財として生産されることになる。また，美しい景観には美的価値，文化遺産を対象とする景観には歴史的価値があり，文化経済学的には，景観サービスは文化的価値をもつ「文化的財」とみることができる[4]。以上を考慮すると，景観とは「視覚によって捉えられた環境文化」ということになる。

（2）京都の都市景観

　ここで，京都の都市景観の基本構造をみておこう。京都の都市景観は大きく，自然景観，歴史的景観，市街地景観の3つに分けることができる[5]。

　まず第1に京都の自然景観。京都は東山，北山，西山と呼ばれる，低くなだらかで，緑ゆたかな山並みに囲まれた盆地であり，これらの山々に源流をもつ鴨川が盆地の東を流れ，桂川が西を南北に流れて「山紫水明」と言われる風景を生みだしている。山並みは盆地の内部に形成された市街地の背景となり[6]，河川は自然の息吹きを市街地に伝えるとともに，山並みを展望する恰好の場所となっている。

　また，清少納言が『枕草子』で，「春はあけぼの，……秋は夕暮れ，……」と記したように，平安の昔から京都の四季は明瞭であり，季節毎に異なった景観を楽しむことができ，芸術文化の形成にも大きな影響を及ぼしている。

　第2は歴史的景観である。京都は794年の平安遷都によって都となってか

第Ⅱ部　景観と生活文化

ら1200年を超える歴史をもつ歴史都市である。従って，各時代の文化を伝え
るさまざまの歴史的文化遺産が京都盆地を囲む三方の山々の山麓や盆地の中
に重層的に集積している。主なものを挙げると，東山山麓には，修学院離宮
から南へ銀閣寺，南禅寺，清水寺，東福寺へと続く。双ヶ岡から北山にかけ
ては，妙心寺，仁和寺，龍安寺，金閣寺，大徳寺，上賀茂神社等がある。西
の嵯峨野からは大覚寺，天龍寺，松尾神社，西芳寺（苔寺）へと連なる。川
辺には下鴨神社，桂離宮などがあり，それらの多くは社寺林に囲まれ，背後
には山並みがあって，自然景観と一体となって歴史的景観を形成している。
また盆地内部には，宮廷文化の御所，武家文化の二条城，花街文化の祇園な
どの歴史的町並み等があり，明治以後に建設された洋風建築物や町家も歴史
的文化遺産となりつつある。

　第3は市街地景観である。京都盆地に形成された市街地は，中心部に平安
京の町割りを継承する碁盤目状の街路があり，その周囲に近代の区画整理事
業で出来た道路網が広がっている。戦後の高度成長期以前は，幹線街路の沿
道に洋風建築が建ち始めていたものの，基本的には瓦葺き木造和風の町家が
連なる「甍の波」景観が支配的であった。しかし高度経済成長期より京都に
も新しい近代文明が普及し，街路には鉄筋コンクリートのビルが建ち並び始
めて「甍の波」景観は消滅し，市街地景観は多様化し，モザイク都市と呼ば
れるに至っている。[7]すなわち，ビジネス街と繁華街から構成され，職住共存
地区でもある都心部，その西側に拡がる友禅染・西陣織等の伝統産業の住工
混在地区，西部・南部の近代工業の工場が立地する地区，旧郊外の閑静な住
宅地区があり，大学のまちでもある。

　そこで，京都の景観政策の課題は，自然景観の保護，歴史的景観の保存修
景，市街地景観の再生・創造ということになる。

2　景観問題の展開と景観政策・まちづくり

（1）京都における景観政策の始まり

　京都の景観まちづくりを語ろうとするならば，明治維新に遡らねばならな
い。というのは，明治維新時・蛤御門の変による大火によって洛中が焼け野

原になっただけでなく、明治政府の文明開化政策、とくに神仏分離・廃仏棄釈・寺社領上知令によって、山麓に立地していた多くの寺院が打撃を受けたのである。貴重な文化遺産が破壊され、山林の乱伐によって山の景観も荒廃した。これに対して京都内部で危機感が昂り、保護の動きも活発化した結果、1897年に古社寺保存法が公布され、文化財建造物の保存政策が始まる。同法は歴史的景観保全の先駆けとなり、戦後の文化財保護法（1950年）へと発展してゆく。また、歴史的建造物の保護はそれらが立地する名勝地の保全、京都の公園都市化への動きに結びつくことになる。[8]

　京都における本格的な景観まちづくりは、1922年の都市計画区域の設定から始まる。都市計画区域に指定されたのは、四条烏丸を中心とする半径約23kmの範囲で、市街地を囲む三方の山を大きく取り込むものであった。その理由は、山麓に点在する景勝地（清水寺、円山、双ヶ岡、嵐山など）を都市計画区域に含めて、京都を「公園都市」として発展させようとする意図があったからである。区域設定の理由書は次のように述べている。[9]

　　　「京都ノ特色タル風光ハ主トシテ、是等山地ニ依リ発揮セラレ、名勝
　　　旧蹟亦此ノ裡ニ存在スルモノ多キヲ以テ、…（中略）…公園都市タルノ
　　　特徴ヲ益々発揮セシムルノ施設ヲ為スノ緊要アルヲ認メ、…（中略）…
　　　山地ヲモ計画区域ニ編入シタリ。」

　公園都市を目指す方向は、1930年の「風致地区」の指定においてさらに明確に示され、三方の山々の山麓約3,400 haという広大な範囲が風致地区に指定された。そして翌1931・1932年に4,500 haが追加され、約8,000 haが風致地区となる。これは市域面積の27％であり、そのうち82.5％が山地である（風致地区はその後も追加指定され、現在は1万7,938 haに達している）。

　風致地区では、開発規制が行われるとともに、緑を守り育てる植林事業も進められ、今日見られる緑ゆたかな「山並み景観」がつくられた。[10]

（2）第2次世界大戦後における景観政策の形成

　戦後、大きな戦災を免れた京都は、一方では近代化（インフラ整備）を進

第Ⅱ部　景観と生活文化

めた。まず疎開跡地を利用して，御池通・五条通・堀川通等の拡幅などの幹線道路の整備が進められ，土地区画整理事業も再開されて新住宅地の建設も進んだ。他方，歴史都市として「京都国際文化観光都市建設法」の制定を得て，歴史的文化遺産の保存と活用によって文化観光都市としての発展を目指すことになる。

　しかし，所得倍増計画，新幹線の開業，名神高速道路の開通等が行われ，高度成長が進む中で，京都の景勝地にも開発の波が押し寄せた。1964年，『徒然草』の吉田兼好の庵があったとされる双ヶ丘で開発構想が持ち上がった。同じ頃，鎌倉でも鶴ヶ岡八幡宮の裏山で開発問題が生じ，両地域で市民の開発反対運動が盛り上がった。風致地区制度では開発行為を禁止できないため，京都市，鎌倉市，奈良市が協力して特別立法の必要性を訴え，1966年に「古都における歴史的風土の保存に関する特別措置法」（古都保存法）が制定された。この法律は，歴史的価値のある古社寺・遺跡が周辺環境と一体となっている地域を「歴史的風土保存区域」あるいはとくに重要な場合は「歴史的風土特別保存地区」として指定し，凍結的保存を可能にするものであり，歴史的景観の保全制度は大きく前進した。なお，京都では，双ヶ岡，嵐山，上賀茂，大文字山，清水，稲荷山などが特別保存地区として指定されている。[11]

　双ヶ岡問題とほぼ同時期に，京都タワー建設問題が生じた。京都駅前に建設中の観光デパート（高さ31 m）の屋上に100 mの高さのタワーを乗せるという計画が発表される（1964年）。文化人が中心になって「京都を愛する会」が結成され，反対運動が行われたが，[12]運動は一般市民への広がりを欠き，京都タワーは計画通り建設された。この間，激しい景観論争（第1次）が行われ，京都タワーは完成したが，市街地の景観政策の必要性が痛感され，1972年に，市街地景観対策として京都市市街地景観条例が制定された。

　この条例によって，歴史的文化遺産とその周辺市街地の調和を図るための「美観地区」と市街地景観を傷つけるような巨大工作物の建設を規制する「巨大工作物規制区域」が導入され，両区域が広範囲に指定された。さらに，伝統的な建築様式により形成されている美しい町並みを保全するために「特別保全修景地区」を設け，産寧坂地区と祇園新橋地区が指定された。この地区は，1975年に文化財保護法の改正によって「伝統的建造物群保存地区」制

度が創設された際，上記2地区は「伝統的建造物群保存地区」に指定される
ことになる。

他方，1970年の建築基準法の改正により容積率制度が導入されて，建物の
高さ制限が低層住宅地を除いて撤去されたため，京都市は1973年に，市街地
景観の保全を目的に，京都市独自の高さ制限を行う「高度地区」（最高45 m）
を市街地の大半に設定した。

（3）第2次景観論争と景観政策の強化

高度成長の過程で，京都の市街地景観は大きく変貌することになった。建
築材料・建築構造の近代化が進行し，都心の旧市街地にも鉄筋コンクリート
のビルやプレハブ工法の建物が登場，伝統的な町並みの景観と調和しない外
観を呈することになる。さらに，業務ビルの高層化とともに中高層マンショ
ンの建設も始まり，昭和50年代に本格化し，第2次景観問題が生じた。

1つは，1988年の総合設計制度の導入により，この制度を活用した高さ60
mの京都ホテル改築計画が発表された。これに対して，京都仏教会と市民
団体によって同ホテルの高層化計画に反対する運動が展開される。もう1つ
は，JR京都駅の改築計画である。1990年に国際コンペが行われたが，超高
層案もあり，高さを中心に論争が生じた。この2つの問題はほぼ同時期に進
行したので，第2次景観論争と呼ばれるが，結果的には京都ホテルは計画通
りに建設され，1994年に開業。京都駅は1991年に高さ59.8 mの原広司案が
選ばれ，6年後に完成する。[13]

高層ビルに対する反対運動は実らなかったが，景観論争はその後の京都の
景観行政に大きく影響することになった。京都市は，今後の市街地景観やま
ちづくりのあり方について基本的指針を策定するため，1991年に「京都市土
地利用及び景観対策についてのまちづくり審議会」が設置された。翌年，審
議会の答申を受けて，京都市は，①北部・三山周辺を「自然・歴史的景観保
全地域」，②都心部を「調和を基調とする都心再生地域」，③南部を「新しい
都市機能集積（創造）地域」，の3つの地域に分け，保全・再生・創造を基
本コンセプトとして，まちづくりを進めることとなった。

まず，市街地景観条例を全面的に改正した「京都市市街地景観整備条例」

99

第Ⅱ部　景観と生活文化

を1995年に制定，改正前は２種類だった美観地区を５種類とし，翌年には美観地区を大幅に拡大するとともに規制もより一層強化した。また，巨大工作物規制区域を建造物修景地区に変更して規制を強化，さらに歴史的景観保全修景地区（祇園町南など），界わい景観整備地区（三条通，上賀茂郷など）等を創設して，地域の特色を考慮したきめ細く規制・誘導する制度を設け，制度を充実した。そして1997年には，市民・企業・行政が協力してまちづくりを推進するために，京都市景観・まちづくりセンター（財団法人）が設置される（その後の経過については，次節（1）「背景」参照）。

（4）市民による景観まちづくり運動の展開

　この間（主に1980年代以降），山並み景観の破壊につながる開発計画に反対する市民運動やマンション建設計画に反対（あるいは修正）する住民運動も数多く生じた。前者では，大文字裏山ゴルフ場計画と鴨川ダム計画に対して，市民運動によって計画の撤回に成功する。マンション計画については，反対運動にもかかわらず，計画通り施行されたものもあるが，東山区堤町，中京区姉小路界隈等では計画の修正（低層化）に成功する。白川では，「まちづくり憲章」を発表し，まちづくり憲章の第１号となった。また左京区吉田下大路町，下京区百足屋町，若宮町では計画の中止が実現した。その他の地域でも，まちづくり運動は盛り上がり，まちづくり憲章や町式目を作成し，まちづくり協議会を立ち上げて建築協定や地区協定を締結する町が数多く出てきた。[14]

　もう１つ特筆すべきこととして，「鴨川芸術橋（ポン・デ・ザール）」構想の撤回である。1996年に京都を訪れたフランスのシラク大統領が，京都とパリの友好のために，パリのポン・デ・ザールをデザインの基本とする鉄製アーチの架橋を提案，市当局が事業計画を立てたのに対して，住民の反対運動が起り，計画の撤回が実現したのである。[15]

　しかし，マンション等の開発計画に反対する市民運動が盛り上がったものの，全体としては京町家の連なる伝統的な町並み（甍の波）景観は20世紀の終わりには消滅することになる。それには種々の要因があった。伝統産業の衰退，商慣習の変化，バブル経済による地価変動などの経済要因があり，ま

た核家族化，職住分離，町家の老朽化なども挙げられる。さらに，景観を保全する法制度の未整備もあった。

　法制度については，21世紀に入って大きな変化が生じた。全国的に景観紛争が多発し，住民や地方公共団体の景観に対する意識が高まり，各地で自主的に景観条例が制定されるようになった。このような動きを受けて，国土交通省は政策転換を行い，2003年に「美しい国づくり政策大綱」を発表し，翌年には「景観法」を制定する。景観法は，基本理念として「良好な景観は国民共通の資産である」と謳い，地域の自然，歴史，文化，風土等によって良好な景観は多様であるとして，「地域の個性」を活かした多様な景観形成を図るべきだとしたのである。この理念に基づき，地方自治体は，景観行政団体として景観計画を立て，景観地区を指定することができるようになった。[16]

　京都市は，景観法の施行に基づき，「時を超え光り輝く京都の景観づくり審議会」を設置，この審議会の答申を踏まえ，これまでの景観政策を大きく発展させた「新景観政策」を2007年から実施したのである。

3　新景観政策の展開と成果——都市再生における景観政策の可能性

　古都・京都の美しい景観を守り・育てるため，法や条例を駆使して創り出された新景観政策が2007年9月に施行された。この時，①建物の高さ規制の見直し，②建物等のデザイン規制の見直し，③眺望景観や借景の保全，④屋外広告物対策の強化，⑤京町家などの歴史的建造物の保全・再生の5つの柱とその支援制度からなる政策が，京都市全域で実施されたのである。

　まず「①建物の高さ規制の見直し」では，新景観政策以前の高さの最高限度が10 m，15 m，20 m，31 m，45 m の5段階であったものを，45 m を廃止し12 m と25 m を加えて6段階とし，それぞれの市街地特性に応じて配置された。その結果，都心部では幹線道路沿道の最高限度が45 m から31 m に，その内側の歴史的市街地では31 m から15 m になるなど，市街地全体の約3割の区域で高さの最高限度が引き下げられた。併せて，地区単位や敷地単位で建物の高さを設定できる，きめ細かな高さ規制の仕組みも設けられた。

　次に「②建物等のデザイン規制の見直し」では，建物や工作物のデザイン

第Ⅱ部　景観と生活文化

について，風致地区や景観地区，建造物修景地区等の指定を拡大し，市街地のほぼ全域で地域特性に合わせたデザイン基準が定められ，優れた都市景観の保全・形成が図られた。

「③眺望景観や借景の保全」では，眺望景観や借景に関して，全国で初となる京都市独自の「眺望景観創生条例」を制定し，38カ所の優れた眺望景観や借景が眺望景観保全地域として指定された。

「④屋外広告物対策の強化」では，屋外広告物の基準を建物等の高さやデザイン基準に対応するよう見直すとともに，屋上や点滅式・可動式の屋外広告物を市内全域で規制するなどの見直しが行われた。また，優良な屋外広告物に対する表彰や助成制度を拡充し，都市景観の向上が図られた。

最後に「⑤京町家などの歴史的建造物の保全・再生」では，京町家などの伝統的な建造物の外観の修理・修景に対する助成制度の活用を推進するとともに，景観重要建造物の指定制度を積極的に活用し，それらを地域の核として歴史的な町並みの再生・拡大を図る取り組みを一層推進することとされた。

新景観政策は，このパッケージ化された総合的な施策を実施するため，都市計画法，景観法，屋外広告物法などの活用をはじめ，京都市の景観，風致，屋外広告物などに関する条例を改正し，さらには眺望景観創生条例や高度地区特例許可に関する条例を新たに創設した。実に６つの条例制定・改正と，都市計画及び景観計画の４つの規制地区（高度地区，景観地区，風致地区，建造物修景地区）の変更を行い，実施したのである。

（1）背　　景

では，なぜこのような大規模で総合的な景観政策を立案することになったのか。そこには３つの背景と４つの問題意識が見えてくる。

まず，京都市は「京都らしい景観を構成する京町家や三山の眺望をはじめとする貴重な景観資源が消失するなど，京都らしい景観が急速に失われつつある」との認識から，2005年７月に「時を超え光り輝く京都の景観づくり審議会」（以下，審議会）を設置し，「時を超え光り輝く京都の景観づくりについて──歴史都市・京都にふさわしい京都の景観のあり方について」と題する諮問を行った。この諮問に先立ち３つの大きな流れがあった。

第6章　景観問題・景観論争と景観政策の展開

　一つは都心部でのマンション乱立を契機とした町並みの調和と再生の取り組みである。バブル経済以後の景気低迷による地域経済の不振や地価下落を背景に，低未利用地での高層マンションの建設が急速に進み，歴史的市街地での京町家の町並みや居住文化が大きく変容する恐れがあったため，京都市は1998年に「職住共存地区整備ガイドプラン」を策定し，都心部のまちづくりに取り組んだ。中でも都心部の町並み変容が著しいことから，2003年4月に高度地区の変更，美観地区の指定，特別用途地区の指定を行う「京都市都心部の新しい建築のルール」を実施した。

　2つ目は，2002年に発表された京都経済同友会の「京都の都市再生推進に向けての緊急提言」である。これは，「大都市でさえ人口が減る時代」が到来し，世界の諸都市がグローバルスタンダードで国際的に比較される時代の中で，京都は単なる歴史的な都市ではなく先進性を持った都市であり，京都の持つポテンシャルを最大限に発現させ活用していく視点を重視すべきと訴えている。そして，京都における都市再生推進の基本戦略として，"歴史とともに暮らす都市の再生"をキーコンセプトに，「保全・再生・創造をセットにした都市づくり」や「『担い手』の定着を重視した歴史的市街地の再生」など4つの推進方策を示した。この緊急提言は，新景観政策における問題意識と方向性を，京都の経済団体が明確に示したといえるものである。京都市はこの提言を受け，景観・文化・観光をキーワードとする「歴史都市・京都創生策（案）」を翌年発表し，その取り組みを続けてきた。[17]

　3つ目は，国における景観法制定の動きである。全国各地で広がる町並み保全や景観づくりの取り組みと自主条例制定の動きを受け，国土交通省は2003年に「美しい国づくり政策大綱」を発表し，翌年6月に景観法を公布した。この法律制定により初めて景観に関する総合的な法整備がなされたことから，それまで任意条例で行っていた地方公共団体の景観行政にとって強力な後ろ盾を得ることになった。

　このような状況の下で，新景観政策の問題意識として，まず①京都らしい景観の著しい変容があり，このままでは京都が京都でなくなるという危機感があったことはいうまでもない。しかし，それにとどまらず，②伝統産業をはじめとする産業の長期にわたる不振や，③都心部のマンション問題に象徴

第Ⅱ部　景観と生活文化

される都心の混乱の状況があり，そこに追い打ちをかけるように，④京都というブランド力の低下という強い危機感があったことも確かである。そして，これらの問題の打開策として京都らしい景観を取り戻し，その結果，京都の魅力とブランド力を向上させるという歴史都市・京都の創生策が提案されたのである。

　すなわち，新景観政策の政策課題は，①京都らしい景観の喪失に加え，②京都経済の不振，③都心の空洞化，④京都のブランド力の低下であり，それらの解決の糸口として新景観政策が期待されたといえる。

（2）決定過程

　このような市民生活や経済に大きな影響を与えかねない政策が，スムーズに決定されたのだろうか。その動向は，地元京都にとどまらず全国からも注目され，生活や経済，都市，文化など幅広い視点から様々に報道された。そこで，政策決定過程を見ておこう。

　まず，1年3カ月に及ぶ審議会やシンポジウムなどでの議論を経て答申がまとめられ，それを基に作成された政策素案が2006年11月に発表された。[18]

　2007年の議会や審議会での決定プロセスは，新景観政策が5つの規制と総合的支援の施策を総合的にパッケージされたものであるため，議会（条例・予算）→美観風致審議会→都市計画審議会→美観風致審議会の順に行われた。市民の代表である市会で政策全般の議論をした上で，学識者や専門家，市民代表で構成される審議会で議論したのである。

　パブリックコメント発表後，広告や宅建などの業界団体や市民団体など，さまざまな個人・団体から賛成・反対を含めた多くの意見や要望書が寄せられ，市民を巻き込んだ広範な議論が巻き起こった。[19]さまざまな意見がある中で，マスコミはそれらを伝えるだけでなく，独自に集めた情報を記事にするものもあった。中でも2月市会直前の2月15日に掲載された「京都新聞」の記事は，同社の世論調査結果を「規制強化賛成8割超」と大きな見出しを付けて報じたものであり，政策決定過程に大きな影響を与えることとなった。

　議会は，当初見解が二分していた。論戦の最後の場となる2月市会は2月20日から始まり，本会議，予算委員会，建設消防委員会と場面を移しながら，

104

第6章　景観問題・景観論争と景観政策の展開

表6-1　新たな景観政策の推進に関する決議（要約）

1	景観政策検証システムの構築
2	新たな景観政策の市民や事業者への分かりやすく効率的な周知徹底
3	既存不適格マンションに関する金融機関への要請，支援策
4	公共建築物の率先垂範・建築設計関連団体等との恒常的な協働システムの構築
5	狭小宅地以外（100 m² 以上）についても柔軟に対応
6	京町家等の景観重要建造物の維持管理の助成制度や買取制度の推進
7	デザイン審査体制の整備，職員の資質の向上等
8	速やかな違反広告物の是正と良好な広告物の誘導

出所：京都市会定例会資料（2007年2月）。

最終本会議の3月13日には未明に及ぶ激論の末，ようやく可決成立となった。議決では，結果として全会一致で可決され，併せて議員提案の政策推進に関する8項目も決議されている。この時に決議した8項目の概要は表6-1の通りであり，その後の政策の展開に大きな影響を与えた。

このような経過を見ると，まさに市民や業界を巻き込んだ大きな議論が起こり，その中で市会が全会一致という形で決意を示し，今後の京都市政の大きな方向を決めたといえる。

（3）展　　開

それでは，新景観政策が施行後どのように展開されたのか。京都市会で決議された8項目を中心に今日までの取り組みを追いかけてみよう。

まず，「1」の景観政策検証システムでは，政策の検証として「京都市景観白書」を作成し市民に周知するとともに，市民が意見交換を行う「京都市景観市民会議」を開催する仕組みが整えられた。これは2011年3月からスタートし，毎年，景観白書の発行と景観市民会議の開催が行われている。

「4」の恒常的な協働システムでは，建築関係や宅建などの事業者と学識者，行政とで構成する「京都市景観デザイン協議会（後に「景観デザイン会議」）」を条例成立後直ちに設置し，デザイン基準のあり方や優れた建築計画の誘導のあり方について調査・検討し，提案も行っている。その提案を基に2011年4月には条例改正を含めた景観政策の進化を行った。この時，それまでの規制だけでなく地域での景観づくりの機運づくりを支援する地域景観づくり協議会制度や，優れた建築計画を誘導するための制度が創設されている。

105

第Ⅱ部　景観と生活文化

　「8」の屋外広告物では，スタート以前から強い姿勢で臨む京都市と困惑する事業者の様子がマスコミで報じられていた。各地で是正が始まると未実施のものに対する批判の声が上がってきた。そこで既設の屋外広告物の猶予期限である2014年8月末に向けて，2年前から屋外広告物適正化の取り組みを抜本的に強化し，屋外広告物制度の定着促進，是正のための指導の強化と支援策の充実，京都にふさわしい広告物の普及啓発を3本柱に，集中的に取り組みが行われた。その結果，取組実施時点で7割が不適合であった屋外広告物が，2018年3月末には96％が適正表示になった。京都の市民力の賜物である。

　「6」の景観重要建造物については，指定拡大や助成制度の拡充・整備を行うほか，2008年の歴史まちづくり法制定を受け，京都市は翌年11月に京都市歴史的風致維持向上計画を策定し，同時に国の認定も受けている。この結果，2018年3月現在で景観重要建造物97件，歴史的風致形成建造物90件，本市独自の歴史的意匠建造物107件の合計205件（重複指定は1件とカウント）が指定されている。

　景観をめぐる環境は日々変化している。近年では，京都御所に隣接する梨木神社の境内でのマンション建設や，四条通りに面する四条京町家の取り壊しといった事態が起こった。特に前者では，これまで当たり前と思っていた寺社までもがさまざまな事情で変容する可能性があることを，まざまざと突きつけられる結果となった。そこで大規模寺社周辺ごとの詳細な調査を実施し，2018年3月に眺望景観創生条例などの歴史的景観保全に関係する条例の改正が行われた。また経済団体や市民団体からの要請を受け，京町家に特化した保全・継承の条例を制定する検討が始まり，2017年11月に「京都市京町家の保全及び継承に関する条例」が成立した。

　このような経過をたどると，新景観政策は施行日の2007年9月1日に完結とは決していえず，むしろその日は政策進化のスタートの日であって，そのゴールは果てしのない障害物競走のように，その時々の課題を乗り越えながら社会情勢の変化に応じて新たなテーマを設定し，次々とチャレンジしていくようなものといえるだろう。

（4）影響・効果

　新景観政策は，市民生活や経済にどのような影響を与え，そして期待された効果は生まれたのであろうか。新聞記事や各種の統計を基に振り返ろう。[20]

　まず直前の８月には，「路線価が上昇　京の中心部に希少感高まる」（京都），「マンション販売に駆け込み需要　京都市内，前年同月の倍」（京都）など，経済活動への影響を伝える記事が見られた。実施直後の９月には「混乱　京の新景観政策で拍車　耐震偽装対策で遅れる建築確認　中小の建築業者悲鳴『死活問題』　建て売りのキャンセルも　条件合わぬとローン支障」（京都）などの記事があり，建築関連では10月に，「建設業者６割が影響　着工遅れなど中小企業家同友会調査」（京都）とも報じられた。[21]

　翌年になって，１月に不動産経済研究所が発表した「マンション動向」（2007年）を基に「京都市景観条例駆け込み着工も　価格上昇で販売低迷」（京都）の記事が見られ，２月には「建設物価調査会」の統計を分析して「京の住宅着工07年15.2％減　改正建築基準法，市の景観政策Ｗパンチ」（京都）と伝えられた。３月に発表された公示地価では，各社一斉に「京都市の上昇鈍化」（朝日）などと報じ，「新景観政策の２区で目立つ　商業地5.8ポイント減の5.8％」（読売）など詳細を伝えている。当時，バブル崩壊の後遺症からようやく抜け出し商業地を中心に地価の回復・上昇傾向が見られたが，その勢いが都心部で一段落したことを新景観政策と関連づけて理解しようとしていることがうかがえる。[22]

　京都市は2011年３月から，土地や建物の価格，住宅着工の動向を細かく分析した『景観白書』を毎年発表しているが，大阪，神戸など他都市と比較して特異な傾向は見られないとしており，経済データでは政策実施によるマイナスの影響は特に確認されていない。それどころか，人口動態や市民意識，観光・産業などでプラスの影響が表れている。

　まず人口動態では，京都市の人口が横ばいから減少傾向にあるものの，社会動態（転入数と転出数の差）では，新景観政策導入の年（2007年）に転出超過傾向が下げ止まり，2011年からは転入超過に反転している（図6‐1）。

　景観に対する市民の意識では，『新景観政策　10年とこれから』（京都市）において『京都の個性的な町並み景観が守られている。』の質問が取り上げ

第Ⅱ部　景観と生活文化

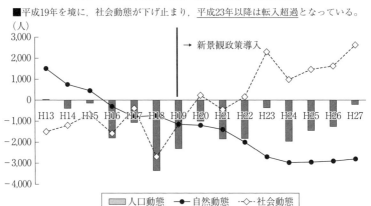

図6-1　人口増減の推移（社会動態・自然動態）

※1：前年10月～9月までの人口異動（京都市推計人口統計調査による住民基本台帳の異動数）を示す。
※2：社会動態については，区内及び市内他区の異動を含まない。
出所：『京都市統計ポータル　人口異動　年計（前年10月～9月）』。

られ，『そう思う』及び『どちらかというとそう思う』の割合が，新景観政策実施当初の約4割から着実に増加し，約6割となっている（図6-2）。

　このような状況から，新景観政策の意義や効果として以下のことを挙げることができる。1つは，行政が経済界や市民の幅広い支持を得て，歴史都市・京都の特徴と魅力を最大限に生かす，京都ならではの新しいまちづくりに大きく舵を切ったことである。そして，そのことにより国内外の評価を高め，都市格の向上に大きく貢献したということである。しかも，現時点では負の効果はあまり指摘されていない。これは，京都創生策が目指したところであり，都市のブランド力強化に成功したといえるだろう。

　2つ目は，政策の決定過程でさまざまな意見や議論があったが，京都の経済力や都市の魅力，そしてブランド力の低下という危機感を背景に，多くの市民や経済団体の支援の下で，市会の全会派が一致して議案を可決し，歴史都市・京都にふさわしい景観まちづくりの推進に踏み出すことができたことである。京都が景観について一つになれたということである。

　3つ目は，この高まった京都ブランドにより，新たな観光の掘り起こしや歴史的資産の活用・創造，伝統技術と先端技術とのコラボや融合，文化の文

第6章 景観問題・景観論争と景観政策の展開

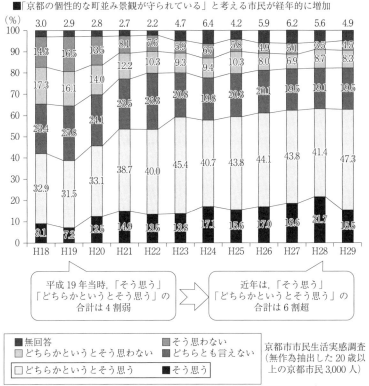

図6-2 新景観政策の影響（市民の意識）

出所：京都市都市計画局都市景観部景観政策課（2018：42）。

脈やコンテンツの活用など，新たな産業振興や文化創造の機会が増大し，豊かな居住や営みの再構築の機会が訪れてきたことである。これらの機会はまだまだ可能性の域を出ていないが，それらを活かしていけるかどうかは今を生きる京都人と京都ビジネスに委ねられているのであり，まさに創造のシーズが豊富になったといえよう。

以上を基に，前述した4つの政策課題に対する到達点を整理しよう。

①京都らしい景観の喪失については，これ以上の混乱の危機は避けられた。また，その結果，京都の評価が高まり都市格を向上させることができた。しかし，これで京都らしさが維持され，継承されるかどうかは別の話であり，

109

第Ⅱ部　景観と生活文化

制度がつくる枠組みの下で，保全であれ，創造であれ，歴史と現実に対峙していかなければならない。生かすも殺すも今後にかかっている。

　②京都経済の不振については，まずは新景観政策でマイナスの影響が見られず，しかも京都の評価の高まりに伴って，新しい京都ビジネスの芽も報道されている。むしろ，観光を中心にした好景気感が地価を押し上げ，その弊害が出ないか心配されるところである。

　③都心の空洞化については，都心部のインナーで新たに建つマンションも町家の規模と比べほどほどの大きさとなり，また和を感じさせるデザインも増え，歴史的町並みとの調整が進みつつある。幹線道路沿道も，外壁や屋根が一定そろい，少々のズレがアクセントとなって，スカイラインの整った沿道景観の形成に進み出している。その上，沿道の屋外広告物が一変し，都市の風格に益々厚みをもたらしている。しかし，ベースとなる京町家や歴史的建造物の減少には歯止めがかかっていない。今後，これらの保全を強力に進めることはもちろんであるが，さらに，建築する際に参照すべき建物を新たに創り，訪れたくなる建物を増やしていく取り組みも必要になっている。

　④京都のブランド力の低下については，①から③を背景に，各種の都市ランキングや観光客数などを見る限り，確実にブランド力が上昇しているといえる。このブランド力を一過性にしないため，京都市民には新たな魅力の創造が求められている。その魅力の源泉は，抽象的な京都ではなく，具体的事象である個々の地域とそこでの営みである。近年，各地で地域景観づくり協議会などの景観まちづくりの取り組みが活発化しており，京都のそれぞれの地域がさらに魅力のある町として磨きをかけるとともに，建築をはじめとする個々の活動においても，伝統に培われた型だけにとどまらず，それを発展させる取り組みが求められている。

　最後に，本節のテーマである「都市再生における景観政策の可能性」に関連して，新景観政策実施から11年経った2018年12月23日付の「読売新聞」（朝刊）に，「京都ブランド人材呼ぶ」という記事があった。これは，京都市中心部に，IT関連を中心とした府外企業の開発やデザイン拠点が増えており，国内外に知名度の高い京都に拠点を置くことで，優秀な人材確保につなげたいとの狙いがあるというものである。重厚長大型産業構造から情報サー

ビス型産業への転換に伴って，文化・交流が重要なキーワードとして現れてきており，その基盤となる環境を整えるため，都市再生における景観政策の役割は大きい，といえるのではないか（詳しくは，松田 2018, 参照）。

注

⑴ 溝尾（2011：6）。Landschaft（英語 landscape）は景域，景相と訳されることもある。

⑵ 正確には「主として視覚によって捉えられた環境」である。なお，景観の定義としてよく引用されるのは，中村良夫の次の定義「景観とは人間をとりまく環境の眺めにほかならない」（中村良夫ほか『土木工学体系13 景観論』彰国社 1972：12）である。「見える景観」と次の「生きる景観」という言葉については，鳴海（1988：序・第1章）を参照。

⑶ 宮脇（2010）参照。

⑷ 文化経済学については，序章2⑴参照。

⑸ 京都の景観については，京都市都市計画局都市景観部景観政策課（2014），寺田（2013）を参照。

⑹ 山並み景観については，中嶋（2003）参照。東山については，加藤・中川・並木（2006）が詳しい。

⑺ 吉野（1998），門内（2009）参照。

⑻ 大西（1992：Ⅲ），中嶋（2003）参照。

⑼ 「京都市都市計画区域設定理由書」内務大臣官房都市計画課（1927）『都市計画要鑑』。

⑽ 中嶋（2003；2006），加藤・中川・並木（2006）参照。

⑾ 京都市都市計画局都市景観部景観政策課（2014：第2章2-2⑵），苅谷（1994）参照。

⑿ 京都タワーは京都の伝統の良さを破壊するシンボルとなり，「京都を愛する会」の呼びかけに応じて，大仏次郎，谷崎潤一郎，川端康成など多くの著名人が反対署名を行った。当時の状況については，清水（1993）が詳しい。

⒀ 第2次景観問題とその後の景観政策については，大西（1992：Ⅳ），飯田・南部（1992）及び日本建築学会『建築雑誌』（1992・06，京都の都市景観特集号），野田（2000）を参照。

⒁ 飯田・南部（1992），片方（2000：第4章），中林（2008）を参照。

⒂ 野田（2007）参照。

⒃ このような日本全体の動向については，西村（2008），自治体景観政策研究会

第Ⅱ部　景観と生活文化

（2009）参照。

⒄　この他，日本建築学会は京都という特定の都市を対象にした政策提言「京都の都市景観の再生に関する提言」を2度にわたって行っている。

⒅　この意見募集での市民意見は576通，1,410件に及び，翌年1月には市長の臨時記者会見を開いて結果と対応方針が示され，広報誌「市民しんぶん」にもその内容が掲載された。

⒆　政策に疑問を呈する意見広告が地元紙で4回掲載されたり，2月市会開会中の3月1日には市役所前で大規模な集会が開かれ，慎重な審議を求める1万人署名が提出されたりもした。

⒇　以下，新聞社名は次の通り略称で表している。京都新聞社（京都），朝日新聞社（朝日），読売新聞社（読売）。

㉑　当時，耐震偽装問題により建築確認のチェックが同年6月から厳格化され処理に時間がかかっており，新景観政策が拍車をかけているとするものである。

㉒　これらの経済面の報道のほか「京の景観回復成るか　実験開始2カ月　業者ら，不満根強く　他都市も成り行き注目」（11/1朝日）とあり，全国から注目されている様子を伝えている。

㉓　なお観光面では，「世界で最も影響力をもつ旅行雑誌の一つ，『Travel＋Leisure（トラベル・アンド・レジャー）』誌（アメリカ）が行った読者投票『ワールドベストアワード2015』において，世界の人気都市を決める『ワールドベストシティ』ランキングで，京都が2年連続で1位」となっている。

参考文献

青山吉隆（2002）『職住共存の都心再生』学芸出版社。

鯵坂学・小松秀雄編（2008）『京都の「まち」の社会学』世界思想社。

飯田昭・南部孝男（1992）『歴史都市京都の保全・再生のために』文理閣。

大西国太郎（1992）『都市美の京都』鹿島出版会。

片方信也（2000）『住む』つむぎ出版。

片桐新自編（2000）『歴史的環境の社会学』新曜社。

加藤哲弘・中川理・並木誠士編（2006）『東山／京都風景論』昭和堂。

苅谷勇雅（1994）「京都における新しい景観・まちづくり構想」仲上健一・中川大編『環境創造と都市戦略』法律文化社。

京都市都市計画局都市景観部景観政策課（2014）『京都の景観』京都市。

京都市都市計画局都市景観部景観政策課（2018）『新景観政策』京都市。

後藤和子・勝浦正樹編（2019）『文化経済学』有斐閣。

自治体景観政策研究会編（2009）『景観まちづくり最前線』学芸出版社。

清水武彦（1993）「30年の時を経た今京都タワーはエッフェル塔になり得たか」『ネットワーク京都』1月号，かもがわ出版。

高橋康夫・中川理編（2003）『京・まちづくり史』昭和堂。

寺田敏紀（2013）「京都の景観・まちづくり」『都市研究』13号，近畿都市学会。

仲上健一・中川大編（1994）『環境創造と都市戦略』法律文化社。

中嶋節子（2003）「山並み景観の変容と創造」高橋康夫・中川理編『京・まちづくり史』昭和堂，第3章9。

中嶋節子（2006）「管理された東山」加藤哲弘・中川理・並木誠士編『東山／京都風景論』昭和堂，第7章。

中林浩（2008）「卓越した生活景としての京都の景観」鯵坂学・小松秀雄編『京都の「まち」の社会学』世界思想社，第4章。

鳴海邦碩編（1998）『景観からのまちづくり』学芸出版社。

西村幸夫（2008）『風景論ノート』鹿島出版会。

野田浩資（2000）「歴史都市と景観問題」片桐新自編『歴史的環境の社会学』新曜社，第3章。

野田浩資（2007）「景観政策」村上弘・田尾雅夫・佐藤満編『京都市政　公共経営と政策研究』法律文化社，第6章。

佛教大学総合研究所編（1998）『成熟都市の研究』法律文化社。

松田彰（2018）『新景観政策10年の足跡』『同資料編』京都市歴史資料館。

溝尾良隆（2011）『観光学と景観』古今書院。

宮脇勝（2010）「イギリス景観政策の展開・1」『季刊まちづくり』28，9月号。

門内輝行（2009）「歴史都市・京都における景観資源の発見と創造」『第2回京都の都市景観の創生シンポジウム』日本建築学会・京都市景観まちづくりセンター。

山田浩之（2016）「都市祭礼と文化経済学」山田浩之編著『都市祭礼文化の継承と変容を考える』ミネルヴァ書房，第1章。

吉野正治（1998）「都市景観の近代と現代」佛教大学総合研究所編『成熟都市の研究』法律文化社，4章2。

　　　　　　　　　　　　（山田浩之〔第1・2節〕・松田　彰〔第3節〕）

コラム4　岡崎文化地区の形成と展開

　京都・岡崎地域は「岡崎地域活性化ビジョン」（2011年）に「東山を望む素晴らしい都市景観の中に，琵琶湖疏水をはじめ美しい庭園群や文化財，美術館，博物館などの文化・交流施設が集積した岡崎。比類ない文化・交流ゾーン」と書かれ，国内外から多くの方が訪れている。ここでは，どのようにこのような地域イメージが形成され，そして現在どのようなまちづくりが展開されているかを紹介したい。

　岡崎地域は，平安京時代後期に院政の舞台として貴族の別邸や歴代天皇により寺院群が造営された。その後農地となり，近世期には藩邸が構えられるも，明治期には再び農村に戻った。明治期の京都は幕末の動乱からの復興を経て，東京奠都に伴う人口減少等活力の低下に対峙するさまざまな再興策から始まった。その舞台の一つが，岡崎地域である。

　岡崎地域の大きな事業としては，近代の大土木事業である琵琶湖疏水の開削（1889年完成）による舟運の確保や産業振興，第4回内国勧業博覧会や平安遷都千百年紀念祭（共に1895年）を開催すべく祝祭エリアとしての整備が挙げられる。平安神宮の建立による歴史都市としての可視化，パビリオン等の施設整備による近代都市としてのPRを行い，その後，施設は用途変更や解体・再整備を経て現在まで受け継がれている。このような歴史を踏まえて2015年10月に「京都岡崎の文化的景観」として南禅寺・別邸群エリアとともに重要文化的景観に選定されている。岡崎地域には京都市美術館（1933年開館，2020年，京都市京セラ美術館として再開館予定），京都国立近代美術館（1963），京都府立図書館（1910），京都会館（1960年，2016年1月にロームシアター京都として再開館），京都市動物園（1903）など数多くの文化・芸術施設が集中している。そして，この地域のさらなる魅力向上を目的に，2011年7月に「京都岡崎魅力づくり推進協議会」が立ち上がった。

　本組織は，「京都岡崎地域活性化ビジョン（2011年3月）」の策定を受けて，これを実現するために組織されたエリアマネジメント団体である。同ビジョンでは岡崎のハード・ソフト両面の未来の姿を描いており，協議会はこれを実現するために主としてソフト策を展開，さらに多様な主体の活動の結節の役割を果たしている。

　協議会のキックオフイベントとして2011年10月に実施した「岡崎ときあかり」は，同ビジョンで謳われた「夜の魅力づくり」を目的としている。京都市美術館の建物にプロジェクションマッピングを行い，夜間景観を仮設的に創出するとともに施設の夜間開館や周辺の店舗の時間外営業などで夜の岡崎を回遊する仕掛けを導入，学生や若

コラム4　岡崎文化地区の形成と展開

いクリエイターが上映する作品作りに参加し，人材発掘・育成を内包させるなど，多様な主体の参加を推進している。参加したクリエイターは現在までで延べ100人を超えている。さらに同ビジョンではオープンスペースを一体的に活用して憩いと賑わいの創出を図ることも謳っており，これを検証する「岡崎レッドカーペット」では市民等の発表・交流を社会実験的に行った。これらの展開を踏まえて「岡崎プロムナード」（2015年完成）が整備された。岡崎地域への来訪者数は，同ビジョン策定当時は年間延べ約500万人であったが，2016年には695万人に増加している（京都市「はばたけ未来へ！京プラン」〔実施計画第2ステージ進捗状況〕）。

　中でも，岡崎地域の景観や活動を大きく変えることにつながったのは，岡崎プロムナードである。平安神宮前のかつての神宮道は大型バスやタクシーの待機場所として使われており，夜は好んで歩かれる場所ではなかったが，岡崎公園との一体的な利用が可能になり，屋外イベントが行いやすいインフラ整備（植栽や照明の整備，バリアフリー化等）が行われた。現在では，週末ごとにさまざまな団体による多様なイベントが行われている。フードイベントやヨガ，踊り，自転車教室など空間を生かしたさまざまな展開を見せ，エリアの賑わいの拠点となっている。来訪者は目的の施設を往復するだけでなく，ここを介して複数の施設を訪れる中継点としての役割も果たしている。

　まち，エリアが歩んできた歴史的変遷は，そのまち，エリアのアイデンティティであり，まちづくりを行う際にはその文脈を重視することが必要だと考える。とりわけ岡崎地域においては，近世・中世期は首都機能を支えるヒンターランドであったこと（京都市文化市民局文芸芸術都市推進室文化財保護課 2015：9），近代期は当時の京都の苦境を打開すべく再興を牽引する場であったこと，そして土地が細分化されることなく大規模な土地利用によってその効果を発揮してきたことが大きな特徴であり，現在では京都随一の文化芸術エリアとなっている。そこには，京都の決して保守的ではない側面を垣間見ることもできる。これらは自然発生的に実現されてきたのではなく，都市構造とまちの現在・将来像を踏まえて計画的に形成されてきた。そして為政者の作為だけでなく，市民や関係者の尽力も見過ごしてはいけない。関係者の協働によって岡崎地域は育まれてきている。現在も多くの担い手により岡崎地域を未来につなぐ行動が紡がれている。

参考文献

京都岡崎魅力づくり推進協議会（2012）「地図で読む　京都・岡崎年代史」。

京都市文化市民局文芸芸術都市推進室文化財保護課（2015）『京都岡崎の文化的景観』，（2017）『岡崎公園』（時間を旅する絵本「京都岡崎の文化的景観」①），（2017）『白川と疏水』（時間を旅する絵本「京都岡崎の文化的景観」②）。

中川理（2015）『京都と近代』鹿島出版会。　　　　　　　　　　　　　　（大島祥子）

第7章	「異なる価値観の共存」に向けた 京町家の保全・継承 ——生活文化の継承と発展を目指したまちづくり

1　解体が続く京町家

　京町家は，長い歴史の中で磨かれた，連担の仕組みを内包する，京都の都市景観の重要な要素であり，繊細な季節感が漂う自然や都市居住の知恵が蓄積された地域社会と共生する生活文化の継承と発展の基盤である。しかし，第2次世界大戦後，急速な社会変化と多様な経済活動の下で，多くの京町家が解体され，趣のある町並み景観や，時間をかけて蓄積された都市の生活文化が失われていった。建築・都市計画に関わる法制度もまた，こうした流れを助長してきた。

　これに対して，京町家の保全や再生に向けた取り組みが「京町家再生研究会」（1992年設立，2002年NPO法人化）などの市民活動団体や専門家によって行われてきた。また，20世紀末のバブル経済崩壊前後に起きた大量のマンション建設に伴う京町家の滅失と町並みの変化，激しいマンション紛争などを通じて，京町家の保全や再生は京都の行政課題としても看過できないものとなった。京都市では，多様な主体と連携して，2000年に「京町家再生プラン」を策定し，京町家に関する相談体制の構築や担い手の育成，改修に対する助成などの取り組みを開始した。

　とはいえ，1998・2003・2008～2009年度に実施された「京町家まちづくり調査」や，2016年度に実施された「京町家基礎調査に係るボランティア調査」によると，京町家の減少に歯止めがかかることはなく，依然として年間約2％の割合で滅失が続いている。また，2016年度調査では，空き家率も14％を超えた。こうした状況は，京都のアイデンティティを脅かす重大な事態であり，京町家の保全・継承を求める市民ニーズも高まっていった。加えて，人口減少・少子高齢化の急激な進展，国内外からの京都の文化への関心

第7章 「異なる価値観の共存」に向けた京町家の保全・継承

の高まり，観光客の増加とそれに伴う宿泊需要の拡大など，京町家を取り巻く環境は大きく変化してきている。

　これらを背景として2016年に設置された「京町家保全・活用委員会」の答申（2017年5月）を踏まえて，2017年11月，「京都市京町家の保全及び継承に関する条例」（京町家条例）が制定された。この条例では，京町家の所有者だけでなく，使用者や事業者，市民活動団体，市民，行政等，多様な主体が連携して京町家の保全・継承に取り組むこととともに，京町家の解体の危機を事前に把握し，保全・継承につなげる仕組みとして，京町家解体の届出，保全及び継承に係る協議，解体工事請負契約の通知などが定められ，2018年5月より全面施行された。また，京町家の保全・継承に関するさまざまな取り組みを総合的かつ計画的に実施することにより，京町家を次の世代に着実に引き継いでいくため，2018年2月に同条例に基づき設置された「京都市京町家保全・継承審議会」から2018年10月に提出された答申を踏まえて，2019年2月に「京町家保全・継承推進計画」が策定された。

　この計画は，条例に基づく計画であり，「不動産流通市場の積極的な活用」「地域の役割の重視」「地域課題の解決に繋がる社会的な利用」などの視点を重視しつつ，条例の運用と合わせて，京町家の保全・継承をより強力に推進しようとするものであった。具体的な施策としては，京都市に登録された建築・不動産関連団体の専門事業者が，京町家の改修・活用方法や京町家の継承・活用を希望する者とのマッチング等を提案・助言する仕組みである「京町家マッチング制度」，趣のある町並みまたは個性豊かで洗練された生活文化の保全及び継承を効果的に進めるため，区域や個別の京町家を京都市が指定し，さまざまな支援を行うための「条例に基づく地区指定及び個別指定」，趣のある町並み景観を保全し，生活文化を継承・発展させていくために，既存京町家を保全・継承することを大前提とした上で，既存の京町家と共存できる住宅建築を促進するための「新築等京町家に関する検討」などが進められている。また，これらに関連して，京町家保全・継承審議会の部会として，「指定部会」と「新築等京町家部会」が設置されている。

　とはいえ，京町家の保全・継承にはまだまだ課題が多い。本章では，その課題と抜本的な対応策について，主としてまちづくりの視点から考察を加え

第Ⅱ部　景観と生活文化

てみたい。

2　京町家保全・継承の論拠

　老朽化した建築物は耐用年限が来れば建て替えられるのが自然であるから，古い京町家が年々滅失していくのは当然であるという認識が広がっている。確かに，前述のように，京町家は毎年約2％の割合で確実に滅失している。しかし，その理由は，木造住宅の耐用年限などではない。そもそも，世界中の建築物で，戦争や自然災害を除いて，耐用年限が来たからといって，いきなり滅失したものなどない。耐用年限には，物理的耐用年限と社会的耐用年限とがあるが，いずれの場合でも，耐用年限が来ただけでは，建築物は簡単には滅失しない。物理的な損傷が進んでも，使用されなくなっても，建築物は存在し続けてきた。世界中の多くの遺跡は相当以前に耐用年限を迎えている。いわゆる「空き家」の増加も，耐用年限が来たぐらいでは建築物は滅失しないことを示すわかりやすい事例である。

　では，どのような時に建築物は滅失するのか。それは，建築物ではなく，建築物の建っている底地が再利用された時なのである。つまり，毎年約2％の京町家の滅失は，毎年約2％の京町家が耐用年限を迎えたことを意味しているのではなく，毎年約2％の京町家の底地が再利用されたことを意味しているのである。そして，京町家が解体された後，その跡地は，住宅，店舗，宿泊施設，駐車場などの敷地として利用されてきたのである。

　ただ，これらの用途，あるいは整備目的は，既存京町家の改修，つまり，建築物の再利用で実現できなかったのかというと，必ずしもそうではない。客観的には，相続を始めとするさまざまな問題を，建築物の建替問題として解く前に，現在の環境ではそれが相当困難だとしても，建築物の改修問題として解く十分な努力がなされなかったということなのである。さらに，京町家の解体に伴い失われるものへの十分な配慮がなされなかったともいえる。

　では，なぜ，建替問題を解く前に改修問題を解く努力をしなければならないのか。あるいは，なぜ，京町家の解体に伴い失われるものに配慮が必要なのか。それは，一言で言えば，既存京町家が支えてきた京都の「生活文化」

第7章 「異なる価値観の共存」に向けた京町家の保全・継承

の継承・発展に，かけがえのない「現代的」価値が存在するからである。ここで，「生活文化」とは，具体的には，京町家やお町内で毎年続けられてきた年中行事，毎日の挨拶から表の通りの掃除，家や庭の管理や減災の努力などを指す。それらの中に見出すことができる知恵の蓄積は，決して過去のものではなく，現代や将来の諸課題の検討に多くの示唆を与えてくれる。

　もちろん，京町家という建築物やその集合，町並み景観などにかけがえのない文化的価値があるという視点は極めて重要である。また，地球環境問題の深刻化を前提とすれば，建築物に少しでも残存価値がある限り改修の可能性を考えるのは当然だという視点も重要である。しかし，それにもまして京町家の保全・継承の論拠として重要だと考えられるのは，そうした物的環境を基盤として育まれてきた「生活文化」なのである。

　ただし，京町家の滅失が続く現状は，京町家の保全・継承が京都の「生活文化」の継承・発展につながるという論理をさらに深く考える必要性を示していることは確かである。既存建築物の保全・継承と「生活文化」の継承・発展の関係は，京町家に限らずあらゆる種類の既存建築物に共通している事柄である。しかし，京町家の保全・継承問題は，他の既存建築物とは異なる重要な側面を有している。それは，京町家が単一の敷地に建つ単一の建物ではないという側面である。

　碁盤目状の通りに面して建てられた京町家は，東入，西入，南入，北入のすべての方位があり，また，路地奥の長屋も含めて，極めて高密度に建設されてきた。こうした環境の中で，長い時間をかけて，建物と空地の取り方や屋根のかけ方，外観などといった境界のデザイン作法，つまり，「連担」のルールが育てられ，それらを継承することによって，高密市街地における最大限の居住性が確保されてきた。さらに，「両側町」の成立により，私的空間と共同的空間の関係を含めた共同的な地域マネジメントの仕組みが作られ，祭りや地蔵盆などの行事に代表される地域の生活文化の継承も行われてきた。この仕組みが基礎となって，町の集合体である町組（番組）が作られ，明治初期に番組小学校を設立する単位となった。この単位は現在「元学区」と呼ばれ，実際の小学校が統廃合されても「町」との二重入れ子のコミュニティ組織として機能し続けている。京町家は，単体の建築としても独立した機能

119

第Ⅱ部　景観と生活文化

をもつが，同時に「連担」することによって「町」の構成要素として機能し，群としても地域レベルの生活文化の継承・発展に寄与してきたのである。

　京町家は，一敷地の上に建つ建築物であるだけではなく，連担して両側町などの地域生活空間を構成する要素となっている。つまり，京町家が支えてきた生活文化とは，家の文化だけではなく，地域生活空間としての町の文化なのである。そこに，後述する「異なる価値観の共存」を可能とする洗練された都市生活の知恵が蓄積されているのである。京町家の保全・継承の議論は，この視点を抜きにして考えることはできない。家と町が「入れ子構造」となった地域生活空間における生活文化の継承と発展を目指すことが現在何よりも重要なのである。既存京町家の解体回避，既存京町家の改修や用途変更，新町家の議論などでは，この視点から十分な検討が必要とされている。

3　京町家の特徴と生活文化

　次に，京町家の特徴を「自然との関係」「町との関係」「住まい手との関係」の3つの視点から整理しながら，家の生活文化と町の生活文化を含めて，京町家で育まれてきた生活文化について考察してみたい。

　京町家の第1の特徴は，「家と自然との関係」である。京町家は，吉田兼好の『徒然草』第55段を持ち出すまでもなく，夏を旨として作られてきた。表の通りから奥庭に向けて，最大限の風通しが確保されてきた。平面的には間口いっぱいに，断面的には1階，2階，さらに床下にも風の道が設けられてきた。

　ただし，京町家の特徴はこれだけではない。重要なのは，家は建物と庭から構成されるという認識の下，家の横には家，庭の横には庭をつくる，という極めて明快な「連担」のルールが守り続けられてきたことである。これによって，建物と庭が共に両隣とつながり，中庭や奥庭では表の通りと平行な方向についても通風が確保される。この風の道は，上空から見れば，日照や採光，生物多様性にも寄与する小さなグリーンベルトなのである。[4]こうして，高密居住可能な街区環境が形成されてきたのである。その結果，狭い坪庭でも環境条件が維持され，季節ごとに変化する多様な動植物との共生も可能と

なった。それぞれの町家では，内部空間と外部空間の中間領域に多様な役割を果たす居心地のいい空間が生まれ，二十四節気や七十二候など，春夏秋冬では到底表しえない繊細な季節感を生み出し，変化し循環する自然と関わる豊かな生活文化が蓄積されてきたのである。京町家で継承されている年中行事や室礼（しつらい），つまり，季節に応じた建具や敷物，調度，飾物などの設置は，京町家を取り巻く気象条件とそこで育つ植物，行き来する昆虫や動物などが作り出す総合的な自然環境への鋭い感性によって支えられてきたものである。今日，環境問題が深刻化する中で，高気密・高断熱の家が推奨されているが，自然との共生を底辺で支えてきた生活文化の継承や発展との両立こそが強く求められるところである。

京町家の第2の特徴は，「家と町との関係」である。前述の通り，京町家は個人の敷地の中で自由に建てられた建物ではない。近世までは自治組織であった両側町の構成要素としての京町家であり，逆に，京町家によってコミュニティの最小単位である町がつくられてきた。建物や庭の連担に加え，「けらば」の重なりや通り庇の連担など，巧みな境界のデザインがそれを支えてきた。「けらば」の重なりとは，隣り合った町家同士が隣地境界線を越えて屋根を重ね合う雨仕舞のことであるが，連担によって，両者ともが狭い間口の敷地を最大限有効に活用でき，妻壁へ雨がかりを最小化することができるという合理性があった。

また，私的領域同士の連担だけでなく，公的領域と私的領域の境界にも知恵が注がれた。格子窓と通り庭によって家と道がつながり，公的領域と私的領域が開きつつ閉じ，閉じつつ開く関係がつくられた。かつて，通り庇の下の空間は，誰もが行き来できる公的領域であるとともに，昼間は格子が外されたり，夜間は防犯装置としても機能した「揚げ見世（ばったり床几）」などにより商家の店の間が拡張されたりする中間領域であった。この空間によって公的領域と私的領域が重なり，都市の賑わいを作っていたのである。

町のルールは「町式目」として明文化されたものもあるが，多くは総合的な生活文化として伝承され，改良，蓄積されたものと考えられる。一方，町の空間で展開されるお祭りや地蔵盆などの年中行事，日常の挨拶や共用部の清掃，各家の冠婚葬祭などには，「異なる価値観の共存」を可能にする都市

第Ⅱ部　景観と生活文化

的で洗練された生活文化の蓄積が反映されている。たとえば，表の通りの
「門掃き」では，両隣との境界の延長線を１尺ほど外側まで掃く。それ以上
のお節介はしない。その後の「水打ち」も向かいに水が流れていかないよう
に配慮する。近隣への気遣いと都市的な合理性によってストレスを最小化し
ているのである。多様な価値観を一定の範囲内で認め合い，周囲に気を配り
ながらも，「よそはよそ，うちはうち」と自立を尊重し，必要以上の干渉は
しない。原理主義を排除しつつも，異なる価値観の人たちとのコミュニケー
ションに手間暇をかける。京都のまちの生活文化は，共同的問題解決を実現
する「共存の感性」を磨く文化なのである。

　京町家の第３の特徴は，「家と住まい手との関係」である。京町家の空間
は，通常，床が張られた「おいえ」とその南側または東側に設けられた土間
である「通り庭」という細長い二つの空間から構成される。前者は，３尺１
寸５分×６尺３寸の京間の畳を基本とする畳割（内法制）で設計されており，
規格化された建具などでそれらを自由に仕切ることができるフレキシビリテ
ィを備えている。後者はあえて基準寸法を設定しない自由な空間で，敷地の
歪みなども吸収し，隣の町家との「連担」を技術的に担保している。

　つまり，京町家の街区は，「おいえ」と「通り庭」が交互に配置される
「連担」の原理で成立しているのである。「木造伝統軸組構法」で作られた建
物は，ほとんど構造体が露出したスケルトン状態で仕上がっており，住まい
手による室礼によって完成される。年に２回，夏座敷と冬座敷を入れ替える
「建具替え（模様替え）」も住まい手によって行われる。環境条件の調節も住
まい手による建具の開け閉めによって行われる。快適な居住環境は，住まい
手が建物に働きかけてはじめて実現するのが京町家なのである。

　日常の手入れも同様である。京町家は決してメンテナンス・フリーにはな
らない。それどころか，日常の手入れを住まい手に求める。しかし，それに
よって効率的な維持管理や空間利用が可能となり，住まい手の満足度や建物
に対する愛着も高まる。

　住宅性能に代表される手段的価値を「住みごこち」と呼ぶとすると，住ま
い手と建物の相互の働きかけによって得られる満足度や愛着にあたる非手段
的価値は「住みごたえ」と呼ぶことができる。京町家は，基本的な「住みご

こち」は追求されているが，それだけでなく，住まい手と建物が相互に関わる生活文化を育む「住みごたえ」が重視された建物なのである。さらに，多様な住み方の受容性と改修や増築の容易性によって「住みごこち」や「住みごたえ」の継続的創出を意味する「住みこなし」や，それらの世代を超えた継承である「住み継ぎ」が実現してきた。「住みごこち」「住みごたえ」「住みこなし」「住み継ぎ」は，人と環境との関係の本質に関わる。京町家は，人工知能による自動制御技術が発達した時代に，あえて住まい手が主体的に環境と関わる住まい方を求める住宅であるということができる。

　以上，京町家をとりまく３つの関係から生まれる「生活文化」は，歴史的な価値とともにすぐれて現代的な価値を有し，その継承と発展の必要性は，既存京町家の保全及び継承の最も重要な論拠を構成する。

4　京町家の保全・継承におけるまちづくりの視点

　京町家の保全・継承の論拠が，京町家という建物やそれらが作る町並み景観の文化的価値だけでにあるのではなく，むしろ，より本質的には，そこで展開されてきた生活文化の現代的価値とその継承・発展の重要性にあることを前述した。また，京町家が育んできた生活文化には，京町家単体で継承されてきたもの，即ち，家の生活文化だけでなく，京町家がつくる地域生活空間で継承されてきたもの，即ち，町の生活文化が含まれることを確認した。とくに，町の生活文化は，一般の伝統建築物における生活文化の議論にはない，連担して両側町などの地域生活空間を構成する京町家独特のものであり，その存在は，家の生活文化との関係を含めて強く認識しておかなければならない。家の生活文化と町の生活文化は，入れ子構造になっており，相互に補完し合う関係にあると考えられる。

　境界のデザイン作法，つまり，「連担」のルールを継承した京町家が支えてきた京都の町の生活文化は，「異なる価値観の共存」のための知恵の集積であった。それらは，その時々の権力者の定めた規制ではなく，商工業の発達に伴い台頭してきた町衆による地域生活空間の共同的管理活動，いわば，まちづくり活動の結果生まれたものであった。京都におけるまちづくりの起

第Ⅱ部　景観と生活文化

源には諸説があるが，応仁・文明の乱（1467〜1477年）後の京都の復興が大きく関わっていたことは明らかであろう。戦乱の続く極限的状況の中で，都市生活や生業を再建，維持していけたのは，町衆の力と共同的活動があったからに他ならない。こうした活動は，その後も激しく変化する歴史の中で継続・発展し，現代のお町内や元学区の活動にも引き継がれてきたと考えられる。京都の地域（コミュニティ）力が強いと言われるのは，この歴史的蓄積の反映であろう。

　この経緯を踏まえると，少なくとも町の生活文化継承の視点から京町家の保全・継承を考える時，地域のまちづくり活動との関係を考慮するのは当然ということになる。逆に，町の生活文化は，地域（コミュニティ）力の向上やまちづくり活動の活性化がなければ継承や発展は難しくなる可能性もある。したがって，京町家の保全・継承には，「まちづくり」の視点が必要で，個々の町家所有者の努力と行政による町家所有者への働きかけだけでなく，地域のまちづくり活動支援を通じての町の生活文化の継承，発展を図るというアプローチが求められることになる。[9]以下では，今後展開が期待される京町家の保全・継承に向けた「まちづくり」の「課題」「仕組み」「プロセス」について私見を述べてみたい。

5　異なる価値観の共存──まちづくりの課題

　目まぐるしく変化する歴史の中で，多様な人々が流入し，高密度な環境の中で都市生活を営んでいた京都の町の生活文化は，「異なる価値観の共存」のための知恵の集積であった。異なる価値観の「共存」とは，異なる価値観を持つ者同士が互いの存在を認め合うことである。その上で，何らかの意思決定に際して，両者あるいは片方が歩み寄ることを価値の「調整」という。また，時には，異なる価値観の者同士が協議をし，何らかの新たな価値を発見することもある。これを価値の「共有」と呼ぶ。さらに，価値共有が生まれるプロセスを「価値共有過程」と言うことにしたい。「異なる価値観の共存」は，伝統的なまちの持続の原理であるとともに，多様な価値観の人々が集積する現代都市においては，まちづくりの最大の課題である。

とはいえ，そもそも，原理的には，異なる価値観の人々が民主的方法により社会的意思決定を行うことなど不可能であることが，ケネス・アロー（K. J. Arrow）やアマルティア・セン（A. Sen）などによって，厳密に論証されている。いわゆる社会選択理論（social choice theory）である。筆者自身も，さまざまな近隣紛争から建築紛争，景観紛争，阪神・淡路大震災や東日本大震災の復興計画の現場などで，異なる価値観の共存が極めて困難だということは痛感してきた。

　しかし，可能性が全くゼロかというと，必ずしもそうではない。そのことを実感したのは，たとえば，阪神・淡路大震災後の復興まちづくりの現場であった。震災後，神戸市だけでも100を超えるまちづくり協議会が立ち上がった。そのほとんどは，筆者の分類では「価値調整型」協議会であった。わかりやすく言うと，価値観の対立によって言い争いの場になっていった協議会である。同席するのが居た堪れない協議会も珍しくなく，中には，調整役の方が本当に消耗され，疲れ果ててまちから出て行かれた地区もあった。

　ただ，そうではない協議会がごく少数存在した。これが「価値共有型」協議会である。そこでは，関係権利者の利害調整ではなく，まちの将来像が熱心に議論されていた。調べてみると，それらのまちでは，震災前から何らかのまちづくり活動が行われ，住民同士がお互いの価値観の違いを認め合っていることが議論のベースとなっていた。また，議論されている内容が現在や過去の話ではないことも重要であった。価値観の異なる人々が現在や過去の話をすると価値観の違いが一層際立つだけである。これに対して，未来の話は，価値観が異なる者同士が自由に議論できる唯一のテーマなのである。異なる価値観を認め合った上でまちの将来像を協議すると，場合によっては「価値共有過程」が生まれることが実証されたのである。

　筆者は，1999〜2000年にかけて行われた京都のマンション紛争後のまちづくり活動でも，同様の経験をした。その舞台となったマンション紛争は，京都のマンション紛争史に残る激しいものであったが，その後のまちづくり活動の中で，地域住民，開発事業者，外部の専門家の協議が成立し，「価値共有過程」の好循環が生まれたのである。24カ月にわたるアクションリサーチによってわかったことは，異なる価値観の複数の主体の共存が，かえって問

第Ⅱ部　景観と生活文化

題解決の幅を広げ，協議の促進につながったことである。ここでも具体的な協議に入る前に十分時間をかけて異なる価値観の「共存の感性」を磨くこと，その上で，過去や現代の問題ではなく，「まちの将来像」について「熟議」（deliberation）を行うことの重要性が確認された。

　異なる価値観の共存の知恵は，前述の通り，京都の都市景観にも反映してきた。一つとして同じものはない京町家も，さまざまなルールを共有し，「けらば」を重ねて連担している。京町家のつくる景観は異なる価値観の共存の表出であった。また，たとえば三条通では，伝統木造の京町家から，煉瓦造の近代建築，鉄筋コンクリート造や鉄骨造の現代建築まで，多様な時代の建築が軒を連ねている。建築様式は，前の時代の価値観を継承して変化する側面もあるが，基本的には，前の時代の何らかの価値観を否定して移り変わっていくものである。そのため，多様な時代の建築が並べば，価値観の違いが不協和音を奏でることになる。にもかかわらず，三条通の町並みが魅力的なのは，異なる価値観の共存が時代を超えて成り立っているからである[10]。そして，それらを支えてきたのは，まずは「感性」の洗練，その上での「熟議」の積み重ねだったといえるのではないかと考えられる。

6　タイトでオープンなコモンズ——まちづくりの仕組み

　都市空間の共同的利用・管理活動である「まちづくり」は，イングランドやウェールズの放牧地の共同的利用・管理システムを意味する「コモンズ」（commons）によくたとえられる。コモンズをめぐる議論はこれまで延々と続いていて，「コモンズ論」などと呼ばれてきた。膨大な研究成果があるが，そのきっかけの一つを作ったのは，アメリカの科学誌『サイエンス』（*Science*）に掲載されたギャレット・ハーディン（G. Hardin）の「コモンズの悲劇」“The Tragedy of Commons”（1968年）であった。

　ハーディンの主張は，放牧地では各牧夫が自らの利益を最大化するため過度の放牧が起こり，結局は資源の枯渇を招くというものであった。共同的問題解決の本質的困難性の指摘でもあり，たとえば，現在の地球環境問題を考えると，なるほどとうなずける気もする。

しかし，コモンズ論を少し紐解くと，ハーディンの主張には不十分な点があることがわかる。そもそも，放牧地は誰でも自由にアクセスできる（open access）土地ではない。厳しい掟の下に管理されている土地こそが本来のコモンズなのである。また，地球環境問題はグローバル・コモンズ（global commons）と言われるコモンズ概念に関わり，ローカル・コモンズ（local commons）と言われるコモンズ概念に当たる放牧地と直ちには同一視できない。

エリノア・オストロム（E. Ostrom）は，膨大な調査研究に基づき，悲劇が起こらない持続可能なローカル・コモンズの条件を明らかにした。さらに，多くの研究者たちが，共有地の管理システムを多面的に検討してきた。その成果をまちづくりに適用する試みも行われてきた。都市空間をコモンズと考え，その共同管理のしくみについてコモンズ論を手がかりに考えるのである。

ここでは，特に地域資源の利用・管理の主体と方法に着目したい。多くの研究者の指摘を総合すると，「タイト」で「クローズド」なコモンズでは悲劇が起こりにくい。ここで「タイト」とは厳格な資源利用・管理ルールが存在すること，「クローズド」とは，地域内の決まった人たちだけが地域資源を利用・管理することである。たとえば，伝統的な都市空間の利用・管理システム，たとえば，近世の京都における両側町単位の自治組織は，町式目と呼ばれるルールをもったタイトでクローズドなコモンズであった（図7-1）。

では，このシステムで現代の都市空間の利用・管理もうまくいくのかというと，実はそうではない。京都の都心部では，マンション紛争や景観紛争など，地域の共同的利用・管理システムだけでは解決できない都市問題を数多く経験してきた。さらに，少子高齢化の進行によって地域運営の担い手の継承も困難になっている。

しかし，よく調べてみると，失敗しているのは「クローズド」なコモンズで，必ずしも共同的利用・管理システムの全否定とはいえない。仮に，「タイト」なルールはそのままで「オープン」なコモンズが構想できれば，問題が解決できるかもしれない。熱帯雨林やサンゴ礁の共同管理に世界中の人や組織が参加しているように，地域内だけでなく，地域外の人たちが，ルールを共有し，リスクを背負って，地域資源の利用・管理に参加するしくみを考

第Ⅱ部　景観と生活文化

図7-1　タイトでオープンなコモンズ

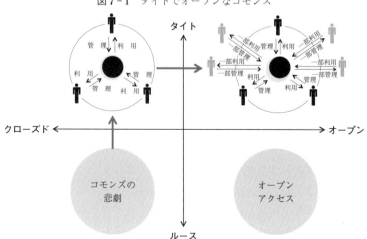

　えるのである。

　当然のことながら，外部の支援者は地域の人たちとは価値観が異なる。しかし，異なる価値観の共存を認め合わざるを得ない状況が，原理主義を排し，閉塞的状況を突破する原動力となることを，私たちは，阪神・淡路大震災の復興や京都のマンション紛争後のまちづくりなどから既に学んでいる。さらに，異なる価値観の共存を認め合う素地が生まれれば，住民と企業と行政の連携である「パートナーシップ」(partnership) や，異なる地域の住民組織同士の連携である「コミュニティネットワーク」(community network) も進めやすくなる。こうなると，ポジティブなサーキットが回り始める。「タイト」で「オープン」なコモンズは，異なる価値観の共存を目指す「まちづくり」の基礎である。「異なる価値観の共存」を重視し，町の生活文化を含めた京町家の保全・継承を進めるに当たってはこうした視点からの取り組みが期待されるのである。

7　シナリオアプローチ――まちづくりのプロセス

　本章で筆者は，現代のまちづくりの最大課題は「異なる価値観の共存」で

第7章 「異なる価値観の共存」に向けた京町家の保全・継承

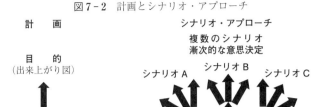

図7-2 計画とシナリオ・アプローチ

ある，とたびたび述べてきた。しかし，異なる価値観を持つ住民によるまちづくりの現場で，何らかの意思決定を行うことは，社会選択理論を持ち出すまでもなく不可能に近い。意思決定の方法自体を見直さなければ，「異なる価値観の共存」など，絵に描いた餅に過ぎない。

見直しの対象は，具体的には「計画」という方法である。plan や planning の訳語としての「計画」は，目的達成のための手段の組織的配列のことで，20世紀，とりわけ第2次世界大戦後に，さまざまな分野で広く普及した。この方法では，目的が重要で，出来上がり図をまず描く。次に，それをどのように達成するかを論理的に考えて実行する。これが「計画」なのである。

異なる価値観の共存を前提とするなら，まず，出来上がり図を描くことを見直さなければならない。その方法を，「シナリオ・アプローチ」と名づけ，さまざまな現場で適用を試みてきた（図7-2）。「シナリオ・アプローチ」では，目的を一つに決めない。「複数のシナリオ」を作ることが「シナリオ・アプローチ」の第1のポイントである。次に，「漸次的な意思決定」。何回も，何回もやり直しながら，最終的なシナリオを実現しようとする。これがシナリオ・アプローチの第2のポイントである。

複数のシナリオを描き，一つの出来上がり図を描かない。できる限り離れた可能性を複数考えることが大事である。そして，それを一気に達成しようとはしない。これは，将来世代に最大限の選択肢を残す意味もある。どうしても今決めないといけないことだけを今決める。現世代が大きなお世話をするのではなく，今決めなくていいことはすべて可能性を残す。ここが20世紀

第Ⅱ部　景観と生活文化

型「計画」論とは決定的に違うところである。その後，残された最大限の可能性を追求していくのである。また，こうした考え方は，「予測困難な環境変化に対して，しなやかに対応する力」を意味するレジリエンス（resilience）の概念にも通じる。[11]

　シナリオ（scenario）を使った意思決定は，これまでにも多様な分野で実践されてきた。これらをマクロシナリオとミクロシナリオの2つに整理してみよう。マクロシナリオでは，たとえば，多国籍企業のロイヤル・ダッチ・シェル（Royal Dutch Shell）の実践が有名である。同社では，第2次世界大戦時に米軍が戦略を立てるのに使ったシナリオを経営に応用してきた。社内にシナリオライターを抱え，たとえば，世界のどこでどんな紛争が起こるか，どこで飢饉が発生するか，資源・エネルギーの供給はどう変動するかなどを，データに基づいて予測し，未来シナリオを作成した上で，たとえば，ビジュアルな映像に加工して経営会議で議論する。同社のノウハウの一部は，数年前に出された書籍でも公開されている。

　一方，ミクロシナリオは，たとえば，心理学や教育学で使われてきた人生脚本である。心理療法の分野では，患者にこれまでの人生を脚本に描いてもらい治療に役立ててきた。教育分野では，ストローム夫妻の社会教育プログラムが知られている。参加者が書いた自身の人生脚本を世代間交流に活用した例などが報告されている。その他，社会学分野などで，インタビューで人の生き様を聞き取り，シナリオに描くというライフヒストリー法などが開発されている。

　住まい・まちづくりにおけるシナリオ・アプローチは，マクロシナリオとミクロシナリオを組み合わせて，住宅設計やまちづくりワークショップに活用したものである。マクロシナリオも，ミクロシナリオも，既に多くの研究や実践があり，既知の方法であるが，この2つを組み合わせるという発想はなかった。シナリオ・アプローチでは，第1に，マクロシナリオとしての複数の「まちのシナリオ」をつくる。第2に，それぞれの「まちのシナリオ」に沿って，ミクロシナリオとしての「個人のシナリオ」を参加者全員が作る。その上で，第3に，「まちの将来像」について議論を行う。これが，異なる価値観の共存を前提とした意思決定手法の概要である。1990年代からの実践

の試みの中で，この手法の可能性とともに，多様な課題も確認されている。こうした課題を丁寧に解きながら，シナリオ・アプローチが，「計画」に代わる「普通」の意思決定方法となることを期待したい。

注
(1) 日本文化史学会では，機関誌『生活文化史』第1号（1983）の発行のことばの中で，生活文化を「暮らしかた」として説明している。一方，「文化芸術基本法」（2001年制定・2017年改正）第12条では，「生活文化」を，「芸術」や「芸能」などとは区別した上で，「茶道，華道，書道，食文化その他の生活に係る文化をいう」と定義している。また，「文化」については，2007年2月19日閣議決定された「文化芸術の振興に関する基本的な方針」の中で，「文化は，最も広くとらえると，人間が自然とのかかわりや風土の中で生まれ育ち，身に付けていく立ち居振る舞いや衣食住をはじめとする暮らし，生活様式，価値観など，およそ人間と人間の生活にかかわることのすべてのことを意味しています。」と説明されている。本章では，とりわけ，住宅や地域生活空間における暮らしかたやその蓄積に注目して生活文化という用語を使用している。
(2) 京都の両側町の特徴については，谷ら（1990；1991），高橋ら（1993），伊藤（2007）などに詳しい。
(3) 番組小学校および元学区については，京都市編（1979-1994），和崎（2014）などに詳しい。
(4) 京町家の庭と生物多様性の関係については，柴田・新野ら（2015）などに詳しい。
(5) 京町家における内部空間と外部空間の中間領域については，髙田（2013；2014；2015）などで論じている。
(6) 近世京都の町式目については，田口（1991），谷ら（1990，1991）などに詳しい。
(7) 京間の建築的特徴については，内田ら（2001），深尾（2004）などに詳しい。
(8) 「住みごこち」「住みごたえ」「住みこなし」「住み継ぎ」の関係については，髙田ら（2015），アキュラホーム住生活研究所（2019）などで論じている。
(9) 「まちづくり」は極めて広範囲に使用され，その概念は必ずしも安定していない。『広辞苑 第6版』（新村出編，2008年）では，「町の屋並。」および「行政が行う総合的な市街地の整備・開発。住民が主体となって行なうものもいう。」と記載され，本来は行政による整備・開発に対抗する住民主体の整備・開発を表現する言葉として用い始められたはずの言葉が，今日，ある意味では行政用語とし

第Ⅱ部　景観と生活文化

て定着していることを示している。本章では、「まちづくり」を「地域資源の共同的利用・管理の仕組みづくりに関わる活動」を意味する用語として使用している。

⑽　異なる価値観の建築の都市景観への反映に関する議論においては、同時代の建築における異なる価値観の共存（共時的共存）の議論と、異なる時代の建築による異なる価値観の共存（通時的共存）の議論が存在する。たとえば、祇園町の景観論は前者、三条通の景観論は後者にあたる。

⑾　まちづくりにおけるレジリエンス概念の位置づけについては、髙田（2017）などで論じている。

参考文献

青山吉隆編著（2002）『職住共存の都心再生』学芸出版社。

アキュラホーム住生活研究所編（2019）『変わる暮らしと住まいのかたち』創樹社。

飯沼光夫（1982）『シナリオ・ライティング入門』日本能率協会。

伊藤毅（2007）『町屋と町並み』山川出版社。

井上真俊（2008）『コモンズ論の挑戦』新曜社。

上田篤編（1976）『京町家』鹿島出版会。

上町台地コミュニティ・デザイン研究会編（2009）『地域を活かすつながりのデザイン』創元社。

内田祥哉編著（2001）『建築構法』市ヶ谷出版社。

片方信也（1995）『「西陣」織と住のまちづくり考』つむぎ出版。

京町家作事組編（2002）『町家再生の技と知恵』学芸出版社。

京都市編（1979-1994）『史料京都の歴史』（全16巻）平凡社。

京都新聞社編（1995）『京の町家考』京都新聞社。

小島冨佐江（1998）『京町家の春夏秋冬』文英堂。

小島冨佐江（2004）『京の町家』大和出版。

小島正方・小島徳造・木島始・小島冨佐江（1999）『ある京町家の100年』透土社。

佐伯胖（1980）『きめ方の論理』東京大学出版会。

坂井豊貴（2015）『多数決を疑う』岩波書店。

桜井厚（2002）『インタビューの社会学』セリカ書房。

柴田昌三・新野彬子（2015）「京都市内における住宅庭の環境およびその減少が街区の生物相に与える影響」（大学コンソーシアム京都平成26年度未来の京都創造研究事業報告）。

島村昇（1971）『京の町家』鹿島出版会。

鈴村興太郎（2009）『厚生経済学の基礎』岩波書店。

杉本歌子（2010）『京町家の木もれ日』光村推古書院。

杉本秀太郎（2007）『京都夢幻記』新潮社。

杉本秀太郎（2018）『京の町家　杉本家』淡交社。

杉本節子（2000）『京町家の四季』展望社。

髙田光雄（2013）「地球環境問題への対応と地域居住文化の継承」『住宅土地経済』秋季号。

髙田光雄（2014）「『環境調整空間』というエンヴェロープ」『建築雑誌』 7 月号。

髙田光雄（2015）「伝統木造住宅の断熱改修手法」『ベース設計資料（建築編）』167。

髙田光雄（2017）「住まい・まちづくりにおけるレジリエンス」『京都だより』 3 月号。

髙田光雄・木全吉彦・加茂みどり（2015）「人と住まいとの関わりを考える」『CEL』 3 月号。

高橋康夫（2001）『京町家・千年のあゆみ』学芸出版社。

高橋康夫（2015）『海の「京都」』京都大学学術出版会。

高橋康夫・中川理編（2003）『京・まちづくり史』昭和堂。

高橋康夫・吉田伸之・宮本雅明・伊藤毅編（1993）『図集日本都市史』東京大学出版会。

田口泰久（1991）「近世前期京都の町の変容——町式目を中心に」『日本文化史論集』同朋舎。

巽和夫＋町家型集合住宅研究会（1999）『町家型集合住宅』学芸出版社。

谷直樹・伊東宗裕・内田九州男・鎌田道隆・多治見左近・増井正哉（1990；1991）「近世「町」共同体における都市居住システムに関する研究(1), (2)」『住宅総合研究財団研究年報』16・17。

谷直樹・増井正哉編（1994）『まち祇園祭すまい』思文閣出版。

中村昌生（1994）『京の町家』河原書店。

西村行功（2003）『シナリオ・シンキング』ダイヤモンド社。

ハイデン，キース ヴァン・デル／西村行功訳（1998）『シナリオ・プランニング』ダイヤモンド社。

秦家住宅編集委員会編（2008）『秦家住宅』新建新聞社。

日向進（1998）『近世京都の町・町家・町家大工』思文閣出版。

深尾精一（2004）『住まいの構造・構法』放送大学教育振興会。

藤島亥治郎・藤島幸彦（1993）『町家歴訪』学芸出版社。

藤島亥治郎・藤島幸彦（1999）『町家点描』学芸出版社。

松平誠・中嶌邦（1993）『生活史』光生館。

三俣学・室田武・森元早苗編（2008）『コモンズ研究のフロンティア』東京大学出

第Ⅱ部　景観と生活文化

版会。

三俣学・菅豊・井上真編著（2010）『ローカル・コモンズの可能性』ミネルヴァ書
　　房。

山中恵美子（2003）『よそさんは京都のことを勘違いしたはる』学習研究社。

和崎光太郎（2014）「京都番組小学校の創設過程」『京都市学校歴史博物館研究紀
　　要』3。

Aldrich, D. P. (2012) *Building Resilience: Social Capital in Post-Disaster Recovery*,
　　The University of Chicago Press.（＝2015，石田祐・藤澤由和訳『災害復興に
　　おけるソーシャル・キャピタルの役割とは何か』ミネルヴァ書房。）

Arrow, K. J. (1970) *Social Choice and Individual Values*, Yale University Press.
　　（＝1977，長名寛明訳『社会的選択と個人的評価』日本経済新聞社。）

Kahn, H. & Wiener, A. J. (1967) *The Year 2000 - A Framework for Speculation on
　　the Next Thirty-three Years*, Macmillan.

Sen, A. (1970) *Collective Choice and Social Welfare*, Holden-Day.（＝2000，志田基
　　与師監訳『集合的選択と社会的厚生』勁草書房。）

Shell Global Scenarios to 2025-The Future Business Environment trends,
　　Trade-offs And Choices (2005), Shell International Limited.

（髙田光雄）

コラム5　路地のまちづくり

　京都市内には路地が多数存在している。京都では，狭い道は表通りとは区別して「ろうじ」と称されてきた。ろうじは袋路が多いが，通り抜けられるものもある。行政施策上は幅員4m未満かつ建物の立ち並びのある道を「細街路」と呼び，京都市内に約1万3,000本，延長距離約940kmの細街路が存在すると示されている（都市計画区域内。京都市〔2012〕「京都市細街路対策指針」2頁）。

　現在のまちには，長い歴史の中の異なる時代に形成された路地が混在している。とくに古いものとして，中世に遡る「辻子」と「突抜」がある。近世以降も，街区内の空閑地における借家開発や，武家地などの跡地分割に伴って多くの路地が形成された。路地をひらくことによって，小さなまちが生み出されてきたのである。路地のあるまちは，今も多くの人々を惹きつけている。賑わいのある路地，静かな佇まいが丁寧に守られてきた路地，ものづくりの場として若い作家を育てる路地など，魅力的な路地は数知れない。近年は，路地に名前を付けて銘板を掲げる取り組みや，長屋を改修し子育て世帯を積極的に呼び込む路地などもある。

　法制度上は，路地はいわゆるみなし道路や非道路であり，路地沿いの敷地における建築行為には制限がある。防災安全上の観点から，路地は拡幅または解消すべきという考え方が前提にある。一方で，沿道建築物の老朽化や空き家化に対する現状救済的な意味合いで，非道路沿いの敷地における建築行為の特例許可が全国的に行われてきた。京都では，袋路における協調建替手法の整備や，祇園町南側地区内の九尺小路を対象とする3項道路指定なども行われてきた。しかしそれまでの施策では不十分とする建築審査会の建議を受けて，路地を重要な資源と位置づけ，歴史都市にふさわしい施策展開を行うとする「京都市細街路対策指針」が2012年に発表された。その後，条例の制定（京都市条例第157号京都市細街路にのみ接する建築物の制限等に関する条例，2014年4月1日施行），道路指定基準や建築行為に対する制限の変更，各種助成の新設，防災まちづくりの支援，情報提供システムの整備など，多様な施策を展開している。これらの施策を利用した実践も着実に増えている。

　静かさや交通安全性，住人同士の自然な交流や見守りによる安心感等，生活の場としての魅力は多い。また小規模な投資で進出できる場，まちなかでのアフォーダブルな住まい等，経済的な意味での魅力も大きい。町家の減少が続く中で，町家が立ち並ぶ貴重な町並みを残す路地もあり，貴重な存在である。路地は，変化の激しい京都において，これからも小さなまちづくりの可能性を大いに秘めている。　　（森重幸子）

第8章	コミュニティによる空き家対策

1 問題になる空き家

2010年代になって，増大し続ける空き家が社会問題として認識され，治安，景観の悪化，災害危険性の増大など，周辺地域に外部不経済を生じさせ，地域コミュニティの弱体化を引き起こし，ひいては都市の衰退を招くといわれてきた。

空き家は一般に「賃貸用の住宅」「二次的住宅」「売却用の住宅」「その他の住宅」の4つに分類される。なお「二次的住宅」とは週末や休暇時に避暑・避寒・保養などの目的で使用される住宅で，普段は人が住んでいない別荘やふだん住んでいる住宅とは別に，残業で遅くなったときに寝泊りするなど，たまに寝泊りする人がいる住宅を指す。

その内「賃貸用」と「売却用」の空き家について，米山秀隆は「賃貸住宅あるいは持ち家の需要と供給がマッチングする間に生じる性質のものであり，市場において，一定の空き家が発生しているのは自然なことである」とし，経済活動が活発な大都市圏において「市況に応じて空き家率が循環的に変動しているとすれば…（中略）…それを特別に問題視する必要はない」。一方，人口の自然減や流出に直面している地方圏などにおいては，「人口減少という構造的な問題によって空き家率が上昇している」と述べている（米山2012：22-23）。

一方，北村らは，「このうちとくに問題になるのは，そのまま置かれている状態の『その他』の空き家である。高齢になって高齢者向け施設・住宅に転居したり，親の死亡後そのままにしておくケースなどがこれに当たる。住まなくても維持管理を適切に行なっていれば問題はないが，放置期間が長引くと倒壊したり，不審者侵入や放火，不法投棄の危険性が増すなど周囲に悪

影響を及ぼす問題空き家である」と述べている（北村ら 2016：2）。国土交通省もこの「その他の住宅」の空き家の増加の勢いを問題視しており，2016年3月に決定された住宅基本計画では，現状のままでは「その他の住宅」の空き家は2025年の時点で約500万戸となる見込みであるが，400万戸程度におさえることを成果指標としている（国土交通省 2016：2・12）。

2013年度の「住宅・土地統計調査」（総務省）によると，日本の全空き家数は819万戸であり，空き家率は13.5％で過去最高を記録したことが判明した。その内訳は「賃貸用の住宅」429万戸（52.4％），「二次的住宅」41万戸（5.0％），「売却用の住宅」31万戸（3.8％），「その他の住宅」318万戸（38.8％）となっている。

また京都市では，2013年の空き家数が1993年に比べ「二次的住宅」が1.15倍（4,700戸→5,400戸），「賃貸用・売却用の住宅」が1.40倍（4万2,200戸→5万8,900戸）であるのに対して，「その他の住宅」は2.05倍（2万2,000戸→4万5,100戸）となっている（京都市都市計画局まち再生・創造推進室 2017：6）。また，京都市の空き家総数に対し「その他の住宅」は39.5％で，他の政令都市の平均29.4％よりかなり高い。さらに，「その他の住宅」の建て方別の内訳は一戸建・長屋建は71.2％を占め，他の政令都市の56.4％と比べると高い（京都市都市計画局まち再生・創造推進室 2017：7-8）。

2007年の少し古いデータであるが，京都市の中でも22.9％と最も空き家率の高い東山区の中の「六原学区における空き家166戸の流通状況」は，流通中がわずか5％，「放置」が71％，前居住者が住んでいた状態のまま放置しているような「形式的倉庫」が13％，倉庫として使用が11％であり（京都市都市計画局住宅室住宅政策課 2010），国土交通省が「その他の住宅」を問題視していることを裏づけている。

そこで本章ではコミュニティの力によって放置状態が多い問題の一戸建・長屋建の空き家の活用を進めてきた京都市の事例を紹介する。

2　京都市によるコミュニティの力を利用した空き家対策

京都市は，2010年度から地域連携型空き家対策促進事業（以下，地域連携

第Ⅱ部　景観と生活文化

図 8-1　京都市地域連携型空き家対策促進事業の仕組み

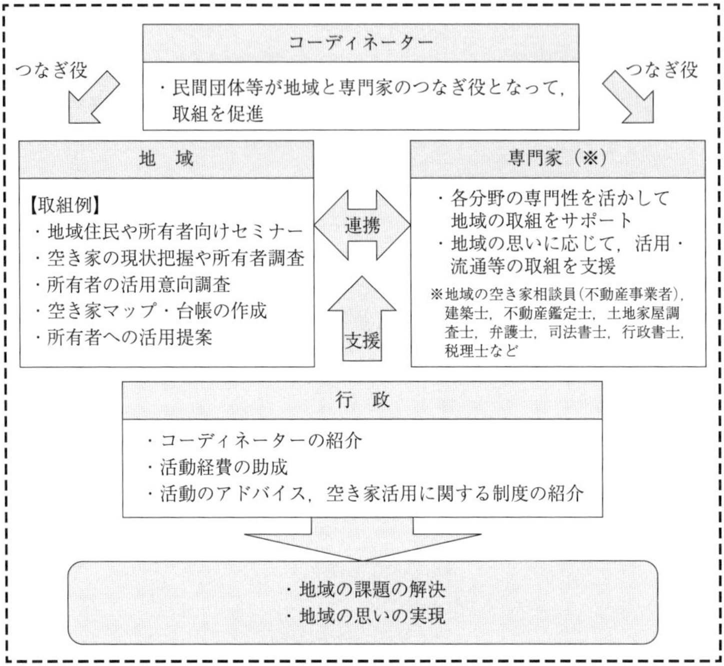

出所：京都市 HP「京都市地域連携型空き家対策促進事業」http://www.city.kyoto.lg.jp/tokei/page/0000215533.html，2019年2月16日アクセス）。

型事業）を実施している（京都市都市計画局まち再生・創造推進室 2019，図 8-1）。その趣旨は，京都市特有のコミュニティの単位「学区」の自治組織による空き家の予防，活用及び適正な管理を通して，空き家の所有者や入居希望者が安心して空き家を活用できる環境を整備し，不動産流通市場における空き家の流通を促進し，地域の活性化を図ることである。

　内容は，地域の自治組織等がコーディネーターや専門家（学識経験者や不動産事業者等）と連携して行う空き家の解消に向けた取り組みを京都市が支援するもので，これまでに56地域・団体で取り組みを実施している。具体的な空き家の掘り起こしから活用までの具体的なステップは以下の通りである。

　①　町内会長に依頼し，空き家の調査。

　②　空き家調査で確認された空き家の登記簿や，町内会長の協力により

現地調査を行い空き家所有者（以下，所有者）を特定。

③　所有者へ活用の意向調査。

④　活用の意向のある所有者に，希望する活用方法や内容についてのヒアリング。

⑤　所有者の希望に沿いつつ，かつ町並みの維持やまちの活性化などまちづくりにふさわしい活用方法を提案。

⑥　活用までのフォロー。

3　市場に流通していない空き家への対処

　では，市場に流通していない空き家の実態に触れつつ，市場に流通していない空き家の対処方法について記す。前節で，具体的な空き家活用のステップを紹介したが，空き家所有者の特定ができると次に行うのは，所有者への以下のアンケート調査である。

①　所有者の再確認

②　所有者の属性

③　空き家の利用状況

④　今後の利活用の方針

⑤　京都市の支援制度などを利用しながら，地域の空き家対策の取組み主体が提案することに対しての意向

　図8-2はアンケートの⑤の項目に対する4学区の回答結果を例として示すが，必ずしも空き家所有者は地域の空き家対策の取り組み主体が提案することを歓迎するのでもなく，地域連携型事業に対し理解があるわけでもない。

　ここで，空き家所有者の傾向について挙げておきたい。図8-3は高齢化率が高い都道府県ほど「その他の住宅」の空き家率が高い傾向にあることを示している。つまり，各都道府県の「その他の住宅」の空き家率と高齢化率は相関している。このことは京都市の行政区別の空き家数，空き家率と高齢化率でも（図8-4参照），同様なことがいえる。実際に，これまで地域連携型事業で対処してきた空き家所有者や空き家は以下のケースが多い。

①　高齢者である。

図8-2　空き家所有者へのアンケート結果

出所：筆者が関係したアンケート結果を基に作成。

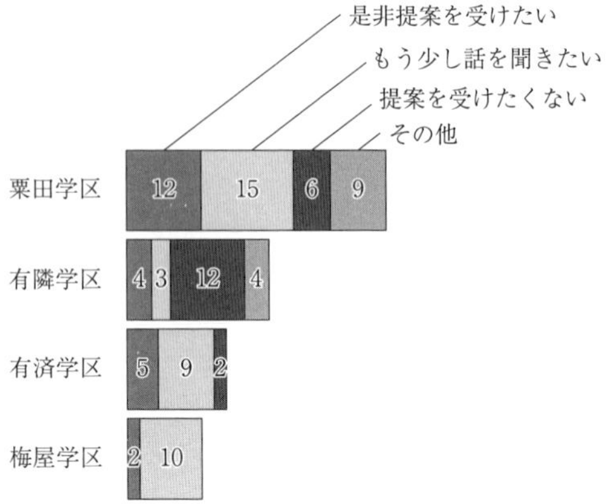

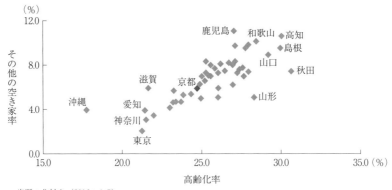

図8-3　都道府県別のその他の空き家率と高齢化率の相関図

出所：北村ら（2016：4-5）。

②　今更，経済的に空き家を活用して収入を得る必要がない。

③　空き家を長年放置していたので，多額の費用をかけ，改修しなければ活用が難しい。

④　空き家をわざわざ人に貸すために改修する意思がない。

⑤　空き家を自分の代で売りたくない。

⑥　子ども達に空き家を相続させたいが，負の遺産となるようにはしたくない。

第8章　コミュニティによる空き家対策

図8-4　京都市の行政区別の空き家率と高齢化率

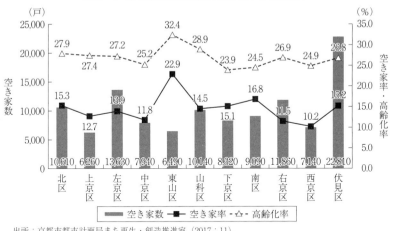

出所：京都市都市計画局まち再生・創造推進室（2017：11）。

　このような所有者に対し，一定期間空き家を貸し，賃借者が改修し，しかるべき事業の成果を得た後，建物が手元に戻るという仕組みを提案する。この仕組みについて所有者から了承が得られれば，十分な資金的裏づけと運営能力のある賃借者，つまり事業者を不動産事業者を通じて募集し，紹介する。ケースによっては，資金計画を含めた事業のコンペティションを行い，事業者を所有者と共に選定する。無論この時点で，まちづくりの観点から事業者を推薦する。いずれの場合も，事業者は以下のような条件で契約することになる。

① 契約の形態は定期建物賃貸借契約とする。
② 基本的に事業者が改修費用を負担する。
③ 賃借期間の終了後，事業者が賃貸者に対する買い取り請求権は，なしとする。
④ 改修の内容は所有者の承諾を得る。

　また，契約条件の大きな要素である家賃は，耐震診断をはじめとする建物調査を行い，住宅として最低限の機能，性能を確保するために要する改修工事費用を算定し，契約期間の月割りの金額を，同条件の市場の賃貸住宅の賃料から減じ，その金額を家賃の目安として所有者及び事業者に参考提示す

141

第Ⅱ部　景観と生活文化

る。そもそも，市場に流通していない空き家が多い背景には，不動産事業者に対する所有者達の不信感がある。

　しかし，地域連携型事業は京都市と地域の自治組織が連携した活動であるので，所有者からの理解や信頼を得やすい。その信頼関係の上に，専門家と連携しながら所有者に寄り添い，希望する活用方法についてのヒアリングから，耐震診断をはじめとする建物調査，賃借希望者の募集，そして契約，活用までを丁寧に根気強くフォローする。所有者が安心して納得のいく空き家活用を実現させるべく，一つの案件を何カ月，時によっては何年もかけて活用までの橋渡し役，ないしはガイド役を担うことになる。

4　空き家活用のあるべき姿

　以上のように地域連携型事業の活動の特徴は，①京都市と地域の自治組織とが連携した活動で，所有者の理解と信頼を得た上での活動であること，②耐震診断も含め，活用できる最低限の状態にするための費用の算定など，一歩踏み込んだ建物の調査を行って，契約条件の設定をすること，③持続可能な事業に裏づけされた，空き家活用を推進することである。

　空き家は立派な資産であり，その資産を活かすためには単に使用し消耗させるだけでなく，耐震性の付与は当然のこととし，耐久性を高めると同時に，時代が要求する居住性能にレベルアップすることにより新たな生命を吹き込み，建物の単体だけでなく町並みとして遺すべきである。

　注
　(1)　1892年7月に京都市が制定した学区に基づき自治組織が設立された。しかし近
　　　年学校統合により，大きく学区は変更されたが，自治組織の学区は変更されてい
　　　ない。正確には「元学区」であるが本章では「学区」と呼ぶ。
　(2)　筆者はあきや活用まちづくりセンターの代表理事として京都市の地域連携型空
　　　き家対策促進事業に携わり，市場に流通していない一戸建・長屋建の空き家の活
　　　用を推進してきた。
　(3)　京都市に登録されている耐震診断士が，市の助成事業として耐震診断を行う。

参考文献

赤﨑盛久（2017）「京都市の空き家活用の現場から」『都市住宅学』99。

北村喜宣・米山秀隆・岡田博史（2016）『空き家対策の実務』有斐閣。

京都市都市計画局住宅室住宅政策課（2010）「京都市住宅マスタープラン」（https://www.city.kyoto.lg.jp/tokei/page/0000077367.html，2019年 2 月16日アクセス）。

京都市都市計画局まち再生・創造推進室（2017）「京都市空き家等対策計画」（https://www.city.kyoto.lg.jp/tokei/cmsfiles/contents/0000215/215360/akiya_keikaku.pdf，2019年 2 月16日アクセス）。

京都市都市計画局まち再生・創造推進室（2019）「京都市地域連携型空き家対策促進事業」（http://www.city.kyoto.lg.jp/tokei/page/0000215533.html　2019年 2 月16日アクセス）。

国土交通省（2007）「歴史的街区における空家などストック活用による新たなまちづくりの実証的調査報告書」。

国土交通省（2016）「住生活基本計画（全国計画）」。

米山秀隆（2012）『空き家急増の真実』日本経済新聞社。

（赤﨑盛久）

	第9章	鴨川における「景観」の変遷
		——治水・舟運・納涼床から

1　鴨川の位置づけを変えた「平安遷都」

　京都の中心部を流れ，古都・京都のシンボルともいえる「鴨川」にとって，平安遷都はその位置づけを変える大きな出来事であった。794年の平安遷都に際して桓武天皇の詔の一節に「山河襟帯にして自然に城をなす」とあるように，平安京は三方を鴨川，桂川，巨椋池の「見える水」に囲まれた都である。平安京の南側以外に城壁はなく，東に位置する鴨川は境界と堀の役割を兼ねていた。造営に際して，鴨川付け替え説を聞くこともあったが，地質的に開削はなかったとする説が主流である（横山 1988）。いずれにしても遷都時，鴨川の周辺は草原と水田であった。鴨川周辺の水田が鴨川から取水する事について，森谷らの著書『京の川』に『三代実録』の871年の条に鴨川堤辺に公田を除く，諸々の耕営する水陸田を禁止すべしとあり，893年に入って公田を含めて提辺東西水陸田22町195歩が耕作を禁止され，そこで得た稲は防河所が勘収すると宣言したと記している（森谷・山田 1980：24）。このように，朝廷においては防鴨河使の設置をはじめ，鴨川の治水のための権限を発揮していたことがわかる。

　では，都の範囲は何処までだったのか。平安京の配置図を見ると，東京極大路（寺町通）までが都の区域であった。室町末期の状況は，応仁の乱以後の120年間の都を描いた『中昔京師地図』（1753年）を見ると，京極通の東に東朱雀通が整備されてはいるが，一条から下流の鴨川沿いに通りはなく，鴨川周辺は草原（河原）であったと推察される。

　鴨川と暮らしの関わりは，いくつかの視点から見る必要がある。清少納言が『枕草子』で選んだのは，飛鳥川，大井河，おとなし川，七瀬川，耳敏川など12の河川で，身近な鴨川は選ばれていない。『和泉式部日記』や『かげ

ろふ日記』などにも，洪水の様子や鴨川を渡る記述はあるが，行楽に関する記述は見当たらない。『かげろふ日記』で，唐崎へ向かう情景に「賀茂川のほどにて，ほのぼのと明く」とあり，鴨川を渡ることが都から出ることを意味していたと思えてくる。洪水については，『平家物語』（巻第一）に記載のある「賀茂河の水，双六の賽，山法師，是ぞわが心にかなわぬものと，白河院も仰せなりけるとかや」で知られている。新たな視点を日記や物語で探せない場合は，和歌から読み解く手法がある。

「霧深き賀茂の河原にまよひしや　今日のはじめの祭りなりけむ」（続古今和歌集，関白前大臣），「そのかみに祈りし末は忘れじを　哀れはかけよ賀茂の川浪」（玉葉和歌集，俊成）

など数首が伝わっており，これらの歌は，鴨川が神事の川である事を示してくれる。国史等に頼ると『日本紀略』の814年6月19日の条にある「禊於鴨川」が初見となる。仁明天皇も833年10月19日の大嘗会において賀茂河で禊ぎを行っており，鴨川は「禊ぎの川」でもあった。

もちろん，身近な暮らしの一面もある。平安中期の貴族である慶滋保胤の随筆『池亭記』には，「夏天納涼の客，已に小鮎を漁る涯無く」とあり，鴨川に涼を求め，小魚を獲っていたことがわかる。遊芸の鴨川については，川嶋の著書『「洛中洛外」の社会史』が詳しく，鴨川の河原で芸能が演じられた初見は，1349年に四条橋架橋を目的に四条河原で行われた田楽で，天正年間（1573～1592年）まで続くとある（川嶋 1999：7-10）。ただ，住居を構え暮らしを営む場としては，洪水や治安の関係から適してはいなかったと考える。

2　「高瀬川」「寛文新堤」によって創出された活用の場

桃山期から江戸前期において，鴨川周辺の空間は劇的に変化する。その要因が御土居堀，高瀬川，寛文新堤の整備である。御土居堀は，豊臣秀吉が1591年に整備した惣構である。正月に着工し，同年5月には完成した姿を秀吉が巡覧するスピードにも驚かされるが，驚愕なのは規模である。御土居堀が整備された範囲は，西は紙屋川，北は鷹峯，東は鴨川，南は東寺までで，東西約3.5km，南北8.5kmと，全長約22.5kmにもなる。野口町の御土居

第Ⅱ部　景観と生活文化

　堀の形状は，土塁の基底部が幅18.4m，犬走2.7m，高さ4.7m。堀の部分は幅14.4m，深さ4mと巨大である。築造の理由については，都を外敵から守るため，洛中と洛外を分けるため，鴨川の洪水対策など諸説あるが明確ではない。いずれにしても，これだけの構造物が鴨川右岸（河原町通の西側）に沿って構築されれば，都の洪水対策に一役買ったことは明らかである。しかし，物事には表裏がつきもので，鴨川側から見ると高さ4mもの巨大な土塁によって都と分断されたことになる。一方で，この分断で鴨川を自由な空間として捉えられるようになり，歌舞伎をはじめとした遊芸が発展したとも考えられる。

　次のイノベーションが，都の動脈ともいえる高瀬川の開削である。高瀬川は，1614年に角倉了以・素庵親子が造った京都と伏見をつなぐ約10.5kmの運河である。運河が掘られた理由は，京都大仏殿を再建するための用材が，鴨川を使って運ばれたことにある。鴨川の川筋を掘り直し，曳舟で資材が運ばれていた。その様子は，江戸前期に描かれた『洛中洛外絵図』（歴博D本）などで確認できる。しかし，鴨川の舟道は洪水で流されることも多く，安定的に資材を運ぶには適していなかった。そこで，洪水の影響を受けない運河を，了以親子は既存の農業用水路も活用して整備した。

　御土居堀の舟運については，石田の著書『高瀬川』に以下の記述がある。約7mの川幅に対して舟幅が1.6〜2.8mと，すれ違うことが難しいため上りと下りの時間帯を分けて物資を運ぶ決まりがあった。舟は13〜15艘が一組になって，朝6〜7時頃に伏見を出て2時間もすると七条近くまで来る。木屋町沿いの舟入で荷を降ろし午後から半分の荷を積み込んで伏見へと向かった。最盛期には，188艘の高瀬舟が都へと米，酒，醤油，ニシンなどの食品から，畳，鍋，鉄，車の輪など様々な物資を運んでいた（石田 2005：5-9・226・233-236）。高瀬川沿いには問屋が立ち並び，御土居の外側に物流拠点が形成されることとなった。

　御土居堀が消費地である都と分断したことで不都合も生じたであろう。当然，御土居堀は取り除かれることになった。1600年代末期から民間に所有が許され，鴨川沿いの御土居堀が姿を消していく状況について，中村が著書『御土居堀ものがたり』に，打鍼医の御薗意斎が1732年に二条から松原通の

146

第9章　鴨川における「景観」の変遷

間の1.5 kmの御土居堀を購入した。他に，本禅寺は1678年，清浄華院が
1708年，本満寺が1733年に幕府から所有が認められたと記している（中村
2005：82・126・251）。

　高瀬川によって生まれた物流拠点に呼応して，もう一つの重要な整備が始
まる。公儀の指導で寛文年間に行われた護岸整備である。吉越が指摘するよ
うに，寛文新堤の整備により鴨川と住居区域の区分が明確になった（吉越
2006：135）。また，住居地域の拡大と河川敷の縮小によって治安の確保も容
易になったことで，夜間に行われる納涼床にとっても良好な環境の創出につ
ながったと考えられる。さらには，石積の近くまで茶屋が建てられ，低床形
式の床も始まるなど，京都の街が鴨川や高瀬川を中心に発展する時代の幕開
けとなった。

　1669～1670年に整備された寛文新堤について，京都産業大学図書館が2018
年に入手した『川方勤書』（1738年）に「板倉内膳正殿御在京之節，三拾八
年以前寛文八申年東西両側堤四千弐百間程宛出来」とあり，1668（寛文8）
年に両岸を合わせて4,200間の護岸が整備されたことがわかる。形状は，東
堤が高さ1間，天端2間。西堤が高さ2間，天端6間と，右岸堤防が左岸堤
防の倍の規模であった。これらの堤防は，1698年に修復されており，その内
容は「右東堤ハ年々洪水ニ而流失，只今堤形無之，…（中略）…。元禄十一
寅年新堤千七拾三間再興被仰付」，「右西堤ハ大宮渡リゟ荒神口下ル切通シ迄，
長弐千五百四十間有之，此堤切込候ヘハ京町中江水入候ニ付，毎年堤際蛇
篭・水刎等之修復被仰付候。…（中略）…。元禄十一寅年新堤四百五拾間再
興被仰付」とあり，左岸の堤防は洪水でほとんどが流失したことから1,073
間を再興している。右岸の堤防は蛇篭や水刎等を毎年修復しており，1698年
の再興は450間であった。

　また，新提の形状は両岸とも高さ1間，天端1間とあり，同じ形状になっ
ている点が興味深い。護岸の石積については公儀と町人の整備区域を分け，
公儀が右岸の今出川口から荒神口までの746間と橋梁や御用水樋口等を整備
し，町人が右岸の荒神口から五条橋まで1,190間と左岸の二条口から五条橋
までの920間を整備している。堤防の修理費には，鴨川周辺の水田から御修
復料として年貢が納められており，平安期の制度が形を変えて継続している

147

第Ⅱ部　景観と生活文化

ことがわかる。これらの整備によって鴨川の空間的な基盤は整い，明治期まで続くこととなる。

3　「納涼床」に代表される華やかな鴨川の出現

　新たな河川空間を活用して，鴨川は「町衆の川」としての魅力を発揮するようになる。河川の捉え方が前述の『枕草子』と異なり，『京二羽重』（1685年）の名川の項を見ると，最初の記述は鴨川で，賀茂川，瀬見小川，清滝川，御手洗川，大井川などと続く。鴨川の記述には「賀茂御社の東のかたに流る，川也　羽川とも云　水上は車坂の麓より流れて末は三條五條の河原をながれ伏見淀川に落る」とあり，「三條五條の河原」が重要であったことが見えてくる。三条から五条の河原について，『都名所図会』（巻之二）（1780年）の「四条河原夕涼み」の次項目にある「芝居」に「芝居は四条鴨川の東にあり。…（中略）…五条河原橋の南にて興行しけるに，秀吉公伏見の城より上洛したまふとき，見物群衆し妨げに及ぶ。ゆゑに四条の河原にうつす。その後，中絶ありしところに，承応二年に村山又兵衛というふもの，四条河原中州にて再興し，また縄手四条の北にうつし，つひに寛文年中にいまの地にうつして常芝居となる」とある。この記述から，秀吉が五条橋の南で興行していた芝居を四条河原に移した。その後に中断もあったが，1653年に四条河原の中州で再興され，縄手四条の北に移り，寛文年間（1661～1673年）に芝居小屋が建てられた。芝居小屋の位置は『京大絵図』（1691年）から，現在の南座の周辺に3カ所，四条通を挟んで北側に4カ所あることがわかる。河原での歌舞伎と伴に忘れてはいけないのが納涼床である。その変遷について筆者がまとめた半世紀毎の情景を示す（鈴木 2018：51-69）。

（1）1603～1649年
　名所案内記や紀行文等の文献が少ないことから断定はできないが，鴨川において床を用いた納涼は行われていなかったと推察する。理由としては，17世紀前半の情景を描いた「洛中洛外図屏風」や「四条河原遊楽図」において歌舞伎や見せ物小屋などは描かれているが納涼床の様子はない。例えば，寛

永期（1624〜1644年）の作とされる静嘉堂文庫の『四条河原遊楽図』では，中州と四条通には歌舞伎を演じる芝居小屋や珍獣等の見世物小屋が立ち並び，籠に乗った人々や沿道を歩く人々が活き活きと描かれている。中州と岸をつなぐ橋は板を渡しただけの仮橋で，護岸は石積等で整備されているようには見えない。中州に敷物を敷いて座る人物は確認できるが，床几形式の床ではない。鴨川で泳ぐ様子も描かれていることから日中の情景である。他の「洛中洛外図屏風」や「四条河原遊楽図」にも，漁業や泳ぐ子どもが描かれていることから，この頃の鴨川との関わりは日中が主であったと推察される。夜間については，治安上の課題があったのかもしれない。

（2）1650〜1699年

　1650年を過ぎると，『京童』（1658年）や『洛陽名所集』（1658年）など名所案内記等が発刊されるようになる。納涼床の初見は中川喜雲が1662年に記した『案内者』である。『案内者』の6月7日の祇園会の条に「その夜より四でうがはらには，三でうをかぎりに茶屋の床あり。京都のしょにん毎夜すゞみにいづる。飴うり・あぶりどうふ・真瓜等の商人，よもすがら篝をたく。人の群集うたひどよめく事，野陣の夜に相似たり」とある。同時期に黒川道祐が記した『日次記事』（1676年）の六月初七日の「神事祇園會」に「今夜より十八日の夜に至り，四条河原の水陸は寸地を漏らさず床を並べ，席を設け，而して良賤は楽を般しむ。東西の茶屋は桃燈を張り，行燈を設え，恰も白昼の如し。是を涼と謂う」とある。キーワードは，分類が「神事」であること，これを「涼」と言うの記載，河川敷一面に置かれた床の所有が「東西の茶屋」の3つである。これらから祇園会が始まる6月7日から神輿の戻る6月18日（旧暦）まで，東西の茶店が三条から四条の河原に並べた床で，都人があぶりどうふや真瓜等を食べながら鴨川の夜を楽しんでいたことが知れる。ただ，始まった年は明確ではない。川嶋も指摘するように，『案内者』の記述にある四条河原から三条までの広い範囲で行われていることと，「夜陣の夜に相似たり」の表現に行事としての定着がみられることから，1650年代には始まっていたと推察できる（川嶋 2010：177）。

　納涼床が行われていた区間は，『案内者』に四条河原から三条。『堀川の

第Ⅱ部　景観と生活文化

水』（1694年）に三条の橋から五条とあり，南へと広がっていることから経済行為としての成功を感じる。

　具体的な情景については，絵画資料に頼ることになる。逸翁美術館の『鴨川遊楽図』は，三条大橋から五条橋の間を描いており，石積護岸から踏板で渡る川面に置かれた床と，茶屋から張り出した低床。中州にも床を用いた茶屋が見られる。床の上に赤い毛氈を敷き，2～3人が納涼を楽しんでいる。中州には楊弓場などが描かれているが，芝居小屋は見当たらない。また，提灯や行燈から夜の情景と推察できる。描かれた時期は石積護岸があることから，寛文新堤が整備された1670年以降となる。石積護岸は河川の形状にあわせて整備したように見える。床の詳細については，『堀河之水』（巻二）（1694年）に描かれているように，床の広さは約3ｍ四方で，3～5人が三味線や食事を楽しみながら涼をとっている。茶屋の名前が書かれた行燈も描かれている。

　これらの絵画資料から17世紀の後期において，茶屋が行う納涼床には，石積護岸から渡る低床と茶屋から張り出した低床，中州に置かれた床几の3つ形式があり，床には赤い毛氈が敷かれ，広さは約3ｍ四方であった。絵図からは中州一面に人々が溢れ，歩く場所もないほどの賑わいには見えないが，複数の楊弓場も描かれ，多くの人々が楽しんでいることがわかる。

（3）1700～1749年

　納涼床は若原が指摘する宝永大火（1708年）での縮小や，1715年頃の生類の見世物禁止などの影響も受けるが，さらに発展している（若原 1922：17）。その様子は『洛陽勝覧』の1734年の記述に「河原に道筋をわけ，川へ床を掛，料理茶屋，水茶屋有，其他芝居，浄瑠璃，辻能，狂言人，水からくり，手つま，諸国珍物を見せ物にする事，その数をしらす」とあることからも見せ物の種類も増え，賑わっている様子がわかる。鴨川沿いの石垣町，川端，縄手裏，先斗町，西石垣町も雨天に関係なく床を行っているとあり，固定式の屋根のある低床もあったと推察する。一方で，1717年の大雨で茶屋，売物，見世物等の小屋，床諸道具が漂流し，男女5～6人が溺死している。1734年も風雨で茶屋の小屋を仕舞う者が2人亡くなるなど，洪水対策も必要であった。

150

第9章　鴨川における「景観」の変遷

　1697年から1734年までの見聞雑録である『月堂見聞集』には，洪水対策も含め納涼床の運営に関する重要な記述があり，次に要約する。

　　1730（享保15）年の記述

　・夷川通から今出川（出在家）の間で，四条河原と同様の納涼を行いたい申願いあり。

　・期間は御霊神社の御旅所参りの7月18日から8月18日であった。

　・公儀も承認の方向だったが，河原御殿から用心悪いとの異議があり，暫くは不許可となる。

　　1733（享保18）年の記述

　・茶屋の株制度が整い，茶屋の数は400軒ほどであった。

　・洪水時に小屋を片付ける，又，喧嘩等での死体も処理する仕組（組織）が存在し，四条芝居主らも関係していた。

　・上記の仕事してもらうために，茶屋らは表の広さの床三脚分に対して百二十文を支払っていた。

　公儀の役割については，前述の『川方勤書』に「四条涼小屋掛候節，同小屋取払候時分，両度見分仕候事」「下鴨糺涼之時分，毎年賀茂川原水茶屋・小見せ物小屋掛ケ商仕候，其節罷越見分仕，御法度之趣申付，売人共連判之手形為仕取置候事」とあり，四条涼みの小屋等を掛ける時と取り払う時に立ち会ったことがわかる。さらに検証が必要だが，鴨川関係の事業に関する許認可を持つ公儀，茶屋400軒が参加している床の組合としての株，洪水や死体などに対応する組織と，それに関係する四条芝居主等の存在を示しており，納涼床が一定の仕組みの中で運営されていたと考えられる。また，祇園会ではなく下鴨糺涼の時分とあることから，1738年には次に述べる「あと涼み」が始まっていた可能性もある。

（4）1750〜1799年

　この期間の最大の変化は，本居宣長の『在京日記』の1756年に記述がある6月から7月の2カ月間に渡って納涼床を楽しめる「あと涼み」の出現である。その情景は，『都名所図会』（巻之二）と『都林泉名所図会』（巻一）から確認できる。『都名所図会』（巻之二）の絵図は，西側から四条河原を見た図

第Ⅱ部　景観と生活文化

で，白川から下流が描かれている。右岸には，張り出した低床形式の屋根の
ある同じ形状の床が一列に並び，中州の川辺には床が所せましと置かれてい
る。中州には形状が異なる，茶屋や見世物などの小屋が建ち並び，芝居，猿
の狂言，犬の相撲，曲馬，曲枕，麒麟の綱渡り，のぞきからくりなどを楽し
む他，香煎や田楽豆腐，スイカなど売る店なども多く，歩く場所もないほど
の賑わいで，前述の『四条河原遊楽図』とは様相が異なる。興味深い点は，
白川から四条下流までの左岸は高水敷きから板柵で河川側に敷地を確保し，
同じ形式の茶屋が石積の上に建ち並び統一的な景観をつくっている。このよ
うな景観をつくるには，建物の形状や利用方法などの規則が必要であり，
400軒の茶屋で構成する株仲間の下部組織が町単位にあったと推察できる。

（5）1800～1868年

　滝沢馬琴が1802年に訪れた京都の印象を記した『羇旅漫録』に「四条には
義太夫或は見せもの等いろいろとあり。二条河原には大弓・楊弓・見せ物も
あれど四条尤にぎはへり」と記している。この記述から1730年に許可されな
かった二条での納涼床が始まっていることがわかる。

　一方で，生田が編集した『鴨川風雅集』に掲載の絵画を見ると，中州での
茶屋などの建物は1700年代と比較して減少している。応挙に学んだ山口素絢
は中州の西瓜などの物売りと床などを描いているが，小屋などが立ち並んで
いるようには見えない。清瀾が描く中州にも，屋根のある小屋は数軒と，
『都名所図会』（巻之二）の絵図とは様相が異なる。江戸末期の西村芳園の作
品に至っては，人の姿だけで床すら描かれていない（生田 1990：31・51・
118）。京都の人々は弁当持参で納涼床を楽しみ，茶屋を利用するのは旅行者
や祇園で遊ぶ人だけと馬琴は記しており，理由は不明だが，京都の人々の納
涼床の楽しみ方が変わってきたと推察される。

　以上のことから，茶屋が祇園会の神事（6月7～18日）として，四条河原
を中心に始まった納涼床は，茶屋の納涼床と歌舞伎が混在する時期を経て，
1700年代にはさまざまな見せ物や露店で賑い，期間も6月から7月の長期に
渡ることとなった。納涼床は二条でも行われるようになり，1800年代に入る

第9章　鴨川における「景観」の変遷

と茶屋中心の形態へと移行している。町衆の暮らしに欠くことができない華やかな鴨川の出現が江戸期の特徴といえよう。

4　近代化の中で進む「空間活用」と「治水」

明治の近代化が進む中で，左岸に新たな変化が生じる。琵琶湖疏水の鴨川運河と京阪電車である。1890年に完成した琵琶湖疏水の効用をさらに高めるために，伏見を通じて大阪へと物資を運ぶ鴨川運河は当初から計画されていた。1890年１月に京都市議会で予算案が可決されたが，設計の不備などの指摘を受け，２年後の1892年11月に着手し，1895年３月（疏通式：1894年９月）に竣工している。鴨川運河の全長は鴨川落合から伏見の堀詰まで約8.9 km，幅員は約6.1 m で，急勾配のため仁王門，孫橋，三条，四条，松原，五条，正面，七条の８カ所に閘門を設置している。茶屋と鴨川との間に整備された鴨川運河によって，従来のように左岸から鴨川に降りることができなくなった。さらに，1912年に竣工した第二疏水による水量の増大に対応するために，鴨川運河の幅員が約12.7 m に広げられた（京都市上下水道局 2013：104・112）。

同時期，京阪電気鉄道株式会社が五条から天満橋まで鉄道路線を1910年に開業。1915年に五条から三条まで延伸した。鉄道が鴨川運河と鴨川の間に整備されたことで，茶屋等と鴨川は分断されたといえる。その後，出町柳まで延伸を進める中で1987年に東福寺と三条間は地下化され，出町柳まで完了したのは1989年である。この東福寺と三条間の地下化にあわせて，鴨川運河も三条から塩小路まで地下化が図られ，鴨川は現在の状況となった。

もう一つの大きな変化は鴨川の断面である。1935年の水害について京都市発行の『京都市水害誌』（1936年）には，冒頭に「六月二十七日より降り初めた雨は二十八日夜に入り愈ゝ激しくなり，更に雷電を交へて豪雨と化し，二十九日朝に互り車軸を流す大雨繼續，午前十時迄の雨量實に二六九.九粍に達した。略。市内を貫流する諸川は何れも溢水氾濫し，濁水滔々として市街地を流下し一面の泥海と化した」とある。市全体の被害について，浸水家屋４万3,000千軒，流失480軒，死傷者100名近く，被災者は十数万人と記さ

153

第Ⅱ部　景観と生活文化

図 9-1　鴨川改修断面図（四条付近）

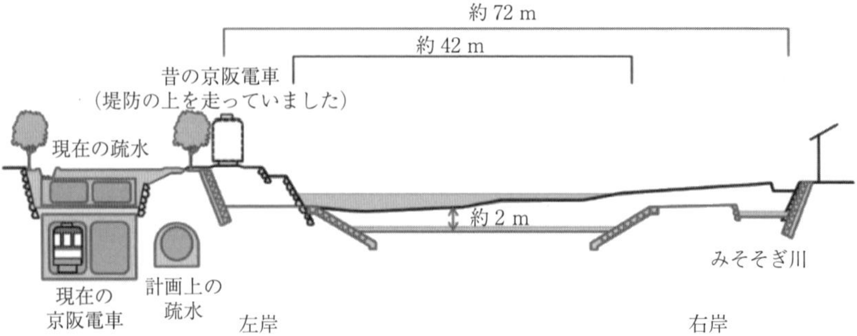

約 72 m

約 42 m

昔の京阪電車
（堤防の上を走っていました）

現在の疏水

約 2 m

みそそぎ川

現在の
京阪電車

計画上の
疏水

左岸

右岸

出所：京都府作成（鴨川真発見記より）。

れている。河川の被害も大きく，56橋に及ぶ流失を見たるとある。この大水害を受けて，京都府では鴨川の計画流量を334 m³/s から四条大橋付近で650 m³/s に拡大する『鴨川未曾有の大洪水と舊都復興計畫』（1935年）を策定している。計画において，整備の必要性を今回の如き大水害を繰り返すことは，民力の衰徴は無論その生命たる歴史的尊厳並びに風光を損する。鴨川は京都市の鴨川に非ずと言い切っている。計画の大要の6項目に河川改修と架橋工事は治水上支障なき限度で鴨川の風致浄化を考慮するとあり，文化・景観にも配慮した内容であった。改修事業は1936年から終戦後の1947年にかけて進められ，鴨川の改修区間は鴨川と桂川の合流地点から柊野堰堤までの約17.9 km，高野川は出町柳付近から約5.2 km と，全体で約23.1 km にもなる。河床を2～3 m 下げるために掘削を行い，河川勾配も緩やかにするために約50カ所の床止め工を行っている。護岸は景観を考慮して雑割石練積と玉石張りを用いている（松浦 1987：275-285）。天端にはアールを用いた構造であることから，三条と四条の間ではカップルなどが等間隔の法則で座り，鴨川の流れを楽しんでいる。また，四条付近の河川断面（図9-1）で注目すべきは，河積断面は河床掘削で広げ，既に茶店等が河道に隣接する寛文新堤の右岸側の石積をそのまま使用していると思われる箇所が散見されることである。また，高瀬川への導水と納涼床を楽しめるよう高水敷に「みそそぎ川」が整備された。賀茂大橋と荒神橋の間で取水し，丸太町橋下流から開水路となり，高瀬川の取水口部から河床を下げて五条大橋の上流で鴨川と合流している。

154

第9章 鴨川における「景観」の変遷

写真9-1 四条から上流の高床と低床(明治期の写真)

出所:筆者所蔵。

　このような河川断面の変化を受け,納涼床の情景も変わってきている。郷土史家の田中が,明治・大正期の夕涼みの様子を『風俗研究(廿七)』に記している。その一文を紹介すると,「大正の初めに鴨川の流れや,川原の中を整理してから夕涼みの床几が許されなくなり,東側は明治廿七年頃疏水が流れる様になってから,東石垣から鴨川に下りられなくなり,西側は先斗町のお茶屋料理の涼み床になって僅かに鴨川の夕涼みを残しているに過ぎません。私の中学校頃には,まだこの七八二ヶ月にわたる川原の夕涼みは,とても楽しみなものでした」とある(田中 1922:103)。鴨川一面に床几を置いていた頃と比べて大きく変化したことがわかる。

　明治期から昭和初期までの情景について,古写真などの資料から辿ってみたい。「YOJYO」と記載のある明治期の写真(写真9-1)では中州が削られ,川面に床は見当たらない。右岸の高水敷には高床と低床が交互に配置されている。左岸には4カ所の高床。同時期の「京都(加茂川)四條磧夕涼」と書かれた絵葉書(写真9-2)は,四条から下流を写している。大屋根の上に物干しがあり,その向こうの塔は時計台であろうか。夕涼みの情景に目を移す

155

第Ⅱ部　景観と生活文化

写真9-2　四条から下流の納涼床（1907〜1915年の絵葉書）

出所：筆者所蔵。

と，灯りの位置が三段になっていることに気がつく。一番下の灯りは水面に近い。川面に置いた床几の行灯であろう。真ん中の灯りは，屋根のある床に置かれた行灯。屋根の高さが橋の高欄と同じであることから，高水敷に建てられていることがわかる。3番目は，現在と同じ高床形式の床で屋根はない。場所に応じて，幾つかの形態で納涼床がされていたと思われる。

　明治期の変遷について，林は1885年以降の日出新聞等の記事から論じている。その内容を要約すると，1886年の記事に納涼床が最も盛んであったのは1877年とあり，1886年の時点で既に衰退傾向にあった。鴨川運河の整備後の1903年の記事に「四條磧納涼は前年に比し其趣を一変し河原には僅かに馬掛場と魚釣位にて氷店杯も床を多く掛け居るもの寂々たる有様」とあり，この状況を打開するために京都市が三条から団栗橋までの1万6,000坪を借り上げ，川中に納涼場を設置した。納涼床は電灯装飾や仏國式空中運動，回転木馬で賑わった。しかし，翌年に京都府よって例年の床掛と氷店等以外は禁止された。再度1907年に大型興行が許可され回転木馬が人気を博したが，翌年に興行物は禁止されている。1911年には第二疏水工事に伴う河川改修で高水敷が設けられ中州が撤去され，河原の納涼場での営業は禁止。岸での床と遊船だけの営業となった。この遊船も1912年にはなくなったとある（林 2015：26-36）。筆者の調査では，京昆布本舗ぎぼし4代目の上田敬治氏が「昭和2

第9章　鴨川における「景観」の変遷

年か3年の頃，父に連れられて三条大橋の下の床几で食事を楽しんだ。料理は旅館から運ばれていたように思う。床几は5～6席で，他に床几で夕涼みを楽しめる場所はなかった」と話されるように，三条大橋の下では納涼床が続いていた。

　この後の変化について，京都府土木建築部河港課が発行の『鴨川の変遷』によると，川の中での納涼床が禁止されたため，先斗町と木屋町の茶屋や旅館の高床は二階を設け屋根を葺いたが，大きさもまちまちで不体裁を極めたために1923年に通達を出した。納涼床の基準として右岸石垣から鴨川に向い4間を標準に石柱を立て，その石柱間を見通す人家側は従来通り二階及び屋根の装置を許し，突出部は最大限3間とし二階及び屋根を禁止した。しかし，鉄柱や店舗の一部としての常設が増えたので1929年には半永久的な高床建築を不許可とした。このような中，66軒あった納涼床は1942年からの太平洋戦争による灯火制限や洪水，金属供出に伴い1945年頃にはなくなった。その後1950年に数軒から出願があり，1952年に基準を示した。その内容は次のとおりであった（京都府土木建築部河港課　1980：12-13）。

　　　・みそそぎ川から床の高さは1階が3尺以上，2階は12尺を基準とする
　　　・床の張り出しの限度は，みそそぎ川東護岸から5尺後退。松原橋下流については5尺以内にすることができる
　　　・床は階段式にしない
　　　・床の手すりの高さは2尺を標準とする
　　　・木部は素地のままとする
　　　・囲板及び筋交抜植込み等は認めない

同基準に基づき指導されてきたが，景観上の齟齬が生じてきたため，京都府の「鴨川条例」（2007年）において位置づけられた「鴨川納涼床審査基準」を2008年から適用し，納涼床の営業が許可されている。基準を抜粋すると次の通りである（京都府　2008：1・4-7）。

　　　・床の高さは計画堤防高さ以上（みそそぎ川から3.6ｍ）とし，原則として隣り合う床の高さと揃える。素材は木材を使用し，素地仕上げ等とする
　　　・張り出しは，みそそぎ川東側護岸の法肩より以西とする

157

第Ⅱ部　景観と生活文化

・床は母屋に接続して設けるものとし，二階構造は認めない
・床の手すりは木材を使用し，高さは1.1mを標準として隣り合う床の
高さと揃える
・すじかいは，川の流水方向に直角の面に設けない

　2019年現在，鴨川の右岸では約100店舗が上記の基準に基づき許可を受け，
二条から五条までの間で高床形式の床を用いて営業している。期間について
は京都府が1999年と2000年に延長を認めたことに伴い，5月1日～31日まで
を「皐月の床」，6月1日～8月16日までを「本床」，8月17日～9月30日ま
でを「後涼み」と称し，5カ月間に渡り納涼床を楽しむことができるように
なった。店舗数も1960年頃の40～50店舗から2018年には97店舗に増加するな
ど期間と規模の両方が拡大しており，河川空間を活用した鴨川納涼床の経済
的価値は高い。

　これまで述べてきたように，室町末期まで大きな変化はなく，周囲は草原
や水田であった鴨川は，高瀬川や鴨川運河，京阪電車などの整備が行われ，
河積が縮小する中で洪水に備えるために寛文新堤の整備や1936～1947年間の
大改修が行われ，現在に至っている。一方，鴨川の浅い水深と隣接して都を
有する特性等を活かした納涼床は，河床掘削に対しても高床形式の床を用い
るなどの工夫を重ね350年以上も続くなか，文化的価値の高い河川景観を生
み出してきた。京都の事例も参考に，従来では河川法で認められない営業目
的での河川占用する川床（テラス）は2004年に特例措置がなされ，河川局長
が指定した堂島川等（大阪市）で実施された。この流れを受け2011年に河川
敷地占用許可準則が改正され，特例措置が恒久化されるなど，道頓堀川に代
表される河川を中心にしたまちづくりが全国に拡がりつつある。この京都モ
デルとも言うべき河川活用を他地域に広げていくことが，河川の価値を高め，
河川を中心にしたまちづくりを進める上で重要と考える（鈴木 2018：67）。

参考文献

生田耕作（1990）『鴨川風雅集』京都書院。
石田孝喜（2005）『高瀬川』思文閣出版。

第9章　鴨川における「景観」の変遷

川方勤書（1738）『賀茂川筋名細図』京都産業大学図書館所蔵。

川嶋将生（1999）『「洛中洛外」の社会史』思文閣出版。

川嶋将生（2010）『祇園祭　祝祭の京都』吉川弘文館。

京都市上下水道局（2013）『京都市水道百年史（叙述編）』京都市上下水道局。

京都市役所（1936）『京都市水害誌』京都市役所。

京都府（1935）「鴨川未曾有の大洪水と舊都復興計畫」。

京都府（2008）「鴨川納涼床審査基準に係るガイドライン」。

京都府土木建築部河港課（1980）『鴨川の変遷』。

鈴木康久（2018）「京都　鴨川納涼床」の変遷に関する研究」『京都産業大学論集』
　　社会科学系列35。

田中緑紅（1922）「風俗研究（廿七）」生田耕三（1990）『鴨川風雅集』京都書院。

林倫子（2015）「京都鴨川川中における明治期の夏季納涼営業の変遷」『土木学会論
　　文集D1』71。

松浦茂樹（1987）「戦前の鴨川改修計画における環境面の配慮」『日本土木史研究発
　　表会論文集7』

森谷尅久・山田光二（1980）『京の川』角川書店。

中村武生（2005）『御土居堀ものがたり』京都新聞出版センター。

横山卓雄（1988）『平安遷都と鴨川つけかえ』法政出版。

吉越昭久（2006）「京都・鴨川の『寛文新堤』建設に伴う防災効果」『立命館文学』
　　593。

若原史明（1922）「四條河原の納涼」『風俗研究』27。

（鈴木康久）

コラム 6　琵琶湖疏水の貢献

　琵琶湖疏水は，明治維新の際の東京遷都によって衰退の危機に直面した京都の都市と産業の活気づくりのために，行政・産業界・地域が一体となって取り組んで作られた琵琶湖と京都を結ぶ多目的利用の運河である。政府と琵琶湖のある滋賀県の合意を取り付けた上で1885年に工事が着手され，1890年に完成し，工事費は約125万円（当時）と推定され，現在の価値に換算すると約１兆円である。疏水造成の目的は，①製造機械用の動力としての産業発展の基盤づくり，②運輸のための運河，③田畑の灌漑，④精米，⑤火災予防，⑥井泉（渇水時対応），⑦衛生，の７つであった。この工事と疏水の活用等によって，1889〜1898年の10年間で人口が８万人増加し，この事業は都市活性化に大きく貢献した。

　造成当初は灌漑用水や工業用水に使用された。企業のうち，初期に利用したのは時計製造・電灯・紡績の会社であった。また，高低差を利用した水力発電，京都の市電の動力，舟運にも利用された。特に，発電によるエネルギーの利用や電力を活かした都市基盤の整備が進行したことは都市再生と活性化にとって画期的なことであった。また現在，琵琶湖疏水は，国の史跡・近代産業遺産群に選ばれている。お雇外国人の力を借りずに日本人で完成させた「純国産」であり，当時では日本一長いトンネル，日本初の竪坑，当時の最長のインクライン整備，本格的閘門であった点が評価されたのである。

　それでは，琵琶湖疏水がどのように使われてきたのかをまとめておこう。

　まず挙げられるのが生活用水である。琵琶湖疏水を利用して上水道が整備され蹴上浄水場が作られ，合わせて第２疏水も造営された。蹴上浄水場は日本最初の鉄筋コンクリート造である。現在，この蹴上浄水場の水はエコロジーでおいしい琵琶湖疏水の水道水として販売されている。

　また灌漑用水の一環で，水車による精米に利用された。さらに水車は撚糸・針金製造・電線製造へと利用を拡大した。このような水力の利用は前述した電力とともに，京都の産業振興に大きな役割を果たす動力となった。さらに，琵琶湖疏水の舟運を活用した遊船・貨物船の運航にも利用された。ただ，これは陸上輸送の発達で，早い段階にその機能を終えた。

　琵琶湖疏水は，これらのような実利的な面だけでなく，文化的な面でも大いに利用されている。東山の南禅寺界隈に建てられた別荘群[1]・寺社の庭園などにも疏水の水は

コラム 6　琵琶湖疏水の貢献

引き入れられ，歴史文化資源・景観資源・観光資源としての役割を果たしている。さらにこの東山界隈には踏水会や遊泳場が開設され，現在でも踏水会は競泳・水球・シンクロ・日本泳法の場として利用されている。

　これまで見たように，造成当初は動力，舟運のための運河，飲料水，灌漑用水，防火用水，工業用水など多様な用途で使われていたが，現在は経済的な側面から見ると水力発電と飲料水としてのみ利用されている。琵琶湖疏水の水力利用が水車動力から水力発電に変化したのは1897年頃で，第2次世界大戦後に電気事業は関西電力に引き継がれた。渡航船は1911年の京津電車開通を契機として廃業した。物資を運搬する運輸船は，1951年にその役割を終えた。

　ただ，琵琶湖疏水は現在の京都市において，重要な役割を果たしている。観光産業の振興の観点から見ると，琵琶湖疏水と関連する工事施設そのものが文化遺産であり観光資源である。この点を踏まえると，琵琶湖疏水とその周辺地域を学習型観光に活用することが考えられる。また，岡崎公園界隈の観光エリアの景観を活かした散策空間や，近年復活した舟遊びも，琵琶湖疏水があることで，ますます魅力的なものになると考えられる。

　琵琶湖疏水の水路の延長である哲学の道は，散策ルートや季節の桜等の時期には多くの人出がある。沿川にある神社仏閣・観光施設は観光客でにぎわっている。周辺住民の日常の散策コースになると共に思い出づくりの空間としての役割を発揮している。岡崎周辺のエリアは水辺環境と樹々が緑豊かに茂る空間として大いに魅力があり，近代遺産の保存と活用の場になりつつある。

注
(1)　植木屋七代目小川治兵衛は山縣有朋の「無鄰菴」「野村碧雲荘」など疏水の水を引込み，近代的日本庭園群を数多く手がけている。

参考文献
織田直文（1995）『琵琶湖疏水』かもがわ出版。

（金井萬造）

第10章	地域住民によるまちづくり ——実践報告

1 美しい街並みをつくる——姉小路界隈

（1）どのような町か

　姉小路界隈とは，東海道53次終点の三条大橋から徒歩10分，姉小路通を「背骨」として，北端は京都市のシンボルロード「御池通」，南端は近代建築物が建ちならぶお洒落な「三条通」，東端は趣ある商店街「寺町通」，西端は京都の都心軸「烏丸通」（商業やオフィス集積）に囲まれた東西700ｍ，南北200ｍの地域である。縦横の4鉄道路線各駅から徒歩圏内の利便性と合わせて，夜は静寂な住環境を保ち，伝統ある旅館や北大路魯山人や富岡鉄斎等の木彫看板の店舗等があるので，さりげなく文化的雰囲気を感じさせる。先人達から受け継がれたこの町の魅力である「文化と暮らしとなりわい」を，より素晴らしいものにして後世に継承したいと考え，筆者らは景観形成等の活動に取り組んでいる。何よりも，中低層の建物が多く，「姉小路盆地」と呼ぶ無垢な空間資源が界隈のお宝といえる（写真10‐1）。

（2）まちづくりの契機——3棟のマンション建設

　1995年頃，この地で最初の外部資本による大型マンション建設が始まろうとしていた。場所はかつてちびっこ広場もあった公益性の高い土地なので，周囲の世帯は計画見直しを求めた。また，この物件と柳馬場通を隔てた真向かいにも，2番目のマンションが計画された。京都の両側町としての町内秩序や，元学区単位での自治連合会活動に理解を示さない設計者に対し，姉小路の人々は「東西2分割案模型」を製作し，再三の面会を要望した。ところが，京都市景観審議委員も兼務していたこの大学教授は，1度の説明責任も果たすことなく工事だけが強行に開始された。3番目のマンションは御池通

写真10-1　姉小路盆地

に面し東西86m，高さ45mの大型建物で，京都を囲む三方の山並みの美しい眺望を見えなくしてしまうものであった。

　これらのマンション建設は，いずれも京都以外の不動産関連業者が関わった所謂「建て逃げ売り逃げ」であり，京都の空間資源が食い物にされているかの観があった。景観を守るために御池通に設定されていた「31mライン」（図10-1）の超過を京都市当局があっさりと追認したのを見て，市民の多くがその微力さを思い知らされた。

　御池通は1945年に道路の南側が1回目の建物疎開を受け，姉小路界隈の土地所有者の多くが2回の土地提供にも協力して50m幅員を可能にしたものである。東端に鴨川があり行き止まりになっているので，同規模の五条通や堀川通と比べて，大型貨物車両等が少なく，その分，人や環境にやさしい幹線街路である。また，祇園祭等でも使用される祝祭空間であり，京都市役所の前面道路として，今後，パリのシャンゼリゼ，ニューヨークの五番街のように，国際文化観光都市京都を象徴する公共空間をめざして，環境整備がより求められる道路ともいえる。そのため通り沿いの高さに関する規制も重要

第Ⅱ部　景観と生活文化

図10-1　水平ラインの強調

出所：京都市沿道景観形成計画。

である。そこで，御池通の既存不適格建物の「水平線」は，将来的に「31mの高さに統一する」というルール設定を京都市が行い，京都市民に約束した証である。

最近，京都市は2021年度から5年間の市政運営方針となる次期基本計画策定に向けて審議会を開催したが，「高さ規制緩和」に関して慎重に見守ることが肝要である。安易な動機でのなしくずし的緩和は「100年先の京都を見据えた都市計画」のために百害あって一利なしと考えるべきである。

（3）まちづくりのための取り組み

1）「町式目」の策定——自主ルールの再創造

「町式目」は江戸時代からの生活規範で，界隈の井山家に当時の式目が残されていたが，町の人々はこれを基に先人達の知恵に学ぼうと考え，谷直樹先生（大阪市立大学）らと勉強会を1年間続け，2000年4月に「姉小路界隈町式目（平成版）」を策定した。現在，皆の目に届くよう，駒札にして界隈内に3カ所掲示している。この基本理念を下敷きにした自主ルールが「姉小路界隈地区建築協定」である（図10-2）。

第10章　地域住民によるまちづくり

図10-2　姉小路界隈地区建築協定区域

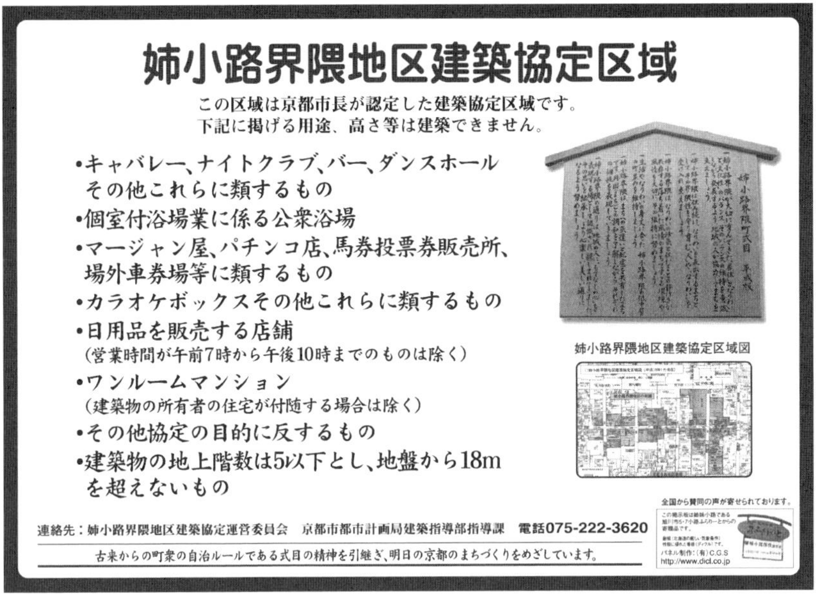

出所：姉小路界隈地区建築協定運営委員会。

　締結以来，追加加入も含めて，現在80世帯（法人）88区画がこの協定に加入している。商業地域での事例として加入数，加入面積，共に国内最大規模である。また，「深夜営業を避けるためコンビニエンスストア」「家主が同居していないワンルームマンション」を共に禁止している点も，この協定の特徴で，今まで協定違反は皆無である。その後，さらにこの建築協定に加え，より規制力の強い「姉小路界隈地区地区計画」，地域の思いを実現させるため「地域景観づくり協議会制度」，京町家の保全・継承のために「京町家条例」の認定を受けている。これらは，町式目から学んだ先人の知恵を継承し再創造させた取り組みといえる。

2）「街なみ環境整備事業」等の制度活用と表彰

　建築協定の締結の成果を踏まえ，伝統的な建物と調和した街なみ創造と，地域の魅力や活力を高めることを目的に，京都市初の「街なみ環境整備事業」を10年間継続させた。建物所有者1/3，市1/3，国1/3と各々が負担を分

第Ⅱ部　景観と生活文化

担し，2014年３月までに，26軒が自己負担を惜しまず，外観整備に協力した。これは，建築家，デザイナー，工務店，耐震専門家，学識経験者，大学生達の議論の成果ともいえる。続いて，京都の歴史・文化を象徴する，「市民が残したいと思う京都を彩る建物」制度に姉小路界隈を考える会が推薦し，31軒が選定された。このうち３軒が国の登録文化財に指定されたので，「まちあるきマップ」を多言語でも作成し，まちづくり活動をPRしている。

　また，地域住民と外国人宿泊客との交流促進や界隈資料の翻訳に協力するなどの活動が地域の活性化に寄与したとして，簡易宿所で唯一「ゲストハウス・Yululu」が名だたる京都の宿泊施設と肩を並べて京都市から表彰された。このように，いくつかの簡易宿所とも信頼・協力関係を維持しながら，界隈の環境を守っている。

3）地域景観づくり協議会と他地域とのネットワーク形成

　地区計画の条例化に先立ち，「まちづくりビジョン」（①静かで落ち着いた住環境を守り育てるまち，②お互いに協力しながら，暮らしとなりわいと文化を継承するまち，③まちへの気遣いと配慮を共有し，安全な安心して住み続けられるまち）を策定した。また，地域の景観づくりに主体的に取り組む組織を「地域景観づくり協議会」，計画書を「地域景観づくり計画書」として，京都市長から認定を受けている。

　現在，京都市内で11地区が認定され，定期的にネットワーク会議を開催しており，まちづくり活動の有効的な組織団体として重要性を高めている。これは，建築行為や営業開始に先立って「意見交換会」を行うことで，地域が大事にしてきたまちづくりの目標を前もって共有しようというものである。良好な環境（飲食店の場合閉店時間）と通り景観（従業員の駐輪方法や立看板・のぼり旗の禁止等）保全を目指している。姉小路界隈では2015年３月に事務局を開設している。

4）地蔵盆等を活用したエリアマネジメント

　京都に古くから地蔵盆の慣わしがある。このような折に，ご近所が寄り合って夏のひとときを過ごしたものである。日常のご近所のつながりは地域生活の基本である。しかしながら，まちの担い手が高齢化と共に減少し，住民同士の付き合いも希薄化の危惧を感じる。旧（在来）住民の減少と高齢化の

進展という状況下にあって，新住民（マンション等）も巻きこんだまちづくり活動が不可欠であると思う。向こう三軒両隣の原単位から，町内，学区，校区へ呼び掛け，地蔵盆時に開催する「姉小路行灯会」に，地元住民，京都御池中学校，中京もえぎ幼稚園，地元企業，行政のご協力で，1,000人以上がこぞって関わりあえるイベントを20年以上も継続している。

また，月例会議や定期的な情報発信活動，内外からの見学者・研究生も受け入れており，活動資金は界隈受益者からの（年）会費と支援者からのカンパでマネジメントしている。

（4）持続可能なまちづくりに向けた課題

今から約25年前，京都市街地はマンション建設で沸いていた。「市内に人口を呼び戻すために大型マンションが有効」と京都市も建設に前向きであった。ところが，歴史的真実に目を向けると近隣下京区開智小学校児童数のピークは1950年であった。この当時まだマンションは1棟も市内に無かったはずである。その後，児童数減少の一途で1991年にはとうとう閉校した。果たして，大型マンションは人口増加に有効であったのだろうか。

中京区の小規模住宅用地の固定資産税評価額は，1964年の東京オリンピック以降，1980年代まではおだやかな上昇率であったが，1990年代以降の変動は異常である。こうした異常な税額上昇は，以前からまちに住む人たちが住み続けることを困難にさせ，まちの維持を持続不可能に追いやる可能性がある。また，最近の不動産取引やホテル建設ラッシュ等も地価上昇に拍車をかけているように思う。新たな「令和の時代」においては，税負担を安定させる政策を真剣に考え，職住が共存でき世界が憧れる歴史・文化・教育の豊かな京都を継承したいものである。

2　安寧・品格を保持する──西之町

（1）どのような町か

西之町は京都市東山区の鴨川の東に位置する四条通と三条通に挟まれた東西の新門前通を中心とした面積約2 ha の地域である。地下鉄・私鉄の4

第Ⅱ部　景観と生活文化

駅にはそれぞれ数分で到着する交通至便な地域で，ちょっと足を伸ばせば鴨川，祇園新橋や知恩院，八坂神社などへもすぐに行くことができる。新門前通は，江戸幕府第2代将軍徳川秀忠が知恩院の三門を寄進した時に作られた通りで，西之町はその西の端に作られた門前町である。しかし，江戸末期に祇園一帯で大火があり1軒を残して全部焼失したが，そこから立ち上がった町でもある。1999年に京都市の景観条例で「祇園縄手・新門前歴史的景観修景保全地区」として指定され，建物の高さは15m以下等，通りに面する建築に制限が設けられている。

　町内の中心地には3代にわたって人間国宝が居住され能楽や京舞で脚光を浴びてきた。たとえば，京舞の家元宅には，毎年定まった日には「初寄り」「八朔」「事始め」等祇園の芸・舞妓などが家元に挨拶に来る。この様子はテレビや新聞等のニュースで定例的に紹介され，通りはカメラマンで溢れる。祇園での主要行事がこのまちで行われ，祇園町とは運命共同体的な一面を有している。さらに八坂神社の氏子のまちでもあるので，祇園祭神幸祭では神輿の巡行があり，祇園祭の間は献灯（奉納）提灯が軒下に掛けられる。

　また，西之町は「古美術のまち」としても有名である。新門前通には，明治中期に常盤ホテル（現・京都ホテルオークラ）や也阿弥ホテル等が近くにできた関係で，骨董商が発達した。現在でも店が建ち並び，明治後期には京都美術倶楽部が設立されたので新門前通は「古美術のまち」とか「骨董のまち」と言われ，また海外にも「Shinmonzen-Street」として早くから知られ，ガイドブックにも掲載されている。

　地域で最もコミュニケーションを促進するものとしては，地蔵盆が挙げられる。毎年8月下旬の2日間，町内中央部で地蔵盆の催しが行われ，昼は子供達の福引やゲーム等楽しい催しがあるので，他の地方へ嫁いだ人が子供を連れて里帰りする。夜には2日間通りを車両通行禁止にして，路上で外国人等一般人も交えて飲食を楽しみながら交流する。地蔵盆の飾り付けは皆が協力して行うので，住民間の絆や一体感が育まれこれがコミュニケーション形成の場となり，まちづくりの人的つながりの土台となっている。このまちには，江戸時代中期の1775年の名物裂地等が残されているので，新たな変化はあるが少なくとも約250年前から連綿と続いてきたことを物語っている。

168

（2）まちづくりの契機——風俗営業店の進出

　前項で紹介したように，西之町は京芸能等の文化を発信するまちであり，骨董屋も多い上，築100年以上の京町家が数軒あって，京都らしい町並みを残す閑静な職住共存のまちである。しかし昭和後期より「風俗営業」の波が町内近くまで進出してきた。このような状況の中，住民が懸念している時に地区の番組小学校の廃校が発表された。このため，西之町は風俗規制の対象外となるので「このまま手を拱いていたら，風俗営業店によって蚕食され，歓楽街化してしまう」という恐れが出てきた。

　そこで，町内の有力者から推薦されたので，当時，筆者はまだ現役の会社員だったが，何とかせねばならないと「まちづくり」に立ち上がった。「どうすれば皆が安心してまちなみなどの現環境を維持し，風俗営業の進出を防いで，まちを護ることができるだろうか」と考え，「地区計画」という手法があることを教わったので，「そうだ，この手法ならば」と考え，早速，町内の有力者と相談しはじめた。

（3）まちづくりのための取り組み

1）まちづくり協議会の立ち上げ

　まず行ったのが，「まちづくり協議会」の立ち上げである。町内の有力者たちと相談した際に，「西之町には地蔵盆という皆が集まる場がある。この機会を利用しよう」と根回しを始め，2003年9月に「まちづくり協議会」を設立する運びとなった。西之町は約120世帯の小さな町内であるが，協議会を設立するに際し，次のことに重点を置いて設立した。

　　①　町内会は，町内会長以下役員が毎年交代するので，何より重要なことはきちんとした協議会の位置づけを行い，町内会とはつながりを保ちつつも独立した組織として，町内会との競合をなくすと共に，事案の即決化ができる体制にすること。

　　②　組織や決議事項は権威のあるものにすること。

　　③　定款の中で定例的な総会と適宜開催する協議会を持つことなどを定め，正式な会議の場合は必ず議事録を作成し，各自がファイルして保管すること。なお，事業計画，予算，役員人事，入退会員の承認は総

第Ⅱ部　景観と生活文化

会で決定すること。

④　財源は当面篤志家の寄付金で賄うが，町内会から必要に応じて毎年
予算化して援助してもらうこと。

2）町内会との連携

町内会は地域自治の中心的存在で，地蔵会と自主防災など7つの委員会が
属する状況にあった。そのため，まちづくり協議会は独立して，あくまで町
内会とは並列する体制をとることにした。ただし，まちづくりに関する事は
まちづくり協議会がイニシアティブを持って決定することにした。そして，
まちづくり協議会には，会長，副会長，総務，事務局長，会計監査等を置き，
毎年代わる町内会長は役員の一人となり，また町内会計は会計監査が自動的
に就任するという組織化ができた。もう一つの組織「高齢者見守り委員会」
も同様である。これらの3組織がそれぞれ独立して並行した位置づけをとり
つつ均衡を保つことができたので，運営がしやすくなった。まちづくり協議
会を設立する場合には，まず組織の位置づけと守備範囲を明確にして，他の
組織と競合しないようにすることが最も重要なことだと思った。

3）目指すもの——どのようなまちづくりを目指すのか

各地でまちづくりとして活動している例が多くあるが，目的によって組織
や活動方法は変わってくる。それでは西之町はどんな「まちづくり」を目指
すべきなのか，目的をはっきりさせることが重要である。そこで，自分なり
に，「まちづくり」における目的を，次のように整理した。

①　まちの活性化を図る

②　まちの景観・修景・伝統の保全を図る

③　防犯・防災対策と地域の連携を図る

④　町式目，建築協定等のまちの定め事の制定

以上，まちづくりの実態から4点に整理したが，単独の目的のものもあれ
ば，複合しているものも存在している。西之町は②を主な目的にしているが，
これだけでは十分ではない。④の町式目の制定や地蔵盆によるコミュニティ
の育成，高齢者見守り，③の防犯・防災対策なども併せて目的としている。

4）地区計画の作成

目的達成のため，協議会を発足させ早速「地区計画」の作成に取り組んだ。

この時，既に地区計画に先行して取り組んでいる地域があったので，これら
を参考にした。対象地域は約2 ha の狭い範囲だが，住民の総意を形成する
にはほぼ100％の賛同を得る必要があった。組織としてもまだ脆弱だったの
で，京都市都市計画局まちづくり推進課やまちづくりセンター等にもご指導
をいただき，まちづくり協議会を中心に一気に動き出した。

　先の景観地区の指定は，条例による京都市からのトップダウンのものであ
ったが，地区計画はボトムアップで京都市へ「条例を作って下さい」と願い
出る性格のものである。従って，まず住民の総意を得ることが絶対条件だと
思い，月1回の割合で住民大会を開催し，「西之町をどのような町にしたい
のか」，また「西之町のまちづくりに何を望むのか」について等をワークシ
ョップ方式で，意見を募った。この時に，みんなに真剣に取り組んでもらう
ため，近隣の某小学校の廃校後に風俗営業店が蔓延したこと等を例に挙げ，
「ある日，突然に自宅前に風俗店ができたらどうするのか，西之町はどうな
るのか」と問いかけ，住民に危機感を持って臨んでもらった。

　その結果，この方法が功を奏し，住民の意見がまとまり，うまく総意を形
成することができた。情報伝達を工夫して，「知らなかった」と言わせない
ように周知徹底に努めた。また，広報板は長期間掲示するとともに証拠とな
る公示状況写真を撮影し，後のクレームに対応できるよう万全を期した。

　このように数回に及ぶ住民大会の結果として地区計画を作成し，居住者に
は回覧板に捺印や署名で賛否を確認するとともに，普段居住してない地権者
などには内容証明付の封書を郵送し承諾を取り付けた。この結果，反対意見
は全くなかったが，進行途中に「テナント募集に影響が出る」とか「土地の
価格が下がるのではないか」等の質問は出た。しかし「町内を護るため，良
くするために必要だ」と個人的に話し合って理解を得て総意を形成した。

　申請に際しては，京都市とまちづくり協議会との間でコアー会議を数回持
ち，その結果を踏まえてその都度協議会を開催し住民大会に備えた。こうし
て「西之町地区の地区計画」を申請し，都市計画審議会，市議会の決議を経
て可決され，2005年4月より条例（西之町地区地区計画）が施行され，マス
コミにも発表された。現在，京都市の地区計画の指定は約65カ所である。そ
の後，1筋北の古門前通元町が，この西之町を参考にした地区計画を申請し

第Ⅱ部　景観と生活文化

認定を受けた。このように，まちづくりが，点や線から面的に拡大することによって，まちを護る輪が拡がっていくことを期待するものである。

5）地区計画の効果

　条例施行後に新築・改築が行われたが，所有者自らの意思によって格子戸や虫籠窓，犬矢来等京町家様式を備えた京町家形式の新・改築がなされた。また，2011年に京都市の条例で地域景観づくり協議会制度が施行されたので，2012年に西之町も申請を行い，同年に「地域景観づくり協議会」として認定され，翌年に活動計画書の認定を受けて活動を開始した。さらに，この時に町式目を定めた。

　地域景観づくり協議会はまちづくり協議会が担い，地域内で新築・増改築を計画する場合，建築主または工事関係者から事前の設計段階で説明を受け，当協議会が趣旨を説明した上で協議を開始するというものである。2018年度までに23件の協議が行われた。

　そして，このような協議に対応するために，「町式目班」「景観デザイン班」という２つの班会議を設置した。即答で「了解」を出せないものは，これら２つの班の担当会議に諮り検討することにしている。「町式目班」とは，住民自身の守るべきことを定めた「町式目」を，協議会認定と同時に制定するに当たり，住民への周知徹底を図るべく組織されたものである。

（4）持続可能なまちづくりに向けた課題

　前述してきたように，西之町の「まちづくり」は，①歴史的景観修景保全地区，②西之町地区地区計画，③地域景観づくり協議会認定等の３条例，④町式目の制定，⑤建物の色の自主規制の５本の柱で保護されているが，安堵していてはいけない。住民の一人ひとりが現在の環境のグレードをさらに高める努力をして，上品なまちづくりを目指さなければ，折角の５本の柱が朽ち果てかねない。

　また，既に「高齢者見守り委員会」を立ち上げ，一人暮らしの高齢者を，見守っているが，近隣の医療・福祉施設等と協調して，これらもまちづくりの一環として捉えていくことが，安寧のまちを目指すことにつながっていくのではないかと思っている。

第10章　地域住民によるまちづくり

3　この町らしさを再生する――先斗町

（1）どのような町か

　先斗町は，東を鴨川に，西を高瀬川・木屋町通に挟まれた三条通と四条通の間にある細長いまちである。元来，江戸初期の高瀬川開削により御土居東側に宅地が造成される中で，一大交通拠点であった東海道起点の三条大橋の南に成立した廓・花街である。もちろん，現在でもお茶屋（貸座敷）が残り，芸妓舞妓を擁し，京都五花街の一つとして400年近い賑わいの文化を継承する。先斗町はその立地からお茶屋だけの場所ではなく，昔から酒屋料理屋なども多い。また，夏に鴨川にせり出す川床は夏の風物詩であり，まさに京都の都市文化を担う場所の一つといっても過言ではない場所である。

（2）まちづくりの契機――多種多様な飲食店の進出

　「まちづくり」という言葉が使われるようになったのは，1970年代からのようだ。それまでは，町おこしや村おこしなどと言っていたものが，ある特定の地域・地区のことをなんとかする活動として「まちづくり」という表現で実行されるようになってきた。良い悪いの話ではなく，この「なんでもかんでもまちづくり化現象」は，地域住民のすることだけに限らず，地方自治体の景観行政などにまで使われるようになる。

　これは，結局は国家的にまちづくりを希求する段階に，日本がある，あるいは日本があったということだろう。文化財保護・町並み保全などというジャンルでは，1970年代の文化財保護法の改正あたりから，国家的な企画が必要だと認識されたためだろう。

　京都でいえば，高層ビル建設対策，景観上の地区指定等が文化財保護法・景観条例の範疇で試行されたが，それでも追い打ちをかけてきたバブルの崩壊と失われた10年というものによって，景観を保護するさらなる必要性が，日本の他の場所と同様に必要となり，2004年の景観法や2008年の歴史まちづくり法を大きな後ろ盾に，まだ何が可能性であるかもわからないままに，まちづくりや景観まちづくりが始動することになった。

173

第Ⅱ部　景観と生活文化

　先斗町という小さな地域で，まちづくりを始めることになったのも，まさにこの頃である。この小さな町は，他と同様に，江戸・明治期の古くからの都市の上に，高度経済成長期の煩雑な看板等の装飾物がこびりつき，景気の良かった時に立ち上がったどでかいビルが町の雰囲気を変容させるとともに，一気にやってきた景気崩落の影響が統一感の無さを漂わせ，どこにでもある小汚い飲食店街になっていた。京都五花街の一つとしての先斗町という「文化の香り」を，もはや誰も見出せなくなっていた。このような景気等の影響による変容を受けてもなお，前項で記載した歴史から，この町への美望は常に強く，恒常的に多種多様な飲食店等の進出を受け続けており，町の統一感はどんどん無くなっていく一方であった。

（3）まちづくりのための取り組み

　前述の現代化への時代経過により，まちづくり黎明期の課題・問題点は多岐にわたり，何から手を付ければよいのか，まったく見当もつかぬほどに悩ましいスタートを切って10年ほどになる。

1）京都市新景観政策と連動した取り組み

　京都市では，歴史まちづくり法施行・京都市歴史的風致維持向上計画策定と概ね時を同じくして，思い切った政策を始動させた。新景観政策である。いくつかの条例改正を行い，京都の景観規制を厳しくし，あわせてまちづくり支援を行うことで，京都市内の全域で景観の改善を目指すための政策で，具体的に改善を要求するものであった。

　この政策の代表例が，屋外広告物規制の強化・徹底で，「ローラー作戦」という名称で全域の看板是正を市民に課した。この結果，四条通や烏丸通等主要な大通りの看板群は改善を迫られ，次いで中心市街地の細街路に密集する店舗の看板群にも指導が入った。日に日に京都の通りの見た目はきれいになり，現代化する中で雨後の筍のように乱立していたビル群に付着していた古都らしからぬ派手な看板は，この時代が求める京都らしい品のある看板にとって代わられ，京都は明らかに再始動しはじめた。

　先斗町も，条例施行当初に違反率95％だった看板群の自主改善を実施しなければならなくなったが，京都市条例に従うという安直な看板の改善を行わ

なかった。というのも条例通りに改善をした所で，先斗町というまちの景観が維持保全，さらには改善・再生できる見込みがなかったことを早々に見抜いたからである。

そこで，まちづくり活動としての業績が全く無かった先斗町では，自主規制項目を京都市看板規制に合わせ作成し先斗町町式目と命名し，全店舗が守るべきものとして改善していった。この先斗町町式目による自主規制は，条例よりも厳しくした部分と町の性格や通り路地のあり方から若干緩やかな規制にした部分があるので，市条例とは相容れない部分もあるものである。

だが，この先斗町町式目による規制は，条例などによる規制よりも大きな役割を担っていた。それは，事業者が看板の設置・改変する際には，先斗町町式目に適合するかどうかを当会役員30名に事前協議をしてもらった上で，所定の書類に署名押印してもらわなければならないという運用ルールを付帯させた。これは事業者も面倒くさいが，役員も大層面倒くさいのである。しかし，このような手順を導入することで，関係する誰もが，まちの景観と景観に影響を及ぼす看板を，自分の事として捉えなければならなくなった。まちの看板は，このまち（先斗町）の看板なのである。

2）京都市地域景観づくり協議会制度とその運用

新景観政策の中で作られた制度に，「京都市地域景観づくり協議会」制度というものがある。この制度は2011年に施行され，先斗町まちづくり協議会は第2号として翌年6月に認定を受けた。同制度で認定されると，認定区域内で，景観に関わる行為を計画する事業者等に対し，京都市への諸手続きの前に，認定組織との意見交換が義務づけられる。これは素晴らしいシステムのようでありながら，地元側には何の強制力も持たせないまま意見交換だけができますよという，「不完全」なものであった。

事業者は意見交換によって把握できた地元の意見を反映させる責務はなく，京都市の規制にさえ適合していれば，地元の意見と異なったものであっても実現が可能だ。ただし，この制度は，とんでもないものを行政の手から市民の手に渡してしまった。それが「景観」である。この制度以前は，景観・町並みを規制できるのは行政制度だけであった。つまり事業者の建てる建物や看板に文句を言えるのは行政だけであったはずなのに，同制度を使えば，ま

第Ⅱ部　景観と生活文化

ちのひとが，事業者の生み出す景観に文句を言ったりできるようになったのである。京都市は認定地域に限っての話だが，景観というものに対し，地域住民に介入の余地を与えてしまった。

　現在，11地区が同協議会認定を受け，それぞれにその地域の景観を維持すべく同制度を運用しているが，地域によって運用・活用の方法は多様である。多様と聞けば良い印象を与えるが，多様に運用しなければいけない点に，この制度の貧弱性がある。つまり，同制度のみではなんの強制力もなく，地域の景観特性に対する新規行為への対応も困難なので，それぞれの地区で，地区計画や建築協定，地区の自主規制などと併用して運用しなければ，各地域の景観改善につながらない。

　先斗町でも同様で，先斗町町式目という自主規制，京都市による美観地区「界わい景観整備地区」指定を背景に，同制度を運用することで効果的に活用している。この同制度の弱さというものが，制度管理者側から広報されず京都市民に提供されているという点にも大きな問題がある。

　これについて先斗町まちづくり協議会は，2012年からの運用経験に基づき改善案などの提案を地方自治体に示し，また認定団体で構成する京都市地域景観まちづくりネットワークからも意見を出しているが，改善に反映しようという動きは地方自治体，つまり制度管理者側にない。この点に，京都市の景観行政の不完全な部分が露呈している。

3）町並み調査と界わい景観整備地区指定

　地域景観づくり協議会認定取得後，その制度だけでは，先斗町の町並みを維持保全・再生できそうにないと気づいていたので，早速，美観地区（一般地区）から界わい景観整備地区への指定変更を要望し，2013年度に京都市先斗町町並み調査が実施された。これは，先斗町というまちにとって大切な出来事であった。というのも，誰もが「古くからの花街」とは自覚していたものの，実際には，どういう歴史・町並みをもったまちなのか理解できていなかったので，町並み調査を通して，今後生み出される景観事象に対して，どういう方向性をもって対応すべきなのかが理解できた，という意義があったのである。

　京都市の歴史的風致維持向上計画は大雑把なものであり，個別の町の詳細

第10章　地域住民によるまちづくり

をふまえたものではなかった。詳細な調査の実践というものが，まちの未来
に効果的なことを先斗町というまちは理解できていたので，維持保全のため
の調査であったにもかかわらず，再生段階にまで影響を与えた。まちづくり
は，素人が自分のまちのためにボランティアで努力するということから成り
立っているが，それが間違ったものでないと捉えられるかどうか，これがま
ちづくりの進捗と継続に大きな影響を与える。

（4）持続可能なまちづくりに向けた課題

　さて，これら京都市の景観制度を活用しながら進めてきた先斗町の町並み
景観の維持保全・再生が，先斗町でのまちづくりの取り組みである。それは，
ただ建物を残せばよいだとか，風俗店の参入を抑えるだとかといった即物的
なまちの維持保全のことを目指すものではない。

　先斗町というまちは，住む者・商う者・来る人がいて，まちとしての魅力
が醸し出される。つまり，人がいて作り上げられてきたまちだから，住みた
い・行きたいと思えるまちを，守るだけではなく，作り上げていかなければ
いけない。再生という言葉には，今からも作り上げていくのだという意味が
込められている。ある一時期のまちの様子や町並み・建物を残せば，まちは
魅力的になるのではない。当事者たちが，どういうまちであってほしいのか
を見極め，不具合がある部分を認識しつつ，再生のための作業を進めていく。
このことが，先斗町というまちの，このまちらしさであるのだと考えている。
まちを変えていくのだ，誰しもがまちを変えて良くしていく当事者であると
いう理解が，まちに溢れることこそ先斗町の町並み景観の維持保全・再生な
のだ。

4　川と商店街を再生する──白川エリア

（1）どのような町か

　本節で取り上げる「まちづくり」の事例は，京都市東山区の最北にして左
京区に接する粟田学区（面積46.4 ha，約2,300世帯），なかんずく「白川エリ
ア」である。白川は，粟田学区を，岡崎の方から祇園の方に横切って流れる

177

第Ⅱ部　景観と生活文化

一級河川である。また，白川エリアとは同地域のまちづくりに携わるメンバー間での通称で，北は三条通（旧東海道），西は東大路通，そして白川に囲まれた逆三角形の地形をした地域とその周辺を指す（面積10.8 ha，約1,200世帯）。なお，東大路通に並行し，白川とＶの字を構成するかつて「東の錦と称せられた」古川町商店街がある。

（2）まちづくりの契機——川の汚染と商店街の衰退

　平安時代には和歌に詠まれるほどの美しさを誇った白川だが，近代に入ると半ばゴミ捨て場となった。そして1950年代半ばから，友禅染めの水洗いで流れ出る化学材料（糊）で汚泥が川底に堆積し，悪臭さえしはじめた。そのこともあり，暗渠にして自動車専用道路にする計画が行政側で検討された。そこで1973年，白川沿道の住民が中心になり，「クリーン白川の会」（会長：故・森口廣蔵氏）を結成し，小学生や近隣の大学生達と白川の清掃を始めた。

　また，古川町商店街の店舗から寄付を募り，毎夏白川に金魚を放流し子供たちに金魚取りをさせるという「白川子供まつり」を始め，河川美化と地域交流に貢献した。さらに，友禅染めの水洗いの問題を粘り強く訴え，1974年に行政指導による水洗い場の廃止を実現させた。その他，白川沿道のガードレール設置や高い欄干つきの橋の架け替え等の行政の計画にも異議を唱え，祖先から受け継いだ白川の景観を守ってきた。

　しかし，東山区では1980年より人口減少と高齢化が進み（東山空家再生委員会監修 2008），古川町商店街も衰退を続け，古川町商店街振興組合の組合員数は1985年に54，1991年に46，2000年に39と減少を続けた。また，粟田学区の空き家数は2012年の時点で戸建と長屋だけで100戸を超え，古川町商店街は，いわば「空き家に囲まれた衰退商店街」の様相を呈していった。

　このような状況の中で，「クリーン白川の会」は経済的後ろ盾である古川町商店街の衰退と，会員の高齢化などもあり一時50名いた会員も数名に減少し，「白川子供まつり」は2002年を最後に途絶えた。

（3）まちづくりのための取り組み

1）白川子供まつりの復活

白川の子供達を対象とした「白川子供まつり」は，その後10年近く途絶えたままであったが，2010年に粟田自治連合会（2007年設立）が「白川子供夏まつり」に名称を変え，住民から寄付を募り，京都大学人間・環境学研究科の大学院生のグループ「まち×Labo」の協力も得て復活させた。

まちづくりを研究テーマとする市民大学院の「京都まちづくり学研究室」では具体的なまちづくりのフィールドを探していたが，白川の流域の中でも最も親水的な流域でありながら，白川沿道の通過交通量が多いためその資源を活かせていない粟田学区に着目し，同学区の活性化を検討する AWATA 研究会を発足させた。まず通過交通量を調査し，その結果に対する粟田学区全住民の問題意識と，白川に対する関心度をアンケート調査した（1,178世帯に対し回収率51.8％）。

2012年11月16～17日に，白川沿道の通過交通量の調査を行った。その結果，とくに交通量の多い白川右岸では，3ｍ前後の狭い沿道を1時間に平均約200台の車が通過すること，その大半がタクシーであることが判明した。これは，当時の「京都市の四条通の1車線の通行量に匹敵し，いわば四条通の車線の中を歩行者が歩く状態」であった。

2013年2月，AWATA 研究会は粟田自治連合会の協力により，粟田学区の全住民に対しアンケートでこの調査結果を示した所，過度の交通量については，「うすうす知っていた」が39％，「知っていた」が20％で住民の59％が認識していることが判明した。また，約半数の住民がそのことに対し「問題でありなんらかの交通規制をすべきである」と回答した。さらに，同アンケートで①白川についての関心，②その理由，③白川沿道の利用についての3項目について調査した。その結果，88％の住民が白川に関心を持っていること，その理由は1位が「雰囲気があるから」，2位が「白川沿道をよく通り親しみがあるから」，3位が「美しいから」であった。また利用は「通過路として」に次いで「散策路」であり，住民の憩いのための散策路として活用されていることが確認できた。

第Ⅱ部　景観と生活文化

2）他組織と連携したまちづくり活動──白川を創る会の設立とその限界

　2011年,「クリーン白川の会」の活動を継承する形で粟田自治連合会, 市民大学院の「AWATA 研究会」, 京都大学大学院生のグループ「まち×Labo」が近隣の大学を巻き込んで, 任意団体「白川を創る会」が粟田自治連合会の下部組織として設立された。設立の趣旨は,「白川千二百年の文化的景観を継承し, つぎの百年を創ることをミッションとし, 白川沿いの道路空間の安全・快適性の創出を推進する」ことである。そのために,「1. 対象地域の美化活動及び自然環境を守る活動, 2. 地域からの文化の発信, 3. その他, 目的達成に必要な活動を行なう」とした。しかし, この白川を創る会は, まちづくりを進めるにあたって, 以下の限界があった。

　　① 　活動範囲が粟田学区全体と広すぎ, まちづくりの方針について住民の合意形成が難しい。
　　② 　粟田学区のまちの大きな要素でもある, 古川町商店街とのコミュニケーションや連携がない。
　　③ 　白川という線状での活動であり, 面としてのまちづくりの活動ができない。

3）京都府商店街リノベーション応援事業と白川まちづくり協議会の設立

　2014年6月, 京都府商工労働観光部は「商店街が置かれている状況ごとに民間活力や外部人材の導入支援など抜本的な対策を展開する京都府商店街リノベーション応援事業」を発表し（京都市商工労働観光部 2014a）, その業務を委託するにあたり, 企画提案を募集した。

　株式会社デコスは, 古川町商店街を対象に商店街の総合マネジメントや統一コンセプトによる店舗誘致, そして広域型イベント開催の具体的な提案を行ない, 採択され, 2014年10月に, 事業の拠点として事務所兼集会所「古川趣蔵」を古川町商店街に開設した。そこで行われた事業の一つは有力な商業者を空き店舗等に誘致することにより, 持続的な商店街等の賑わいづくりを推進する事業である（京都府商店街リノベーション応援事業費補助金取扱要領 2014b）。

　また, 2015年5月, 古川町商店街振興組合, 株式会社デコス, 白川を創る会の役員が集まり「白川まちづくり協議会」が設立された（図10-3）。これ

180

図10-3 白川まちづくり協議会と他組織の関係

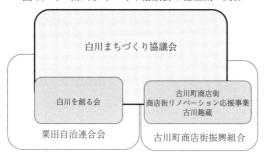

により，まちづくり活動は白川エリア，つまり線から面（エリア）に広がり，しかも白川エリアの大きな要素である古川町商店街を巻き込むことができるようになった。

また白川筋の通過交通問題は「白川まちづくり協議会」が担当することになり，「白川を創る会」は白川の美化と白川でのイベントに活動を絞ることになった。

4）白川を利用した文化事業と交通量の緩和──まちづくり活動の成果

白川清掃は，2013年以降，白川を創る会がイニシアティブをとって粟田学区の全町内会に声掛けし，今日まで継続してきた。冬季に，鴨東運河浚渫工事に伴う水量制限を利用して川底の清掃に50人を超える住民が参加したこともある。清掃はまちづくり活動の中で住民に根づいているといえる。

また白川あわた夏祭り（白川子供夏まつりを再度呼称変更）は，今や白川での夏の風物詩になった。2010年の再開当初300〜400人であった参加者が，2018年は1,100人にまで増加しており，地域以外の参加者が多くなってきている。

その他，白川沿道や川中でのお茶会なども白川を創る会の協力を得て開催され，地域内からの参加者は少ないものの，地域外の学生や若者の参加者も多く見られる。

白川沿道の通過交通の多い原因の一つは，東大路通・三条通の交差点において東大路通を南から来た車両が岡崎や蹴上方面へ右折できないことにある。これに対する，住民の再三の行政への陳情や，住民の主張が新聞やテレビで取り上げられたこともあり，東山警察署と京都市建設局土木管理部東部土木

第Ⅱ部　景観と生活文化

事務所による2015年2～7月の社会実験を経て，2016年8月に同交差点の右折可が実現した。さらに，2017年に白川まちづくり協議会が中心となり地元から，白川沿道の痛んだアスファルト舗装を石畳風の舗装に改修することを行政に要望し翌年実現した。

　それらの効果を2018年11月16～17日に白川まちづくり協議会で調査した所，前述した2012年同月同日の同じ曜日の調査と比べ，車両による交通量は約30％減少し，逆に歩行者は4倍に増加したことが判明した。その歩行者の中には，岡崎から八坂神社や祇園方面に向かう観光客，特に外国人観光客が多く見られた。

（4）持続可能なまちづくりに向けた課題

　以上紹介したように，元々は住民が誰でも参加できる白川清掃に始まり，そこで住民と住民が触れ合い，やがてそこからコミュニティ活動が生まれ，白川でのコミュニティ活動は商店街の活性化活動と結びつき大きく展開した。また，その活動の一環である白川あわた夏祭りの開催は，住民間だけでなく地域外の人々との交流にまでに発展し，さらに地域住民の要望によって石畳風に改修された沿道は，地域を越え，日本全国いや海外からの観光客にも散策路としてその恩恵を享受されるまでになった。

　以前は，高齢化，人口減少，空き家の増加，そして観光地間の車両の通過路でしかなかったまちは，商店街の衰退を招き，不便で魅力のないまちに，そして人口減少へという悪循環に陥っていた。しかし，白川の価値を住民が再認識し，その共有の下にまちづくり活動が生まれ，その過程の中で住民間の交流，ネットワークそして相互の信頼が生み出され，持続可能な活動として定着し，その結果は地域住民のみならず，地域外の人達にとっても大きな価値を生み出したのである。

第10章　地域住民によるまちづくり

参考文献

赤﨑盛久（2017）「京都市粟田学区におけるまちづくり活動」『インナーコミュニティの再生とその多様なアプローチ』日本建築学会2017年大会資料。

神戸啓（2018）「先斗町の景観まちづくり」『国際文化政策』9。

谷口親平（2017）「姉小路界隈のまちづくり」『国際文化政策』8。

横山経治（2015）「西之町のまちづくり」『国際文化政策』6。

（谷口親平〔第1節〕・横山経治〔第2節〕・神戸　啓〔第3節〕・赤﨑盛久〔第4節〕）

コラム7　京都市地域景観まちづくりネットワークの取り組み

　本コラムでは，筆者が事務局を務めている，京都市地域景観まちづくりネットワーク（以下，協議会ネット）の概要や取り組みについて紹介する。

　協議会ネットは，"地域景観づくり協議会制度"の認定を受けて，地域の景観づくりに取り組む地域団体の集まりである。2019年4月現在，11団体が参加している。

　"地域景観づくり協議会制度"は，2011年に京都市の"新景観政策の進化"において導入された京都市独自の制度である。認定を受けた地域内で建築行為等を行う際，建築主は行政の許認可の手続きの前に地域団体と意見交換することが義務づけられる。地区計画や建築協定などの制度とは違い，各団体の掲げるルールに強制力はない。しかし話し合いの場が確保されることで，地域が大切にしている価値を共有し，地域の景観づくりをどう進めていくか，一緒に考えることができる。地域の価値を共有すること，協働することを目的としている制度だといえる。協議会ネットの各団体は，この制度を活用し，景観まちづくりを進めている。

　"地域景観づくり協議会制度"の認定を最初に受けたのは，2012年の下京区の修徳学区及び中京区の先斗町であった。その後毎年のように新たな地域が加わったが，制度の認知がなかなか進まなかった。そこで，京都市の都市計画情報提供システムへの協議会制度の記載や，制度周知に力を入れることを，各地域共同で要望しようと集まったのがネットワーク結成の契機となった。それから，定期的な情報交換が始まり，2015年8月には正式に協議会ネットを立ち上げることになった。

　このように協議会ネットは地域団体の発意から自主的に立ち上がったものである。行政の仕掛けがあったわけではなく，主体性の強いネットワークとして成立したといえる。京都景観フォーラムは，最初の集まりから，とりまとめを依頼され，以降，事務局を引き受けることになった。

　協議会ネットは，他の地域の取り組みを学ぶことで，それぞれの地域の活動を充実させるとともに，そこで明らかになった課題を基に制度の改善にもつなげることを目的としている。またその情報は，これからこの制度を活用しようという地域にも役立ててもらえるかもしれない。こうした取り組みを通じて，京都の景観まちづくりがさらに進化していくことに貢献しようとするものである。

　地域景観づくり協議会制度の設計にも関わっておられた門内輝之氏（京都大学名誉教授）が「この制度は地域を鍛えることになる制度だ」とおっしゃっておられた。

　当初，筆者は理論的にはわかるが，本当にそんなことができるのかと不安を抱えな

コラム7　京都市地域景観まちづくりネットワークの取り組み

がら，これらの地域の支援をすることになった。修徳と先斗町で最初の運用が始まってから7年目，実感としては試行錯誤しながらも，それができ始めているように感じている。

　地域が担う意見交換は，多い地域では年間60件を数える。地域側の意見は地域の総意を背景とすることで力を持つため，まずは地域内の支持を得ていることが大切である。さらに意見交換の相手とうまく関係をつくり，地域が目指す景観づくりの方向に合わせてもらうよう導く。相手が協力的でない場合は，あの手この手でプレッシャーを掛けたり，逆に協力的な相手には，目指す方向を共有するだけでなく，さらに地域と協働する活動へ巻き込んでいく。こうした意見交換の経験を積み重ねるうちに，相当高いマネジメント力を付けるに至っていると見える。

　もちろん，意見交換には失敗例もあり，関係づくりがうまくいかずに，新しく地域に来た相手を敵にしてしまうこともある。が，その失敗も糧になるもので，それぞれの地域固有の対処方法を編み上げている。時間はかかるが，経験を積み重ねることで，地域の景観がもつ価値を共有し，共同で管理する関係が生まれている。現在，制度導入した地域は11まで増え，また現在導入を検討中の地域もある。おそらくこうした先行地域の取り組みに，可能性を感じてのことだと思われる。

　景観まちづくりは，行政の直接的な手法のみでは支援しきれない。その内容やプロセスに応じて，建築，土木，法律，マネジメントなど多様な分野の支援が必要になる。京都には地域を支援する多くの専門家がいるが，そのネットワークの要に位置するのが，京都市景観・まちづくりセンター（通称，まちセン）である。まちセンは，まちづくりの相談機能をもち，専門家派遣制度を有し，地域と専門家のマッチングを行っている。

　京都景観フォーラムは，こうした専門家のネットワークの一翼を担っている。専門家向けの景観エリアマネジメント講座を通じて，あらゆる専門領域から，地域を支援する人達をネットワークに引き入れていく役割も担っている。景観まちづくりに主体的に取り組む地域団体のネットワークに，地域を支援する専門家のネットワーク，そして現場の声を反映させながら政策立案をする行政，重層的なネットワークが構築され機能することで，京都の景観まちづくりがさらに発展していくものと考える。

（森川宏剛）

第Ⅲ部　地域・文化産業とまちづくり

第11章	文化都市・京都の産業政策

1 市政の柱は産業と文化

　京都市の都市理念である世界文化自由都市宣言（1978年10月）から40年以上が経過した。京都市政を考えるに際し，いつの時代においても文化を切り離すことはできないが，近年，京都市政において文化は市政の柱に位置づけられている。2018・2019年度の組織改正において，重点項目の1番目に「世界の文化首都・京都」実現に向けたさらなる文化政策（事業）推進のための体制強化を掲げ，市長記者会見でも，門川京都市長は文化を市政の柱に位置づけることを明らかにしている[(1)]。

　一方で，本章のテーマである産業政策も近年，その重要性を増している。2014年度の予算編成では市政の柱の第1に産業振興が掲げられ[(2)]，2018・2019年度の組織改正においても，重点項目の2番目に京都の強みを最大限に活かした地域経済のさらなる活性化が掲げられている。

　文化と産業（経済活動）が非常に深い関わりを持つことは，今さらいうまでもない。経済の繁栄によって文化が花開くともいえるし，文化が核となり産業が育成されるということもいえる。京都では，歴史的に見ても文化と産業は密接に関係しながら発展を遂げてきた。

2 地方自治体における産業政策の重要性

　経済成長率の低下や地域活性化が日本の大きな課題となる中で，近年，地域産業政策（地方自治体の講じる産業政策）が果たす役割が大きさを増している。ここでは，地方自治体における産業政策の意義，重要性について，京都市を例に挙げながらまとめてみたい。

第11章 文化都市・京都の産業政策

　まず，安定した雇用創出の場を創り出すことである。市民が安心のできる生活を送るには，安定した収入の確保が欠かせない。京都市民の2015年度の１人当たり市民所得は311万円と全国平均の306万円を上回っているものの，この10年間ほとんど伸びは見られない。また，少子化高齢化に伴い有効求人倍率は高い水準にあるものの，非正規雇用率が42.0％と高い水準にあるという課題もある（2017年）。就労は，社会参加や自己実現の観点からも重要な意味を持っている。

　第２に，財政面における税収の確保である。京都市の歳入は2017年度一般会計で7,700億円，市税収入は2,557億円であった。そのうち企業活動と関連する税収は法人市民税255億円，固定資産税（償却資産分）122億円，事業所税73億円で，この３つを合わせるだけで450億円に及び市税収入の17.6％にあたる。これに従業者の個人市民税や企業が納める土地・建物の固定資産税，都市計画税などを加えるとその金額はより大きなものになる。

　第３には地域づくりである。京都市の中小企業の多くは，地域のコミュニティ活動や安心・安全なまちづくりの担い手として，大きな役割を果たしている。商店街は地域の賑わいを生み出し，伝統産業も企業の集積が産地として地域の文化や歴史を支えている。経済の域内循環も含め，企業は地域づくりの有力な構成員である。

　第４に，文化，スポーツ，科学技術分野におけるさまざまな活動である。京都の企業は，文化では音楽・美術活動や芸術家への支援，科学技術では研究者に対する支援，スポーツに関してはスポーツ活動に対する支援など，さまざまな支援を行っている。最近では，行政施設に関するネーミングライツも増えている。この他，伝統行事への協賛や地方自治体，大学，福祉施設への寄付等，京都企業の地域活動は多彩で，その果たす役割は非常に大きい。

　このように，中小企業から大企業まで，京都の企業は多面的に地域を支えており，京都市にとって企業活動支援のための産業政策は非常に重要な意味を持つ。

第Ⅲ部　地域・文化産業とまちづくり

3　産業都市・京都

　「文化都市」「歴史都市」「観光都市」「大学都市」など京都市を表す言葉は
色々あるが，京都市は，わが国を代表する産業都市でもある。京都市の従業
者数は73万9,542人（「平成28年経済センサス活動調査」）であるが，通勤流出
入者数の差は8万1,507人の流入超過である（「平成27年国勢調査」）。これは，
大阪市，名古屋市，福岡市に次ぐ全国第4番目の数字で，上位3市は経済ブ
ロックの中心都市として全国大手企業の地域本部が集積しているが，京都市
はこれには当てはまらないにもかかわらず，多くの従業者を周辺都市から集
めているのである。上場企業が64社（2018年）と大阪市，名古屋市，横浜市
に次ぐ第4位（東京都23区を除く）であるのも産業都市・京都を表す数字と
いえる。ただ，産業都市・京都は多様な特徴を有しており，その主なものを
まとめておきたい。

　①　観光都市

　京都市という名前を聞いて思い浮かぶイメージは「観光都市」であろう。
1997〜2017年の20年間で，観光客数は3,897万人から5,362万人に増え，外国
人宿泊者数は41万人から353万人と急増している。これに伴い観光消費額も
4,637億円から1兆1,268億円と大きく伸びている（「京都観光総合調査」）。宿
泊業，飲食サービス業が全産業に占める割合も，従業者数で12.4％，事業所
数で14.7％（「平成28年経済センサス活動調査」）と非常に大きい。

　②　コンベンション都市

　京都市は全国の地方自治体に先駆け「京都市 MICE 戦略」（2010年3月）
を策定するなど，コンベンション都市としての機能の強化に努めてきた。そ
の結果，2017年の国際会議開催件数は308件，総参加者数は13万9,000人を超
え，国際会議協会（ICCA）の統計では開催件数は日本で東京に次ぐ2番目
に位置している。COP3や世界水会議など世界の注目を集める主要会議が開
催されることも京都の特徴である。

　③　ものづくり都市

　京都市は，わが国を代表するものづくり都市でもある。京都市の製造業が

市内総生産に占める割合は22.9％（「平成27年度京都市市民経済計算」）。これは政令指定都市の中では浜松市に次ぐ2番目の高さで，製造業は今日でも京都市にとって非常に重要な産業である。京都市の製造品出荷額は2兆5,135億円（2015年）で全国15位に下がったが，ピーク時の1991年は3兆3,999億円で日本8位のものづくり都市であった。

④　ベンチャービジネス都市

京都の企業には，明治期に創業し現在も活発な企業活動を繰り広げる島津製作所，GSユアサ，日新電機などに加え，第2次世界大戦後にオムロン（1948年），ワコール（1949年），堀場製作所（1953年），ローム（1958年）など次々とベンチャー企業が生まれた。その後も京都市からは，京セラ（1959年），日本電産（1973年）などわが国を代表するベンチャー企業が生まれている。こうした結果，京都市に本社を置き，独自の分野で強みを発揮し，世界で活躍する売上高1,000億円以上の企業が18社に及んでいる（2018年度決算）。

⑤　伝統産業都市

京都市のものづくりのルーツともいえる伝統産業においても，京都市は日本最大の伝統産業の集積地で，全国232品目が国から伝統的工芸品の指定を受ける中（2018年11月現在），17品目の指定を受けている。任天堂は花札，島津製作所は仏具，京セラは京焼・清水焼など，京都を代表する企業には伝統産業の技術をルーツに誕生，発展したものが多く，精巧な技術やデザインに裏打ちされた伝統産業は，京都の文化や歴史の象徴として観光産業との結びつきも強い。

4　文化に根ざした産業政策の歴史

（1）明治以降の産業の歴史

京都の歴史を遡ると1000年以上の長きにわたり都として栄え，わが国のものづくりの中心的な位置を占めてきた。明治期，東京に都が移され，京都が衰退の危機を迎える中で，1870年に舎密局を開局し，海外の専門家を雇うなどして，化学分野を中心に産業振興に取り組んだ。また染織の分野でも，海外に留学生を派遣し，織殿，染殿を開設するなど，ヨーロッパの先進技術の

第Ⅲ部　地域・文化産業とまちづくり

導入による殖産興業策を進めた。明治末期から大正期に入ると，琵琶湖疏水
による水力発電が，工業用電力として利用され，染織工場を中心に機械器具
工場，化学工場など京都の産業は本格的に発展を遂げていく。こうした歴史
が，今日の京都産業にも大きな影響を与えているが，本章では，第2次世界
大戦後，昭和50年代以降からとりわけ近年に焦点を絞り「文化都市・京都の
産業政策」について考察を加えたい。

（2）文化に根ざした産業政策

　京都市の産業政策を振り返ると，第2次世界大戦後，一貫してその中心を
占めてきたのは，中小・零細企業対策である。事業所数や従業員数で大きな
割合を占める中小・零細企業の経営の安定，成長を図るために，京都市では，
①金融支援（制度融資），②経営指導，③技術指導の3つの柱を中心に政策
を進めてきた。そして，本章のテーマである「文化」という側面から産業政
策を考えると，その代表は伝統産業の振興である。戦後の復興期から高度経
済成長期まで，京都産業を支えてきたのは，繊維産業をはじめとする伝統産
業である。伝統産業の多くは産地を形成し，地域経済の中核を担うとともに，
京都そして日本の文化を支えてきたのである。

　京都市では，早くから業界，産地の実態調査を行い，その成果を『京都の
伝統産業』（1962年3月）としてまとめている。伝統産業の振興に関しては，
染織試験場，工業試験場（工芸指導所）が技術指導や技術者養成の取り組み
を進めるとともに，清水焼団地をはじめとする工業団地の建設や海外展示会
への出品による販路開拓など，様々な取り組みが展開されてきた。しかし，
高度経済成長期以降，生産技術の高度化，低価格の海外製品の進出，産地の
拡大，ライフスタイルの洋風化による需要の減少等により，伝統産業は後継
者不足もあわせて厳しい局面を迎える。そこで，京都市では，1967年度から
「京都市伝統産業技術後継者育英制度」を設け，後継技術者の確保とその養
成を図るとともに，1968年度には「京都市伝統産業技術功労者顕彰制度」を
設けるなど，伝統産業を担う「人」に注目した政策を始める。一方，国の方
でも伝統産業製品のよさを見直す機運が高まり，その維持・発展を図るため
に，1974年5月に「伝統的工芸品産業の振興に関する法律」（伝産法）が制

第11章　文化都市・京都の産業政策

定される。こうした流れを受け，京都市では1974年度に伝統産業課を設置，1976年には岡崎の地に京都市伝統産業会館を開設するなど（現在は伝統産業ふれあい館として運営），今日まで継続して伝統産業振興の取り組みを進めている。

5　伝統産業振興の取り組み

（1）伝統産業活性化推進条例の制定

　伝統産業振興に向け，業界や行政が多くの取り組みを進めてきたにもかかわらず，伝統産業を取り巻く状況は，厳しさを増していった。

　「京都が，将来にわたって，その伝統的な文化を継承し，日本の文化の中心として発展し続けるためには，伝統産業を活性化し，その未来を切り開いていかねばならない」。これは，2005年10月に施行された京都市伝統産業活性化推進条例の前文の一節で，条例には，①市場開拓，②基盤の強化，円滑な流通の促進，技術の継承と革新，③価値や魅力の発信，④日本独自の伝統文化の継承と文化の創造，という4つの基本理念が掲げられている。この条例では，国の指定を受けている17品目に加え，小規模なため国の指定要件を満たさない伝統産業品や国では指定の対象となっていない食品など74品目を京都市の伝統産業製品として指定していることが特徴として挙げられる。

（2）伝統産業活性化推進計画の推進

　京都市では，条例を受けて，これまで3回にわたり京都市伝統産業活性化推進計画を策定しているが，その内容と成果を簡単に紹介する。

　まず，第1期計画（2006～2011年度）では，①「伝統産業の日（春分の日）」に伝統産業関連事業を集中，②首都圏や団塊の世代，海外などにターゲットを絞った新商品の開発，中堅技術者の意欲向上，人材育成を目的とした「未来の名匠」認定制度の創設，③東京における着物アンテナショップの運用などを行った。次いで，第2期計画（2012～2016年度）には，①海外販路の開拓を進める「京もの海外進出支援事業」，②小中学校に伝統産業職人を派遣し，製作体験や実演を実施する，③若手職人を対象にした「現代における伝

第Ⅲ部　地域・文化産業とまちづくり

統産業」のコンペティション，④伝統産業技術の継承及び工程の存続を支援するための補助制度の創設などに取り組んだ。2017年度から第3期の計画が10年間の期間でスタートしているが，「文化をつなぐ匠のまち京都宣言」と題し，伝統産業をイノベーション，文化・観光，使い手との関係性から捉え直すこととし，①創造的活動に対する支援，②技術の継承や後継者の育成，③活動拠点施設等の機能の充実などを基本的施策として掲げている。

（3）京都府の取り組み

　京都府も伝統産業の振興に関し熱心な取り組みを展開してきた。京都府では人材の育成，顕彰に力を入れ，1961年度に「京都府伝統産業優秀技術者表彰（京の名工）」制度を設け，今日まで，優れた技術を有し，業界の振興と発展に寄与した方々を表彰している。また，次代を担う若手技能者の表彰制度として2006年度に「京もの認定工芸士」認定制度を設け，若手職人の育成に努めている。この他，伝統工芸に携わる産業人を育成するために，京都府下の園部町（現・南丹市）で1995年に京都伝統工芸専門校（現・京都伝統工芸大学校）が設立されるに際してこれを支援し，現在ここから京都はもとより全国に向けて伝統産業に携わる若手人材を輩出している。

　京都府においても，伝統産業の振興に向けて，2005年に「京都府伝統と文化のものづくり産業振興条例」が制定された。基本理念として，①人づくり，②ものづくり，③環境づくりの3つの項目を掲げ，京もの指定工芸品として31品目，京もの技術活用品として1品目，京もの伝統食品として1品目が指定され，現在まで多様な施策が進められている。

6　伝統・観光産業の低迷と近代工業の空洞化

　ここまで，京都産業の特徴や伝統産業の振興策について述べてきたが，時代の変化とともに，京都市の産業も多くの問題が生じてくるようになる。この結果，京都産業の振興，京都経済の活性化が京都市にとって政策上の重要課題として浮上し，新しい産業政策への取り組みが必要とされてくるようになる。ここでは，京都産業に生じた問題や課題について，伝統産業，観光産

業，近代工業の３つの分野に分けて整理して述べたい。

（1）伝統産業の低迷

　第１に，かつて京都産業の中核を担っていた繊維産業をはじめとする伝統産業の落ち込みである。西陣織帯地の生産量はピーク時の1975年から2016年には6.5％（733万本から48万本）に，京友禅・京小物の生産量はピーク時の1971年から2016年には2.2％（1,652万反から36万反）に激減している。国指定の伝統産業17品目全体でも1985年と統計が公表されている最後の年である2006年を比較すると，事業所数で64.0％減，従業者数で69.8％減，売上高で59.4％減と，それぞれ大幅に減少が続いている（表11‐1）。

　それ以降も，京都市伝統産業推進計画に挙げられている数値（京都市の指定する74品目）で比較すると2010年度の出荷額2,477億円が2015年度には1,716億円と減少しており，伝統産業の縮小の流れは変わっていない。

（2）観光産業の停滞

　京都の観光客数は高度経済成長期に爆発的に増え，1965年には2,187万人だった観光客数が10年後の1975年には3,804万人と実に10年間で75％増加した。ただ，それ以降は1999年の3,899万人まで約25年間にわたり観光客数は伸び悩み，古都税問題が深刻化した1981年は3,701万人，阪神・淡路大震災が起こった1995年には3,534万人まで落ち込んだ。このため，観光客数をいかにして増やすのかを中心に，観光振興が京都市にとって大きな課題として浮上することになる。

（3）近代工業の空洞化

　縮小する伝統産業に代わり，京都の経済を支えてきたのが近代工業である。京都には，京セラ，日本電産，任天堂をはじめ，オムロン，島津製作所，ロームなど全国，世界で活躍する数多くの企業がある。しかし，こうした有力企業の多くは，生産活動の拡大に応じて，生産部門が近隣の滋賀県，続いて北陸，九州などに全国に移り，平成に入ると海外へのシフトが進んでいった。また，京都で成長を続ける中小，ベンチャー企業も，生産拠点を市域外に移

第Ⅲ部　地域・文化産業とまちづくり

表11-1　伝統的工芸品産業の振興に関する法律に基づく国指
定17品目の推移

	1985年	1990年	1995年	2002年	2006年
事業所数	7,815	6,538	4,565	3,210	2,814
従業者数	55,624	50,085	42,654	24,108	18,069
出荷額（百万円）	274,752	234,473	190,062	145,696	111,570

出所：伝統的工芸品産業振興協会「全国伝統的工芸品総覧」。

　転，拡充するケースが増えていった。こうした結果，京都の有力企業が売上
を大幅に伸ばしているにもかかわらず，京都市の製造業出荷額はピークの
1991年から2015年にかけ26％減（3兆3,999億円から2兆5,135億円），従業者
数は48％減（12万1,633人から6万2,853人），事業所数に至っては59％減
（6,355事業所から2,623事業所）になるなど，近代工業分野における「ものづ
くり」の復活が大きな課題となってきたのである。

7　新しい産業政策──観光・新産業の振興

　こうした課題を解決し，京都産業の振興を図るため，京都市では新しい産
業政策の取り組みが始まる。ここではその中心となる，観光分野と新産業分
野の2つの分野における新しい産業政策の取り組みについてまとめてみたい。

（1）観光振興政策

　京都市の新しい観光政策は，2001年1月に策定された京都市基本計画の中
で，観光産業を戦略産業と位置づけるとともに年間観光客数5,000万人を目
指すことを掲げ，その実現に向け「京都市観光振興推進計画」を策定する
（2001年1月）ことから始まる。2003年3月に「東山花灯路」が，2005年12月
には「嵐山花灯路」が始まり，現在も観光オフシーズンの人気事業として定
着している。続いて2006年1月に策定された「新京都市観光推進計画」では
観光客数5,000万人の実現，受入環境の整備，外客誘致等を掲げ，京都文化
の体験・学習型観光「京都おこしやす大学」や「京の七夕」などさまざまな
取り組みが展開された。その結果，2008年に目標から2年前倒しで観光客数

が5,000万人に達した（5,021万人）。

　続いて2010年3月に「未来・京都観光振興計画2010＋5」が策定される。この計画では，「観光スタイルの質」と「観光都市としての質」を高めることを京都観光が目指す姿として掲げられた。主要プロジェクトに，四条通の歩道拡幅や観光案内標識のアップグレード等による「歩く観光」の推進などをあげるとともに，おもてなし戦略として①修学旅行生，②熟年世代，③外国人観光客，④ビジネス団体客に焦点をあてたことも大きな特徴といえる。

　2014年に米国の旅行雑誌『トラベル・アンド・レジャー』で世界の人気都市ランキング1位に選ばれるなど，外国人観光客の増加が顕著になり始める中で，2014年10月に「京都市観光振興計画2020」が策定される。副題は「世界があこがれる観光都市へ」で，「観光を通じた文化と文化のふれあいは，50年，100年先においても，新たな価値を生み出し，文化の継承と復興に寄与する」と文化の視点が重視されている。このように，観光分野では，5年を期間とした計画を策定し，その実現に官民あげて取り組むことで，観光客数の大幅な増加に結び付けたのである。

　なお，観光の質や満足度を重視するという考え方に基づき，2013年から京都市観光総合調査に「観光客満足度調査」が調査項目に加えられたことも，京都市の観光政策を考える上で重要なポイントである。

（2）新産業振興政策

　京都市の本格的な新産業振興政策がスタートするのは，新たな基本計画の策定を受け，2002年3月に「スーパーテクノシティ構想」が策定されてからといえる。スーパーテクノシティ構想では，①創業・新事業の創出，第二創業への支援，②魅力ある立地環境の整備，③新規成長分野への支援（新産業の振興）など，主要政策として5項目が挙げられたが，その主な取り組みを紹介したい。

　①に関しては，京都市ベンチャー企業目利き委員会Ａランク認定企業[4]の成長を支援するため，「研究開発補助制度」，「新商品事業化調査」，「インキュベーションの整備」など，総合的な施策の充実が図られた。また，第二創業支援として，既存の中小企業が新事業や新商品の開発を通じて自らの企業価

第Ⅲ部　地域・文化産業とまちづくり

値を高めるために，オスカー認定制度[5]が創設された。②に関しては，桂イノ
ベーションパークの整備が挙げられる。2003年10月に京都大学大学院工学研
究科が桂地区に移転するが，その隣接地に，科学技術振興機構の研究事業化
施設である研究成果活用プラザ京都と中小企業基盤整備機構のインキュベー
ション施設である京大桂ベンチャープラザ北館・南館の誘致や民間企業3社
の進出が決まり，産学連携拠点を形成することに成功した。③に関しては，
バイオ産業の振興を図るバイオシティ構想の取り組みが進められた。その中
心は「医工連携による新産業の振興」で，「ナノメディシン拠点形成の基盤
技術開発」をテーマに事業が進められるとともに，その拠点となるインキュ
ベーション施設「クリエイション・コア京都御車」が建設された。さらに，
「ナノテクノロジー」を核技術に，大学と企業が共同研究開発を進めること
で世界レベルの産業集積の形成を目指す「知的クラスター創成事業」の取り
組みが2002年度から2012年度まで2期11年にわたり進められた。

　次いで，新しい産業振興ビジョンとして，2011年3月に「新価値創造ビジ
ョン」が策定された。このビジョンの特徴は，京都の歴史や文化，学術など
京都のソフトパワーを活かし，京都ならではの創造的な産業を生み出すとい
うことにある。具体的には，京都の「知」「匠」「美」を融合し，産業面にお
いて京都が新たな価値を生み出す創造都市になることを目指すものである。
この結果，ライフサイエンス分野では，京都大学内での「京都市医工薬産学
公連携オフィス」の立ち上げや，京都リサーチパーク内での「バイオ計測セ
ンター」の開設，グリーン産業（環境産業）分野では，京都市南部の高度集
積地区内における研究開発拠点の整備など新産業振興の取り組みが一層進ん
だ。

　一方，京都商工会議所が進める「知恵産業のまち・京都の推進」に呼応し，
2010年11月に京都市産業技術研究所に知恵産業融合センターを創設し，伝統
産業の新分野への挑戦を支援するとともに，コンテンツ産業振興の取り組み
も始まった。2011年度にコンテンツ担当組織が設置され，2012年度から毎年
9月に「京都国際マンガ・アニメフェア（京まふ）」が京都市の岡崎地域で
開催され，西日本最大級のイベントとして賑わっている。また，京都市が漫
画家の卵のためにシェアハウスを安価で提供し，マンガの指導や売込みを手

第11章　文化都市・京都の産業政策

助けする平成のトキワ荘事業も立ち上げられた。

（3）産業行政の体制と予算

　ここまで，従来の産業政策に加えて，新しい産業政策として「観光振興政策」と「新産業振興政策」に力点が置かれてきたことについて述べてきたが，こうした新しい産業政策が産業行政の体制や予算にどのように反映されてきたのであろうか。観光部門が経済局に入り産業観光局となった1995年度から（新産業部門に関してはスーパーテクノシティ推進室が設置された2002年度から）直近の2018年度の間の組織，人員について伝統産業分野，観光分野，新産業振興分野の推移を簡単に紹介しておく。

　伝統産業分野は，この間，組織名が伝統産業課で変わらず，人員は11人から13人にと，若干増えている。次に観光分野は1995年度の観光部が2012年度には観光 MICE 推進室になり，人員は14人から45人と大きく増えている。最後の新産業分野は，2002年度のスーパーテクノシティ推進室が2013年度に新産業振興室になり，人員は11人から34人と，観光ほどではないがかなり増えている。

8　京都型文化産業の振興

（1）京都型文化産業の考え方

　京都市の産業政策について，文化との連携という観点から伝統産業振興の取り組みについて，新しい産業政策という観点から観光産業と新産業の振興について述べてきた。京都市の産業政策を考える場合，最も重要なことは，ものづくり産業と観光産業のバランスある発展といえる。ただ，ものづくりも，サービス産業化が進む中で，これまでの取り組みの継続にとどまらず，京都の歴史や伝統を活かした，新しい文化産業の振興に本格的に取り組むことが求められている。

　近年，京都市内において大手企業のデザインセンターや IT 企業の研究所の開設が相次ぐなど，京都は国内外の企業から注目を集めている。これは，京都の歴史や文化，人材など京都の持つ環境が企業活動を創造的に深化，展

199

第Ⅲ部　地域・文化産業とまちづくり

開するのにふさわしいと評価されてのものである。観光に関しても，京都を訪問する観光客には，ほんものの京都（歴史，文化，精神，匠の技等）に触れていただくことが大切で，伝統産業の工房見学，寺院での座禅や写経など，時間をかけて京都を体験することが，一層質の高い京都観光につながるものと思われる。このように，今後の京都市の産業政策は，これまでの伝統産業や観光，新産業振興の取り組みに加えて，「文化，観光，ものづくり産業（伝統産業・新産業）」が融合する京都型文化産業の振興を進めていくことが必要とされている。

（2）京都型文化産業
——文化，観光，ものづくり産業（伝統産業・新産業）の融合
1）伝統産業の新展開

　伝統産業に対する需要の縮小が続く中で，伝統産業分野においては長年にわたり磨かれた技術の新たな分野での活用や，海外市場への展開が大きな課題となっている。京都市産業技術研究所では，伝統技術と先端技術の融合や新たな気づきによる新商品の開発を支援し，「知恵創出“目の輝き”」企業として認定するとともに，販路開拓にも努めている。

　京都商工会議所では，文化と伝統に裏打ちされた京都ならではの強みを活かして，京都産業に革新と創造を呼び起こすために「知恵産業のまち・京都の推進」が強力に推進されている。「知恵ビジネスプランコンテスト」や「創造的文化産業モデル企業選定事業」などの取り組みにより，京都の文化や伝統を生かした創造性に富んだ新たな企業が成長，発展する土壌ができあがってきた。知恵産業の推進は，京都府，京都市も含めた京都全体の取り組みとなり，首都圏での販路開拓事業「京都知恵産業フェア」の開催，海外への事業展開など京都産業の新しい動きとなっている。

2）コンテンツ産業の育成

　京都市は，日本で初めてのマンガ文化の総合拠点である京都国際マンガミュージアムを京都精華大学とともに運営するほか，西日本最大規模の京都国際マンガ・アニメフェアを2012年度から開催し，近畿を中心に全国から4万人を超える来場者を集めている。京都国際マンガ・アニメフェアでは，キャ

ラクターを活用した新商品の開発やマンガ出張編集部による新人漫画家の発掘など，マンガ・アニメによる産業振興に取り組み，大きな成果を収めている。2017年3月には「京都市コンテンツ産業振興に向けた指針」が策定されたが，指針には，①コンテンツ産業振興拠点の構築や，②コンテンツ産業を支えるクリエイター等の確保，③コンテンツを用いた新事業の創出支援，④コンテンツを活用した観光振興，⑤コンテンツによる京都・日本文化の海外発信等が掲げられ，その実現に向けた取り組みを進めていくこととしている。

映画やゲーム産業に関しては，京都府が「京都クロスメディア構想」に基づき精力的に取り組んでいる。京都には現在も2つの映画撮影所が存在し，映画やテレビ番組を始めさまざまな映像が撮られている。2006年には松竹，立命館大学，京都府により，映像文化産業の振興と人材育成を目的とした連携協定が結ばれ，2015年には東映と京都大学の包括連携協定も結ばれている。世界で唯一「歴史」をテーマにした映画祭である「京都ヒストリカ国際映画祭」には，プロデューサー，監督，評論家，俳優，脚本家などさまざまな映画人がトークセッションのために京都に集まり賑わいを見せる。また「京都フィルムメーカーズラボ」は，国内外の若手映像作家が本格的に時代劇製作を学ぶワークショップとして高い評価を受けている。ゲーム産業についても，国内外の団体と連携して「ビットサミット」というインディーゲームのイベントを行い，クリエイターとユーザーが直接交流できる場を提供している。2018年の「ビットサミット」は1万人を超える来場者を数え，119団体の出展者のうち海外が25カ国49団体を占め，出展者の9割が京都開催を支持するなど京都ブランドの向上に寄与している。

京都では，こうした事業を含めて京都府，京都市，京都商工会議所等が参加する実行委員会によりKyoto-CMEX（Kyoto Cross Media Experience）が2009年から実施されているが，産学公の関係者が連携してコンテンツ産業の振興に取り組んでいるのも京都の特徴といえる。

3）芸術文化の産業化──文化芸術環境の整備

京都型文化産業を考える時，芸術文化と産業をどのように結びつけるか（芸術文化の産業化）も非常に重要なテーマである。その一つが，文化芸術と産業が融合する地域の創出である。

第Ⅲ部　地域・文化産業とまちづくり

　京都駅東部の崇仁地域に京都市立芸術大学の移転，整備が進められるが，これに合わせて，その南にあたる「京都駅東南部」エリアに関しては，2017年3月に活性化方針がまとめられている。その第1の柱は「日本の文化芸術を牽引し，世界の人々を魅了する創造環境の整備」で，推進項目として「文化芸術関連産業の集積，雇用の創出」が挙げられている。

　西陣織産地である西陣地域に関しても，既に京都府が堀川商店街の団地のリニューアルを「アートと交流」を基本テーマに進めている。また京都市も，2019年1月に「西陣を中心とした地域活性化ビジョン」をまとめ，文化，産業，観光の融合による地域の活性化を目指している。

　2つ目は，文化施設や芸術活動の充実，魅力の向上を図ることで，観光客をはじめとする入場者，鑑賞者を増やすことである。芸術文化振興の取り組みが都市を活性化し，大きな経済効果を生み出すことは既にバルセロナや金沢を例に紹介されているが（佐々木，2012），京都市でも京都会館がロームシアター京都として2015年度に整備され，京都市美術館も2020年のリニューアルオープンを目指し整備中である。ロームシアター京都は，整備前の2011年度は38万2,991人だった入場者が整備後の2017年度には44万2,314人に増え，稼働率も13％（メインホール），17％（サウスホール）上がっている。[7]また，京都市交響楽団の演奏会の入場者も2012年度の3万2,408人が2017年度には3万6,779人に増えている。音楽を鑑賞するためにウィーンに行くように，芸術は人を引き付ける魅力を持つ。現在京都を訪れる観光客の訪問理由は「寺院・神社，名所・旧跡」（80.2％），「桜・紅葉等の自然」（45.0％）が多いが（「平成29年京都観光総合調査」），美術館・博物館や音楽，演劇，伝統芸能などに対する観光客や市民の関心を高めていくことで，芸術文化活動が「文化産業」としても重要性を増していくことになる。

　本章では，文化都市・京都の産業政策について過去の取り組みにも遡りながら論じてきた。京都市の経済には，文化，観光，産業という3つの分野が密接に関わっているが，これまで，必ずしも十分には，文化を意識した産業政策が講じられてきたわけではない。ただ，京都市を取り巻く国内外の社会経済情勢が大きく変化する中で，京都市のこれからの産業のあり方を考える場合，文化，観光，産業を融合した京都型文化産業の振興が不可欠である。

第11章　文化都市・京都の産業政策

注

⑴　2018年1月の市長記者会見で，門川京都市長は「文化を基軸に，あらゆる政策分野を融合し，京都の潜在力を余すところなく発揮する」と述べている。

⑵　2014年1月の市長記者会見で，門川京都市長は「あらゆる京都の強みを徹底して生かして，成長戦略を推進する」と述べている。

⑶　京都市観光振興推進計画で，「新しい観光資源の創出」の中に「光をテーマとする京都の新しい風物詩の創出」として位置づけられたもの。東山花灯路は，3月中旬に，東山山麓の青蓮院から清水寺に至る散策路に京都の伝統工芸を使った行灯を灯し，幻想的な風景を楽しむ。嵐山花灯路は，紅葉のシーズンが過ぎた嵯峨・嵐山周辺の散策路に行灯を灯し，いけばなを飾るなどして幻想的風景を醸し出す。いずれも10日間の期間で100万人以上が集まる京都の観光オフシーズンを代表する事業となっている。

⑷　京都市ベンチャー企業目利き委員会は，次代の京都経済をリードするベンチャー企業を発掘，育成するためにベンチャー企業の事業プランを認定する委員会で1997年度に発足，2019年3月末現在で136プランがAランク認定を受けている。

⑸　オスカー認定制度は，積極的に経営革新に取り組む中小企業を委員会で認定し，認定企業に対して継続的な支援を行うもの。2002年度に発足し，2019年3月末で195社が認定を受けている。

⑹　佐々木は，京都市が目ざす産業戦略として「京都型クリエイティブ産業の新展開」を挙げている（佐々木 2018：78）。

⑺　2011年は整備前の京都会館で第一ホール（メインホール），第二ホール（サウスホール）の2会場，2017年は整備後のロームシアター京都で，メインホール，サウスホールに加えてノースホールが含まれる（〔公財〕京都市音楽芸術文化振興財団事業報告書）。

参考文献

佐々木雅幸（2012）『創造都市への挑戦』岩波現代文庫。

佐々木雅幸（2018）「産業戦略としての創造都市・京都」『地域開発』623。

柴隆利（2018）「『知恵産業のまち・京都』に向けた取り組み」『地域開発』623。

白須正（2018）「産業都市としての京都」『地域開発』623。

西村敏弘，（2018）「京都クロスメディアパーク構想について」『地域開発』623。

山添敏文（1991）『新世紀　京都市政のために』自費出版。

（白須　正）

コラム8　京都リサーチパークの挑戦

　京都リサーチパーク（KRP）は研究開発環境と産学公連携等による事業支援サービスを提供する，民間運営による新産業創出拠点の開発プロジェクトである。

　KRP地区はかつて大阪ガスの工場跡地であったが，石炭から天然ガスへの原料転換により，1978年に都市ガスの製造を停止し，跡地利用についてはマンション事業者等への売却ではなく，自ら都市開発事業に挑戦することとした。開発方針は，多くの大学の立地やハイテクベンチャー企業の輩出という先端性と，1200年の歴史の中で形成された多様な文化が同居する京都の特性を踏まえ，研究創造型の企業が集積するリサーチパークとすることにした。

　リサーチパークのコア施設として，京都府中小企業総合センター，京都市工業試験場，京都高度技術研究所（ASTEM）などの中小企業支援をワンストップで行う公的支援機関の立地が決定，1989年10月に東地区が開業した。その後も開発を続け，2019年には東・西両地区5.6 haの敷地に17棟の建物が建ち，ICT，製薬，機械など多様な分野の480社，5,000人が働く街に成長した。

　まちづくりは単なる箱づくりではない。リサーチパークもレンタルラボなどの研究開発スペースだけでなく，新しいビジネスを創出するための情報や機会が得られることに価値があると考え，当初から，産学公連携によるさまざまな情報提供や企業への支援を行ってきた。ITや再生医療などのハイテク産業に加えて文化産業の面では，WEBサイトやビデオゲームなどのコンテンツを制作する実践型人材育成プログラム「表現戯術塾」（1995年）や，京都府や立命館大学と1998年に開始したゲームソフトのデータベースを作るという世界で初めての試み「ゲームアーカイブプロジェクト（GAP）」，2012年に開設した伝統工芸を担う若手職人・クリエーターの新商品開発・販路開拓をサポートする「京都職人工房」などの取り組みを行ってきた。KRPは設立時から社是を「集交創」としてきたが，地区開業30周年を機に，当地区に大・中堅企業やベンチャー，学生やメンター等の多くの才能が「集」まり，研究会やピッチイベントなどを通じて相互に「交」わることで新結合が促進され，その結果，新たな商品・サービスやビジネス・産業が「創」出される，と再定義し，これを基に事業メニューを再構築し展開している。

　このような活動を通じて，「京都からの新ビジネス・新産業の創出への貢献」を行うとともに，起業という働き方やイノベーション創出という価値自体が新しい京都の「文化」として成長し，定着することを期待している。

（水野成容）

第12章	伝統産業の振興と産地のまちづくり ——文化都市の産業政策

1 衰退する伝統産業

　伝統産業の衰退が叫ばれて久しい。伝統的工芸品産業振興協会によると，1980年前後と比較して，従業員数は約4分の1，企業数は約4割，生産額は約2割にまで減少している。その背景として，①大量生産・大量消費の経済構造が確立したこと，②多くの伝統産業の原材料となる第一次産業の衰退，③道路・港湾建設，宅地化に伴う原材料採取地や生産拠点への影響，④雇用環境の変化，⑤生活様式の変化，⑥国民の生活用品に対する意識の変化があるという（伝統的工芸品産業振興協会HP）。

　本章は，古くから京都の主要な産業として地域経済を支えると同時に，伝統芸能や芸事，神社仏閣，文化財等，京都の文化を形成する上でなくてはならない存在である伝統産業が，とりわけ1990年代以降衰退が顕著となり，苦境に陥る中で取り組まれてきた産地におけるまちづくりの取り組みと，京都府・京都市の伝統産業の活性化を目指すために制定された条例の政策制定過程とその内容に関する叙述を基に，京都の伝統産業が持つ文化的側面に着目する意義を明らかにすることを目的とする。

2 京都の伝統産業

（1）「伝統産業」という用語
　京都において「伝統産業」という用語が用いられたのは，第2次世界大戦後のことであり，その長い産業の歴史から見ると，比較的新しい。

　黒松巌は，伝統産業を「長い年月にわたって，歴史的に伝承されていた特定の産業で，特定の地域において形成された，地方産業とか郷土産業とも呼

ぶことができるものである。また，高度の技法を築き上げ，容易に他の追随を許さない産業であり，それは手工業的技術の発展ばかりでなく，それを基礎にした製造，原料調達，販売等流通を含めた独自の産業構造を形成する」（黒松 1962：7-8）と概念整理をしたが，これは伝統産業の特徴を時間的，空間的，技能的，産業構造的に極めて簡明に述べたものとして，伝統産業を定義した嚆矢であるといえよう[1]。

1974年に公布された「伝統的工芸品産業の振興に関する法律」（以下，伝産法）をもって，「伝統産業」という用語は一般的に用いられるようになる。そこには，昭和40年代，高度経済成長を経て，公害問題，都市問題，また大量消費社会の反省に立った伝統的なものへの回帰，手仕事への興味，本物指向と，一方で生産現場において起こりつつあった後継者の確保難，原材料の入手難等によって，産業としての存立基盤を喪失しかねない状況にあったことや，地場産業の中核を担う伝統的工芸品産業の不振が地域経済に与える影響を無視できなくなったことが背景にあった[2]。

（2）京都の伝統産業の特徴

京都の伝統的工芸品産業（以下，伝統産業）は，近隣に原料が豊富にあったからではなく，産業としての発展過程において，一定の生産技術，販売技術，経営技術を蓄積し，それを展開させて成長してきた「技術立地型」であり，また市場が地元にあったために発達した「市場立地型」である（下平尾 1996：14-17）。伝統工芸品は，古くは平安京成立後，貴族や朝廷の建物・社寺などの施設の造営，あるいは貴族上層階級の需要を満たす美術工芸品として発達した。鎌倉・室町・安土桃山期には，武家政権が公家の文化をモデルとして継承し，伝統としての美術工芸は保護された。また，茶の湯が起こり，これまで為政者や宗教者のみのものであった美術工芸について，町人も新たに文化の担い手として登場した。さらに江戸時代には手工業品の生産拠点となり，京都で生産される製品は江戸時代より「京もの」と称され，他産地で作られるものとは差別化され，高級品として扱われてきた。それらは高度な技術を持った職人らの分業体制による多品種少量生産が特徴である。京都における主要な伝統産業の産地としては，京都市上京区から北区に位置する西

第12章　伝統産業の振興と産地のまちづくり

表 12 - 1　京都市の伝統産業

●西陣織	◇■北山丸太	△京和傘
●京鹿の子絞	◇■京版画	△截　　金
●京友禅	京袋物	△嵯峨面
●京小紋	京すだれ	△尺　　八
●京くみひも	◇■京印章〈印刻〉	△三味線
●京　　繍	工芸菓子	△調べ緒
●京黒紋付染	■竹工芸	△茶　　筒
◇京房ひも・撚ひも	■造　　園	△提　　燈
●■京仏壇	清　　酒	△念珠玉
●■京仏具	薫　　香	△能　　面
●■京漆器	伝統建築	△花かんざし
●■京指物	△額看板	帆布製カバン
●■京焼・清水焼	△菓子木型	△伏見人形
●■京扇子	△かつら	△邦楽器絃
●■京うちわ	△金網細工	△矢
●■京石工芸品	△唐紙	△結納飾・水引工芸
●■京人形	△かるた	△和蝋燭
●■京表具	△きせる	△珠　　数
◇■京陶人形	△京　　瓦	■京菓子
◇■京都の金属工芸品	△京真田紐	京漬物
◇■京象嵌	△京足袋	京料理
◇■京刃物	△京つげぐし	△京こま
◇■京の神祇装束調度品	△京葛籠	◇京たたみ
◇京銘竹	△京丸うちわ	◇■京七宝
◇■京の色紙短冊和本帖	△京　　弓	

●経済産業大臣指定伝統的工芸品　◇京都府知事指定伝統工芸品
■京都市伝統工芸協議会業種　△京都市伝統産業連絡懇話会業種

出所：京都市産業観光局伝統産業課，京都府染織・工芸課，京都伝統工芸協議会，京都
　　　市伝統産業連絡懇話会 HP を基に筆者作成。

陣地域には西陣織，中京区の堀川通周辺より西には染物（京友禅，京小紋，京黒紋付染等），東山区五条地区や日吉地区，泉涌寺地区に京焼・清水焼，下京区西本願寺・東本願寺周辺には仏壇・仏具の工房や商社が集積している。この集積は，マーシャルのいう外部経済の利益（Marshall 1890＝1966：250-263）をもたらすばかりでなく，それが独特の景観を形成したり，地域固有の文化を生み出す等，「産業的雰囲気」（Marshall 1919＝1986：134-140）をもたらす結果につながった。

　また京都には華道や茶道，能や狂言など伝統産業と密接な関係をもった伝統文化を伝える家元がおり，市場として伝統産業を支えると共に，よき使い手として，目利きの役割も果たすとともに，その「消費者」としての役割を担っていた。つまり，寺院の本山や神社，これらの家元といった存在が京都の伝統産業の存続に寄与してきたといえる。

　京都の伝統産業は，近代以降でいえば19世紀後半の明治維新と東京遷都，20世紀中葉の太平洋戦争，そして20世紀末期のバブル経済崩壊と構造不況という大きな「逆風」を経験しているが，そのような中にあっても平安京建都以降の宮廷や京都を形成する数多くの寺院・神社にとって無くてはならない衣・食・住にまつわるさまざまな用具を生み出してきた。現在，「京都市の伝統産業」として74品目（表12-1）が数えられているが，そのうち17品目は経済産業省の伝統的工芸品産業としての指定を受けている。京都でこれだけ数多くの品目が生産されているのは，製造・流通に携わる事業者の集積と，華道，茶道，伝統芸能といった伝統文化の世界が「消費者」として存在し，それらが大きな影響力を持ってきたばかりでなく，それぞれの品目が単品として存在するのではなく，伝統芸能や建築等において，相互に影響し合う関係にあるからであるといえよう。

（3）京都の伝統産業の生産構造

　京都の伝統産業では，その工程が極度なまでに細分化され，それに即応して，下職（下請け）ないし補助産業が社会的分業を形成している。つまり，産業としての生産技術の高度化と能率化が社会的分業の形をとり，その産業の各工程や関連産業が，特定の地域に集積し，「産地」を形成しているのが，

第12章　伝統産業の振興と産地のまちづくり

図12-1　西陣織の生産工程

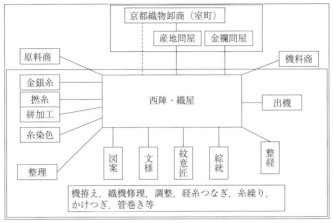

出所：上野和彦・政策科学研究所編（2008）を基に筆者作成。

京都の伝統産業の生産構造である。

　また，各工程に即応して，それぞれ下職（下請け）ないし，補助産業として分化しながら，それらが全体としては有機的な生産機能を発揮している。そうした生産の社会的分業は，製品の需要の増大－市場の拡大に伴って歴史的に形成されてきたものであり，その生産の専門化による高度な技術が，京都の伝統産業が全国に知られるようになってきた条件であるといえる（京都市商工局　1962：56）。

　図12-1は，京都の伝統産業の事例としての西陣織の生産工程を図式化したものである。

（4）京都の伝統産業の推移

　本項では，京都の伝統産業の中でも，生産量，事業所数，従業員数等において一定の規模を持っている，西陣織，京友禅，京焼・清水焼について，伝産法制定前後，すなわち概ね40〜50年程度の推移を見ていく。

　図12-2は，西陣織の事業所数，従業者数，総出荷額の推移である。総出荷額のみ1990年にピークがあるものの，事業所数，従業者数は概ね過去40年で減少傾向である。とりわけ1990年代後半以降，全ての項目で落ち込みが激

第Ⅲ部　地域・文化産業とまちづくり

図12-2　西陣織の事業所数・従業者数・総出荷額

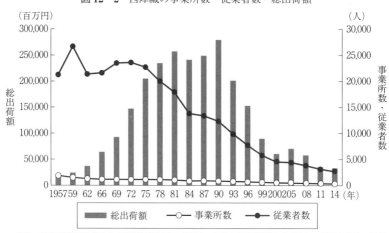

出所：西陣機業調査委員会「西陣機業調査の概要」、京都市産業観光局「京都市の経済」を基に筆者作成。

図12-3　京友禅の事業所数・従業者数・製造品等出荷額

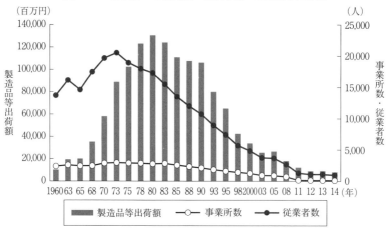

出所：京都市「京都市の工業」、「織物手加工染色整理業」の数値より作成。

しくなっている。

　図12-3は，京友禅の生産量の推移である。事業所数，従業者数は，1970年代後半にピークがあるものの，製造品出荷額等のピークは1980年前後とずれがある。こちらも1990年代以降，すべての項目における落ち込みが激しい。

第12章　伝統産業の振興と産地のまちづくり

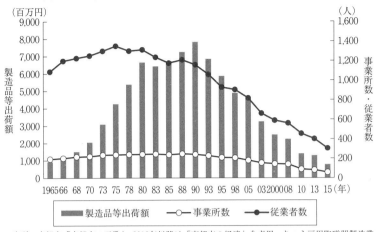

図12-4　京焼・清水焼の事業所数・従業者数・製造品等出荷額

出所：京都市「京都市の工業」、2010年以降は「京都市の経済」食卓用、ちゅう房用陶磁器製造業、陶磁器置物業、陶磁器絵付業、同関連製品製造業の数値を基に筆者作成。

図12-4は、京焼・清水焼の事業所数、従業者数、製造品出荷額の推移である。製造品出荷額のピークは1990年前後に、事業所数、従業者数は概ね1970年代後半をピークに減少している。

3　産地のまちづくり

1990年代以降、京都の伝統産業産地においては、産業の振興、あるいはコミュニティの活性化に向けたさまざまなまちづくり活動が始まっている（表12-2）。

1980年代末から90年代初頭、日本はバブル景気の渦中に飲み込まれたが、京都も例外ではなかった。地価の暴騰に伴い、投機を目的としたワンルームマンションやガレージが増加し、それによって伝統的な町家建築が失われ、町並みも変化していった。また、市街地の中心部、とりわけ烏丸通を南北、四条通を東西の軸に、北は御池通、東は河原町通、南は五条通、西は堀川通に囲まれた、いわゆる「田の字地区」においては、オフィスビルの増加に伴い、夜間人口が減少し、小学校の統合が進んでいた。

京都市では1992年に「西陣活性化モデルプラン」を策定している。そこで

211

第Ⅲ部　地域・文化産業とまちづくり

表12-2　伝統産業をテーマにした，あるいは伝統産業と関わりのある主なまちづくり活動やイベント

活動・イベント名	主な業種	主催者	開始年	備　考
西陣夢まつり	西陣織	西陣織工業組合	1995年	現在は終了
おいでやす染のまち本能	京友禅等	本能まちづくり委員会	2000年	現在は終了
楽陶祭	京焼・清水焼等	楽陶祭実行委員会・清水焼団地協同組合	2000年	現在は「陶器まつり」と統合され「清水焼の郷まつり」に名称変更
西陣 伝統文化祭「千両ヶ辻」	西陣織等	西陣 伝統文化祭「千両ヶ辻」実行委員会	2001年	継続中
西陣鉾参通工芸展	西陣織等	西陣鉾参通工芸展実行委員会	2003年	現在は休止

は，あるべき生活文化の再構築と，そのことに具体的な形を与える地域産業の振興を目指し，西陣地域が「西陣織の産地」として「生活文化提案型産地」へとさらなる発展をするためのさまざまなプランが描かれている（京都市 1992；平田 1993：108-119)。また，1995年には西陣織工業組合が「西陣夢まつり」を開始した。その頃から，伝統産業の振興をまちづくりと連動させた取り組みが本格的に始まったとみることができる。

　バブル経済崩壊後，地価が下落し，さらに伝統産業事業者の廃業や倒産が相次いだことにより，その空き地にマンション等の住宅建設が進み，住民の「都心回帰」が進んでくる。そうなると，これまで生業としての伝統産業と住居とが同じ場所，あるいは近接している「職住一体・職住近接」によって維持されてきた地域コミュニティに，全く新しい住民が居住することになる。

　こうした中，1995年に「西陣活性化実顕地をつくる会」[3]が西陣地域に，1999年には，京友禅をはじめとする染色関連（以下，京染）[4]の工房が並ぶ中京区の本能元学区において，「本能まちづくり委員会」が立ち上がっている。

（1）本能元学区における取り組み

　本能元学区においては，1990年代後半に学区内でマンション建設が相次いだことで，学内在住のマンション住民が増加する中，地域住民は，「職住一

第12章　伝統産業の振興と産地のまちづくり

体」という地域における特色の喪失と，地域コミュニティ意識の希薄化に危機感を募らせていた。このような地域課題を抱える中で行政とともに地域のまちづくりのあり方が検討されていた頃，当時の自治連合会会長が「本能学区では一反の白生地が着物になる（だけの京染のすべての工程を担う工房が存在する）」と発言したことがきっかけとなり，「染のまち」をテーマとしたまちづくり活動が始まった。だが，地域住民からの会費で運営されるまちづくり活動において，「京染」ばかりがフォーカスされる合理性はないということでためらいがあった。それでも，染色業だけでなく，地域全体でまちを盛り上げていくことを目指し，1999年に「本能まちづくり委員会」が発足した。[5] 翌2000年11月には，第1回「おいでやす染のまち本能」が開催され，本能元学区に位置する染色関連事業所の工房を公開し，来場者の見学に供したり，元本能小学校を会場として，職人技の実演や体験を行った。

　その後，染色関連の事業所が並び，それを生業とする人も多いという地域の特徴を活かし，2002年に「本能ものづくり推進会議」を立ち上げた。以降，11月の「まちなかを歩く日」には「おいでやす染のまち本能」を，また2003年3月の「京都市伝統産業の日」からは，地域内に京染の各工程を担う工房[6] がすべてあるという特徴を活かし，「本ものに出会える日」を開催し，伝統産業技術の実演体験，公開工房ガイドツアー，そしてオリジナルの着物を誂えることができる取り組み「マイキモノプロデュース」を開始した。

　こうした取り組みが評価され，知名度も上がり，多くの人が訪れたり，大学のゼミ活動で参加する学生も増えたが，2012年3月，「本能まちづくり委員会」の解散を以て，現在は終了している。

（2）清水焼団地における取り組み

　山科区に立地する清水焼団地では，物販を主目的とする「陶器まつり」が1975年から開催され，多くの来場者を集めていたが，2000年からは京焼・清水焼や清水焼団地そのものの魅力発信や観光客，消費者とのコミュニケーションの向上を図ることを目的とした文化イベント「楽陶祭」を開始した。[7]

　当初は，清水焼団地協同組合の有志メンバーのみで実施していたが，2003年に同じ山科区内にある京都橘女子大学（現・京都橘大学）の学生が参加し

たことを皮切りに，連携が始まり，学生たちが企画・運営等に携わるように
なった。その結果，伝統産業従事者と学生とのコラボレーションによる京
焼・清水焼の試作品の作成や，焼き物等にろうそく明かりを入れ，それを路
上等に並べることによって来街者の目を楽しませる「陶灯路」等，多くの協
働企画が生まれた。イベントそのものの来場者は決して多くなかったが，学
生たちが伝統産業の世界で実際に働く人の話を聞いたり，一緒に活動する中
で，その魅力や現実を知ることにつながった（京都橘大学 2008：18）ことや，
職人や作家たちが，学生たちの「生の声」に耳を傾けることによって，それ
を試作品や事業で表現するといった成果を生んだ。

　2010年からは，夏の「陶器まつり」と統合され，「清水焼の郷まつり」と
いう名称で毎年秋に実施されている。連携相手は大学だけでなく，さまざま
な地域や事業者等にも広がり，観光振興にも寄与するイベントになっている。
また，2013年には，「清水焼の郷会館」がオープンし，工芸作家らの展示ス
ペースを備えた，清水焼団地協同組合の事務所と工房になっているほか，
「清水焼の郷まつり」のメイン会場としても機能している。

（3）伝統産業産地における「まちづくり」活動の背景

　これまで述べてきたように，伝統産業の産地において，産業の衰退が顕著
になり，かつ産地としての集積が失われつつあった1990年代後半からまちづ
くり活動やイベントが盛んに行われるようになっていた。だが，京都の伝統
産業においては，たとえば西陣織の生産拠点が京都府北部の丹後地域に依存
する等，バブル経済崩壊後に加速した産業の衰退以前から産地の空洞化が進
んでいた。

　柿野欽吾は，昭和50年代後半から60年代にかけて，すでに西陣機業の総出
荷額の3分の1以上を丹後地域に依存していたことを明らかにしている[8]。そ
の原因として，高度経済成長期前までは，地元での生産を拡大・集積させる
ことによって地域はもとより域外から従業員を集めるほど雇用を拡大し，居
住人口を維持・増大させていたが，高度成長期以降，労働需給が逼迫するよ
うになると，西陣地域での人手不足，賃金上昇が起こり，技能者・人手を求
めてコストの安い地域に生産機能を移転するようになった。その中心がもと

第12章　伝統産業の振興と産地のまちづくり

もと白生地産地として製織技術を蓄積していた丹後であったのだという（柿野 1993：25-28）。

さらに伝統産業産地においては，もともと町家等の伝統的木造建築で事業が営まれ，その集積がもたらす独特の景観も，すでに昭和30年代の高度経済成長期より，求人難に対し，業界の「イメージアップ」を狙い，若い労働者を獲得するために社屋を真新しいビルに建て替えるというように，地域，業界が「自主的に」町並みを変えていっていた。[9]

こうした動きに伴い，京都の伝統産業産地では，すでに緩やかに変化が進んでいたのであるが，バブル期の町並み破壊とその後に起こるバブル経済の崩壊による伝統産業そのものの急速な衰退，そして住民の「都心回帰」により，業界ならびに地域では新たな対応を迫られることになった。1990年代後半に伝統産業産地において，数々のまちづくり活動やイベントが開催されるに至ったのは，こうしたことが背景にあると考えられる。

4　京都市・京都府の伝統産業振興条例の策定

2005年，京都府・京都市は共に伝統産業の振興，活性化に関する条例を公布，施行した。

「京都府伝統と文化のものづくり産業振興条例」においては，伝統産業の定義を「京都の伝統と文化にはぐくまれ，伝統的に使用されてきた素材，技術又は意匠を用いて伝統と文化を支えるものを作り出す産業」と定義した。また，同年に公布，施行された「京都市伝統産業活性化推進条例」においては，京都市の伝統産業を①伝統的な技術及び技法を用いていること，②京都のひいては日本の伝統的な文化及び生活様式に密接に結びついたものであること，③一定の地域に一定の企業数と生産量を伴った企業群として集積していること，④京都市内で企画がされ，かつ，その主要な工程が行われていることの4つを要件として新たな定義を取りまとめた。

このように，「伝産法」公布以降，「伝統産業」という用語がより厳密に定義され，それに基づいて政策が実施されてきたことがわかる。京都府・市の条例では，「伝産法」において「産地形成」を要件としていたものは盛り込

第Ⅲ部　地域・文化産業とまちづくり

まれず，たとえ従事者が少ない業種であっても要件を満たすものになったほか，「意匠・企画」といったソフトの要素が盛り込まれたことが特徴的である。これは，小規模であっても，京都の伝統文化を支える産業として欠くべからざるものが存在していることを考慮したものであり，なおかつその存在が，規模だけでは判断できないものであることを意味している。

　以下では，京都市の「京都市伝統産業活性化推進条例」の政策策定過程を踏まえながら，その意義について論ずる。

　京都市が条例策定に向けて設置した京都市伝統産業活性化検討委員会は，2004年7月に第1回委員会が開催された。その後，30件のヒアリング調査の実施，並びに職人の意見を直接聞き取る「合同調査会」を開催し，それらを取りまとめた（京都市伝統産業活性化検討委員会 2005：2-3）ものが，「京都市伝統産業活性化検討委員会提言中間報告」（以下，中間報告）である。その「中間報告」の説明と今後の伝統産業の活性化策についての意見交換を目的とした「京都市伝統産業活性化シンポジウム」が2005年3月5日に開催され，「中間報告」の内容，そしてシンポジウムでの議論に対して，162件のパブリックコメントが寄せられた。その後，「中間報告」に対する各関係者・団体の意見も検討し，第5回検討委員会を経てオーソライズされ，2005年5月13日に京都市に提出されたものが「京都市伝統産業活性化検討委員会提言——伝統産業の未来を切り拓くために」（以下，提言）である。京都市はこの「提言」を受け，同年6月「京都市伝統産業活性化条例（仮称）骨子案」を作成し，パブリックコメントを経て，10月に「京都市伝統産業活性化推進条例」を公布・施行した。この条例では，伝統産業の活性化の推進に関する施策を実施するために，市長は「伝統産業活性化推進計画」を定め，市長の諮問に応じ，調査し，及び審議するとともに，当該事項について市長に対して意見を述べるため，「京都市伝統産業活性化推進審議会」を置くことになっている。2019年現在，2017年度から10カ年を期間とする「第3期京都市伝統産業活性化推進計画」が進められている（京都市 2005；京都市伝統産業活性化検討委員会 2005）。

5 伝統産業が持つ文化的価値や創造性への着目

　1990年代半ばから2010年頃までの間，伝統産業産地においてまちづくり活動が見られたのはなぜだろうか。一つはバブル経済崩壊により，伝統産業の衰退が顕著になったことである。とりわけ市場規模の縮小に伴う出荷額と事業所数の減少，担い手の高齢化と後継者問題はまちの雰囲気を激変させた。もう一つは伝統産業の衰退により空いた土地に，地価が下落した結果，大量のマンションが建ちはじめ，新住民が増加したことにより，地域コミュニティに大きな変化が起こったことである。

　こうしたまちの変化は，町家建築の減少へとつながるのだが，京都ではバブル経済崩壊前後あたりから，市民活動団体や職能団体，あるいは大学等の研究機関による京町家の保存・再生・活用を推進する運動が徐々に活発化していた。[11]

　1990年代，とりわけバブル経済崩壊から，阪神・淡路大震災を経て，特定非営利活動促進法（NPO法）施行へと続く当時の世相から判断すると，住民主体による問題解決に向けた活動としてのまちづくり，そして行政による「官民協働」政策の流れも受けて，衰退する伝統産業と失われつつある町並み，そして地域コミュニティの変容といった具体の問題を解決するための活動として産地におけるまちづくり活動が活発になったとみることができよう。一方で，2000年代初頭頃から，とりわけ若者の間で「和」への関心が高まり，彼らによる活動が活発になってきたことも，こうした取り組みを後押ししたとみることができる。[12]

　また，京都府の「京都府伝統と文化のものづくり産業振興条例」，京都市の「京都市伝統産業活性化推進条例」の制定の役割も大きい。国の伝産法がカバーできない小規模の産業もカバーした他，伝統産業の持つ「文化」的側面を極めて意識した条例文となっているように，伝統産業の持つ「文化的価値」を強く打ち出しはじめたのは，皮肉にも伝統産業の衰退が顕著になってからのことである。

　しかし，伝統産業の衰退の流れは止まらず，かつ，担い手の固定化，高齢

第Ⅲ部　地域・文化産業とまちづくり

化もあり，活動は終息に向かった。2010年代半ばに入ると，京都観光が隆盛
を極めるが，観光と伝統産業とを結びつけた取り組みはあるものの，ここに
は地域が主体になったものはみられないし，伝統産業活性化の起爆剤になっ
ていることもない。

　では，伝統産業によるまちづくり活動はもはや不可能なのだろうか。

　今日の若い人たちの発想や活動を見ていると，「伝統産業の活性化」とい
うよりも，伝統産業の集積が培ってきた「ものづくりのまち」が持つ創造性
や文化的な価値をまちづくりに活かしていく志向があることがうかがえる。[13]
フロリダは，クリエイティブ・クラスは，多様性に富み，魅力的な場所を選
択すると述べているが（Florida 2012＝2014：308-310），町家や伝統産業の工
場が立ち並ぶ景観，古くから産業が集積することによって培われた雰囲気，
クリエイティブな意味での「ものづくり，職人」のイメージに惹かれ，若者
やアーティスト，クリエイター等が集まってくるとみても間違いないだろう。

　さらに，住居と事業所とが職住一体となった伝統産業の産地では，その地
域において伝統産業の担い手がまたまちの担い手としての役割も併せ持ち，
そこで培われた人間関係や生活文化，さまざまな行事は，ソーシャル・キャ
ピタルを醸成する役割も果たしてきた。

　そう考えると，伝統産業産地の再生にあたり，産業の「縮小」はやむを得
ないとしても「消滅」は避けなければならない。京町家の他，伝統産業の工
房や社屋等，規模の縮小によって遊休化した施設を活用し，伝統産業の持つ
創造性や文化的価値を軸とし，新しい住民や事業者との協働と新たな発想に
よるまちづくりを促進させる政策が求められる。

6　伝統産業の特性を活かした文化創造に向けて――これからの課題

　1990年代半ばから始まり，2010年頃には終息に向かうことになった京都に
おける伝統産業をテーマとした，あるいはその産地で行われるまちづくり活
動は一定の役割を終えたと言っても良いだろう。

　だが，これまでの取り組みや施策に「意味がなかった」わけではない。京
染の事業所が集積した中京区の本能元学区における「本能まちづくり委員

第12章　伝統産業の振興と産地のまちづくり

会」の10年余りにわたる取り組みは，地域内外において「染のまち」という
イメージを定着させることに寄与したし，染色業が衰退し，マンションが増
える中で，「京染」を媒体とし，従来からの住民と新住民とをつなぐ「新た
な」ソーシャル・キャピタルが醸成された。清水焼団地の取り組みは，新興
の京焼・清水焼の産地である清水焼団地において，他者とのコミュニケーシ
ョンを通じて，「作る場所」に加え「見せる場所」の機能を付与するに至り，
観光文化の形成に寄与した。

　伝統産業は現在もなお，市場の縮小は止まらず，加えて少子高齢化，生産
年齢人口の減少による事業承継の困難という今日的な問題に直面している。
　一方で，観光の隆盛，とりわけインバウンドの増加により，伝統産業に興
味を持つ外国人も増加している。また老舗がその技術やデザイン力を活かし
新たな分野や販路に進出したり，伝統産業をテーマに，その特性や価値を活
かした事業を展開するベンチャー企業も出現している。京都の伝統産業が芸
事や伝統芸能等に支えられているという側面を持つため，「消滅」すること
は考えにくいが，市場の縮小，担い手の減少は避けられない。だが，一旦消
えてしまった技術や「雰囲気」を復活させることは困難である。そういう意
味でも，技術の伝承，教育への導入，「伝福連携」の推進等，伝統産業が有
する技術，デザイン，そして京都の文化に根ざした価値を絶やさない公共政
策，事業者の努力や発想の転換，そして市民や観光客による伝統産業に対す
るまなざしやアクションが重要であると考える。

注
(1)　黒松の概念はその後，2005年に施行された「京都市伝統産業活性化推進条例」
　　において「京都市の伝統産業の定義」にも要件1「伝統的な技術・技法を用いて
　　いる（技術的要件）」，要件2「京都のひいては日本の伝統的生活様式・文化，芸
　　能等に密接に結びついたものである（文化的要因）」，要件3「一定の地域に一定
　　の企業数と生産量を伴った企業群（産地）として集積している（産地要件）」，要
　　件4「京都市内で企画・デザイン，かつ主要な製造工程が行われている（市内生
　　産要件）」とあるように，受け継がれたともいえよう。
(2)　「伝産法」における伝統産業の要件は，①主として日常生活の用に供されるも
　　のであること，②その製造過程の主要部分が手工芸的であること，③伝統的な技

219

第Ⅲ部　地域・文化産業とまちづくり

術又は技法によって製造されるものであること，④伝統的に使用されてきた原材料が主たる原材料として用いられ，製造されるものであること，⑤一定の地域において少なくない者がその製造を行い，又はその製造に従事しているものであること，としている。吉田光邦も，伝産法が成立したころの伝統産業界の実状として「新しい工業の成長のなかにほとんどが消滅してしまいそうな状況であった」と表現し，それらの工場が若年労働力を吸収し，そのために地場産業において労働力不足，後継者不足が起こっている問題が伝産法制定の背景であるが，「生産者側の論理に立つところが多いことは否めない」という問題点も指摘している（吉田 1988：4）。

(3)　「西陣活性化実顕地をつくる会」は西陣織の振興を目的とした取り組みではなかった。後に「町家倶楽部」と改称。

(4)　京友禅，京小紋，京鹿の子絞，京黒紋付染等の総称。

(5)　本能まちづくり委員会の取り組みについては，2008年に実施した同委員会委員長（当時）の西嶋直和氏へのインタビューや『本能まちづくりニュース』等の発行物を参照。なお，本能まちづくり委員会の解散については，立命館大学産業社会学部乾ゼミのブログ「ぱらさん乾ゼミ——まちづくり手伝い隊奮闘記」（http://inuisemi.cocolog-nifty.com，2019年4月7日アクセス）を参考にしている。

(6)　京都市は，2001年より毎年3月の春分の日前後を「伝統産業の日」と定め，この期間に伝統産業関連イベントを集中して実施している。

(7)　清水焼団地の取り組みについては，2005〜2007年に実施した筆者のアクションリサーチ時のフィールドノートや滋野（2008；2009）等を参考にしている。

(8)　京都市外への出機が織機全体の66.8％を占め，出機のうち丹後への出機が66.4％と3分の2を丹後地域に依存する構造となっていた（京都市 1992：3-4）。

(9)　住生活研究所編（1995：78）。所収の座談会の内容で西陣織工業組合のPR誌『西陣グラフ』のカメラマンをしていた松尾弘子氏の発言より。当時の広報活動は「『明るい西陣』をアピールしなさい」という広報活動の方針のもと，伝統的な織屋建やお地蔵さんなどの古くからの風習について発表できなかったという。

(10)　筆者は，京都市の伝統産業の新たな展開を協議し，「京都市伝統産業活性化推進条例」制定に資する提言を行うための「京都市伝統産業活性化検討委員会」に，市民公募委員として参加した。本章の記述についても，同委員会における配布資料や議事録等を参考にしている。

(11)　国土交通省「まち再生事例データベース事例番号095　町家再生で職住一体のまちづくり」（http://www.mlit.go.jp/crd/city/mint/htm_doc/pdf/095kyoto.pdf，2019年4月7日アクセス）。住生活研究所編（1995）にも1980年代末から1990年代初頭にかけての町家保存，町並み保存についての当時の議論について掲載され

ている。

⑿　たとえば2000年代初頭，「アイセック京都大学委員会京都着物企画」がきもの
を若者に浸透させる取り組みを行っているといった活動が見られた。また京都市
伝統産業活性化検討委員会の会議やシンポジウムにおいても，若者を中心に
「和」への関心が高まっていることに複数の委員から言及があった。

⒀　「第1回　京都市西陣を中心とした地域活性化ビジョン検討委員会」（2017年12
月23日上京区役所において開催）におけるタナカユウヤ委員の発言より（https:
//www.city.kyoto.lg.jp/templates/shingikai_kekka/cmsfiles/contents/0000231/
231364/gijiroku.pdf，2019年4月19日アクセス）。

⒁　「観光文化」の定義については井口・池上（2012）に依拠。

⒂　たとえば，京都の和傘の老舗である日吉屋が，和傘の構造を活かしつつ，照明
デザイナーの協力を得て開発した照明「古都里」はその一例で，現在は世界的に
注目される商品となっている。また西陣織の技術を高級内装材やインテリア素材
に展開し，海外ブランドや高級ホテルに販路を開いた細尾株式会社（『日本経済
新聞』2018年10月13日付35面「関西経済・京滋」欄），江戸時代初期創業の綿布
卸商が昔の図案やモダンな新柄を用いた手ぬぐいを製造，店舗展開をして人気を
博するようになった株式会社永楽屋等がある。

⒃　日本各地で培われてきた地場産業の文化的価値に着目し，「文化ビジネスコー
ディネート」を手掛けるCOS KYOTO株式会社や，日本全国の伝統産業の職人
とともに株式会社和える等がある。

⒄　「伝統産業」と「福祉」を組み合わせた言葉。伝統産業における後継者難が課
題となる中，新たな担い手として障害者を雇用することを推進し，伝統技術の伝
承と障害者の雇用機会拡大を目指す京都市の施策。

参考文献

石田大成社（2004）「京の文化を発信するサークルネットワーク　第1回アイセッ
ク京都大学委員会京都着物企画」『京都』71。

井口貢・池上惇編著（2012）『京都・観光文化への招待』ミネルヴァ書房。

上野和彦・政策科学研究所編（2008）『伝統産業産地の行方』東京学芸大学出版会。

柿野欽吾（1993）「日本経済の激変下における西陣機業の動向と諸問題」『京都商工
情報』152。

京都市（1992）「西陣活性化モデルプラン」。

京都市（2005）『京都市伝統産業活性化条例（仮称）骨子案』。

京都市伝統産業活性化検討委員会（2005）「京都市伝統産業活性化検討委員会提言
──伝統産業の未来を切り拓くために」。

京都市商工局（1962）『京都の伝統産業 その構造と実態』。

京都橘大学（2008）「『臨地まちづくり』による地域活性化の取組 平成19年度 成果報告書」。

黒松巌（1962）「伝統産業の構造」『京都の伝統産業』京都市商工局。

滋野浩毅（2008）「創造産業拠点としての伝統産地の活性化に関する一考察」『京都橘大学大学院文化政策学研究科研究論集』2。

滋野浩毅（2009）「伝統産業が保有する文化的価値に関する研究」『文化経済学』6（3）。

下平尾勲（1996）『地場産業 地域からみた戦後日本経済分析』新評論。

住生活研究所編（1995）『甦る都市』学芸出版社。

伝統的工芸品産業振興協会 HP（https://kyokai.kougeihin.jp, 2019年4月7日アクセス）。

西口光博（2006）「京都府・京都市における伝統産業振興条例制定について」『京都産業学研究』4。

西嶋直和（2009）「本能学区のまちづくりとその担い手」『分権型社会を拓く自治体の試みと NPO の多様な挑戦』6（https://www.ryukoku.ac.jp/gs_npo/letter/images/letter06_05.pdf, 2019年4月7日アクセス）。

平田滋（1993）「西陣活性化モデルプランについて」『京都商工情報』152。

宗田好史（2007）『中心市街地の創造力』学芸出版社。

村山裕三（2008）『京都型ビジネス 独創と継続の経営術』日本放送出版協会。

矢島里佳（2014）『和える 伝統産業を子どもにつなぐ25歳女性起業家』早川書房。

吉田光邦（1988）「伝統技術雑記」『京都商工情報』140。

若林靖永（2006）「京都伝統産業の活性化のために」『地域開発』506。

Florida, R. (2012) *The Rise of Creative Class Revisited* (*10th Anniversary Edition*), Creative Class Group, LLC c/o Levine Greenberg Literary Agency, Inc.（＝2014, 井口典夫訳『新クリエイティブ資本論』ダイヤモンド社。）

Marshall, A. (1890) *Principles of Economics, ninth* (*variorum*) *edition*, with annotations by C. W. Guillebaud Volume I, Text, Macmillan and Co.（＝1966, 馬場啓之助訳『経済学原理Ⅱ』東洋経済新報社。）

Marshall, A. (1919) *Industry and Trade, Fourth ed.*, Macmillan and Co.（＝1986, 永沢越郎訳『産業と商業2』岩波ブックサービスセンター。）

Piore, M. J. & Sabel, C. F. (1984) *The Second Industrial Divide*, Basic Books Inc.（＝1993, 山之内靖・永易浩一・石田あつみ訳『第二の産業分水嶺』筑摩書房。）

（滋野浩毅）

第13章	産業政策のプレーヤーたちと そのビジョン

1 経済団体と産業政策

　本章では，京都市における産業政策の展開を，行政と経済団体の活動に焦点を絞って考察する。

　経済団体は法人・個人企業の団体である。企業は通常，それぞれが加入する団体を通じて，行政や地域社会と関係する。ただし，一国および地域社会と企業の関係については，大企業と中小企業とで関係性は異なる。大企業が事業所の立地に関して自由度が高い（進出も撤退も早い）のと違って，中小企業は，普通，簡単にはその地を離れない。地域社会を支える企業群を育成することが国（地域）の重要な産業政策上の課題となるのだから，この政策形成に際して「経済人」の意見をどう評価するかにおいて，政策形成に参加するプレーヤーの見識が問われることになる。

　京都の有力な経済団体には，京都商工会議所，京都工業会，京都経営者協会，京都経済同友会，京都府中小企業団体中央会，京都中小企業家同友会などがある。本章では京都市経済局（現産業観光局）の政策展開と京都経済同友会と京都中小企業家同友会の活動を取り上げる。前者は革新府・市政に挑戦した。後者はかつての革新市政の衣鉢を継ぐものかもしれない。他の経済団体については触れる余裕がなかった。

2 京都の産業政策

（1） 京都市政と産業政策
　山口（1981）は，1981年までの京都市の戦後政治史を3つの時期に区分している。

第Ⅲ部　地域・文化産業とまちづくり

　　　第一期（1947～1967）：保守市政の時期（保守市政と蜷川革新府政の並存の
　　　　　　　　　　　時期）
　　　第二期（1967～1975）：革新市政の時期（革新府・市政協調の時期）
　　　第三期（1975～1981）：保革5党支持市政の時期
　山口の整理に従って，産業政策を中心に各時期の特長を概観する。
　第一期「保守市政の時期」を担ったのは，おもに高山義三市長である。高
山市政の特徴は文化観光行政と社会福祉政策にあり，それは同時に「産業行
政の立ち遅れ」と「中小零細企業と伝統産業の保護政策の欠如」でもあった。
　これに対して，第二期「革新市政の時期」における富井清及び舩橋求己
（第1期）市長の政策は，「くらしと健康を守る都市計画」（中央政府の高度成
長政策に呼応して産業優先の開発を促進しようとする都市計画を阻止）「健康と
福祉」（障碍者，子ども，高齢者への福祉充実）「中小零細企業と伝統産業の保
護と一般勤労者のための施策」からなり，全国の革新市政のモデルともみな
された。
　第三期「保革5党支持市政の時期」は舩橋2期目以降であり，「政治の休
止期」であると山口はいう。ここから何が生まれるのか。山口はその方向性
について，「行政の優位」がもたらされるかもしれない，日本の産業が「知
識集約型産業」へ転換する流れの中で京都市が独自の存在意義を見出すかも
しれない，などと幾つかの可能性を予言的にのべている（山口 1981：29f・
42-51）。
　結局，1981年までの段階では，京都市の産業行政は，国の政策に歩調を合
わせた一般的な産業政策と中小企業対策の他，京都地域の特色ある政策とし
ては伝統産業振興策にほぼ限られていた。

（2）　産業政策の転換

　岡田（2007）は，1984～2000年の京都市における産業政策の推移を分析し
ている。そこでは，産業振興政策の重点的対象となる産業（岡田では「振興
対象産業」）への予算配分が，「2度にわたって転換している」こと，1度目
は，1989年を境として，近代工業振興費が伝統産業振興費を逆転すること，
2度目は，1994年に観光費が近代工業振興費を逆転することが示された（図

第13章　産業政策のプレーヤーたちとそのビジョン

図13-1　費目別予算額の推移（1984-2000年度）

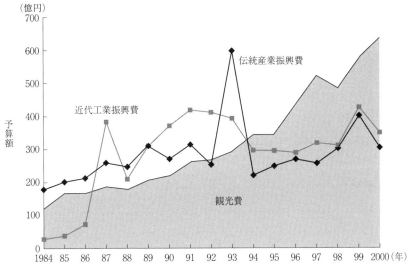

注：ただしこのグラフで，縦軸の「予算額」の単位は「億円」とあるが，「100万円」の誤りであろう。
出所：岡田（2007：136）。

13-1参照）。岡田（2007）の枠組みを用いて，2000年以降の推移を検討しよう。

　ここでは，内訳費目がわかる2005年から直近の2019年までの状況を対象とする。資料は，先に見た予算全体像と同じく京都市のホームページで公表されている各年の産業観光局予算概要である。その一般会計に当たる部分は，「1商工振興対策費」「2観光振興対策」「3農林振興対策」「4経済対策その他」の4項目から成る。この予算を岡田が用いた「近代工業振興費」「伝統産業振興費」「観光費」の3カテゴリーに組み替え，再集計した結果が図13-2である（組み替えの詳細は省略する）。この推移から，次のことが見てとれる。

　①　2008年以降，近代工業振興費が観光費を上回り，その後も傾向的に増加している。ただし，直近ではその額は減少しつつある（2010年に突出しているのは，この年に新産業技術研究所を整備したことによる）。
　②　観光費は，2007年をピークに，その後は長く6〜7億円程度で推移

225

第Ⅲ部　地域・文化産業とまちづくり

図13-2　費目別予算額の推移（2005-2019年度）

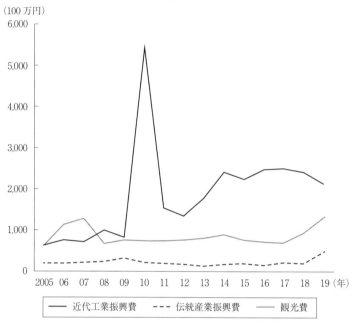

していたが，直近に至って増加の傾向を見せている（2006～2007年には，宇多野ユースホステル再整備に両年度計で9億円を超える支出が上積みされ，10億円を超えた）。

③　伝統産業振興費は，ピーク時の2009年の4億5,000万円弱から漸減し，2016年には1億5,000万円まで落ち込んだが，直近では観光費と歩調を合わせるように増加しつつある。

以上の推移は，先に見た岡田（2007）の結果とただちに接続するものではないが，それでも両方を総合すると，この35年間に京都市の産業政策は3度の転換が生じたことになる。そして，直近においてさらに変化しつつあるということができそうである。次節ではこの変化の背景を見る。

3 産業政策のプレーヤー

（1） 立ち遅れた産業行政と京都経済同友会の提言

　京都市政の第一期，高山市政の特徴は文化観光行政と社会福祉政策にあり，「中小零細企業と伝統産業の保護政策は欠如」していた。第二期「革新府・市政協調の時期」では，伝統産業・中小企業については政策対象となったが，近代産業の方は積極的な政策対象とはならなかった。

　高山市政の半ば頃，日本経済は高度成長の時期に入っていくが，京都では「産業行政の立ち遅れ」が指摘される状況が続いた。これに対して「京都がおいてけぼりを食う」（村田純一）（京都経済同友会 1999：46）と強い危機感を持ったのが京都経済同友会であった。同会は，京都における「近代派」経済人の団体であると目されていた。[1]

　京都経済同友会が京都市政に求めた内容は，1954年の「京都市立試験研究機関の整備拡充に関する要望書」，及び1966年の「井上新市長のご就任を祝し今後の行政に望む」などに表現されている。

　これら要望の項目のみ簡略に示すと，①産業基盤の強化：市立工業試験場と染織試験場の統合，中小企業への技術指導設備，とくに電気，機械，及び化繊部（今で言えば，メカトロニクスとケミカル分野）の増設，国際会議誘致，②都市開発：都市インフラ整備，工業立地促進，③産業政策：新産業振興，④運営面：京都大学との連携，「学識経験者，企業経営者等の民間人を以てする運営委員会」設置，などである。これらの内容は当時こそ顧みられなかったが，今日までの京都市政に引き継がれ，多くは実現している。

　さらに，富井革新市長の登場後に発表された「豊かな京都への提言――未来都市を求めて」（1968年）は，改めて「戦後のわが国の経済社会の著しい進展の中にあって，京都が…（中略）…次第にその地盤を沈下させつつあるのを憂える」とし，理念的な京都像を提示している。上記との重複を除くと，次の2点にその批判色がきわめて強く出ている。

　　① 「観光依存の考えから脱皮し，産業高度化による都市経済基盤を確立する」「過去を売る観光都市から未来を創る『生産都市』『情報産業

都市』に革新する」

② 「中堅的企業」ベースの産業体制

最後の「中堅的企業」については第4節で改めて触れる。これらは，その後の京都経済同友会の提言活動の基調となる。しかし，革新府・市政時代には同友会の主張は届かない。同会の危機感は，「蜷川体制をくずさんことにはどうにもならん」（河野卓雄）（京都経済同友会 1989：66）という発言に示される京都の政治に関する直接行動，「行動する同友会」へと導いていく。

（2） 市政の転換と近代産業振興——第1の転換

7期続いた蜷川府政の最後の段階，京都市政第三期＝保革5党支持体制の舩橋市政第2期に入って3年後，「行動する同友会」が原動力の一つとなって，1978年，蜷川革新府政から林田保守府政への転換をもたらす。同じ年に「京都産業情報センター」が開設され，理事長には直前まで京都経済同友会代表幹事を務めた堀場雅夫堀場製作所会長が就任した。しかし，これに続く施策は，「マイコンテクノ HOUSE 京都」開設（1984年）まで待たねばならなかった。実は京都経済同友会は，先に示した諸提言のほかにも，博覧会の開催なども含む幅広い産業振興策と，京都市の枠を超えた関西広域の産業基盤整備を求めている。これらは近代工業振興策の範囲を超え，京都市の行政地域をも超えたものであり，京都市行政としてはただちに受け止めかねた可能性がある。

多様なプレーヤーの提言を受けて行政当局としての行動を促すには，もう一つのファクターが必要だった。それは京都大学である。1980年に京都市庁内の勉強会という位置づけで，市長と局長クラスも出席する「経済問題研究会」が始まった。これまで京都市行政にほとんど関わりがなかった京都大学の社会科学，工学などの教授陣がこの勉強会に参加した。最新の産業技術や先端科学を推進し，また国の政策動向にも触れている研究者の協力がなければ，その後の産業政策はありえなかったという。[2] 山口が予言的に述べた「行政の優位」はこのような連携の上に可能になってきたのかもしれない。

1988年の京都高度技術研究所（ASTEM）設立，1989年の VIL（ベンチャーインキュベーションラボ）開設以降において，ようやく先端産業，知識集約

第13章　産業政策のプレーヤーたちとそのビジョン

的産業，成長する新分野産業に対応する予算配分が伝統産業への配分を上回ることが確実となる。政治の転換から産業政策の転換が形をとるに至るまで，少なくとも10年以上かかっている。

　新しい政策は，その後も1997年の京都市ベンチャー企業目利き委員会設置，1998年の創業支援貸工場 VIF 建設，ベンチャー企業育成支援融資へと展開する。

（3）　観光分野への配分増──第2の転換

　しかし，やがて近代産業分野への予算配分は頭打ちとなり，1994年以降は，観光分野への配分がはるかに凌駕していくこととなる。京都で伝統的な観光関連産業への傾斜は，行政として無理がなかったのだろう。背景として2点を挙げておく。

　第1点は，日本経済全体が成熟して，第二次産業の比重が低下し，第三次産業の比重が高まったことである。貿易自由化，製造業の海外シフトの流れは，バブル崩壊後の長期不況と海外新興工業国の急成長によって加速する。京都でも，伝統産業分野の市場は縮小し，電機電子機械関連産業も自由化の波にさらされ，これら製造業に属する産業群が従業者を減らしていく中で，サービス業を中心とする第三次産業の比率が高まる。京都の中心産業は観光しかないと考えられたとしてもうなずける。

　第2点は，京都においては，観光分野は文化と不可分であり，京都の観光資源，伝統芸能，工芸品を供給する関連産業従事者及び「文化人」と称される人々の広汎なネットワークをもつことである。その基調の上に「世界文化自由都市宣言」（1978年）が発表されたのは，京都保守府政の誕生，京都経済同友会が提唱してきた「関西文化学術研究都市」プロジェクトの本格始動，京都産業情報センター設立などが相次いだ状況下であった。5党相乗りの舩橋市政第3期において掲げられたこの「宣言」が，今日に至るまで京都の「都市理念」として諸計画の最上位におかれ続けている。「京都市基本計画：第1期」（2001年）では，「観光産業を本市の戦略産業として位置づけ」ると明記した。

229

第Ⅲ部　地域・文化産業とまちづくり

（4）　「スーパーテクノシティ構想」——第3の転換

　観光費が卓越している間に，市の総合的な政策プラン「京都市スーパーテ
クノシティ構想——京都発ものづくり創発ビジョン」（2002年）が発表され
た。その中で，ASTEM やその外延である「京都市成長産業創造センター
（ACT 京都）」は，知的クラスター創成事業（2008年），地域結集型共同研究
事業など，国の事業の京都市における受け皿となる。また長年の懸案であっ
た工業試験所と染織試験所の統合＝新産業技術研究所の整備が行われ，これ
らによって「第3の転換」が生じたのである。

　その背景としては，新産業創造政策を推進しつつ，地道に産業基盤を整備
しようとする行政当局の成熟を見てよいのではないだろうか。[3]

　なぜなら，2010年の京都市基本計画（第2期）でも「観光産業を本市の戦
略産業とする」という2001年の政策スタンスはなお受け継がれており，高度
技術産業振興策をつねに観光関連の項目に先んじて求める京都経済同友会の
姿勢との間には，明らかにずれが生じているが，その一方で，ASTEM 第
3代，4代の理事長には京都市幹部職員が就任し，ASTEM は，名実とも
に京都市の先端産業，成長産業分野の政策の中心として機能する。[4]近代産業
振興政策が，京都市の行政機関の組織的活動の中に埋め込まれ，定着ないし
成熟する段階に入ったことを示すといえる。

（5）　中小企業への関心の増大から「地域企業振興」へ

　第3の転換の後，ほぼ10年続いた「近代工業振興費」の増勢は2016〜2017
年頃にピークをすぎたようであり，代わって，観光費，伝統産業振興費が上
向きに転じている。これが継続するかどうかはまだ明らかではないが，関連
するかもしれない一つの動向は，新しい「中小企業」への関心の増大である。

　2016年「京都市産業戦略ビジョン」では，これまでは「製造業の成長が京
都経済の成長をけん引してきた」が「近年経済のグローバル化に伴い，…
（中略）…製造業の成長力，雇用吸収力が落ちている」とし，「新たな視点で
の産業政策」の基本方針として，女性や高齢者の「活躍の場の提供」などを
揚げ，最後に第4として「中小企業・小規模企業者の地域活動への貢献」を
掲げる。ここで「地域コミュニティにおける中小企業・小規模事業者の多面

的な役割を再認識すべき」であり，市民の理解を促進するというのは，従来の構想やビジョンの中には見られなかった要素である。

実は，このビジョンに先立つ2013年に，産業観光局において新たに「中小企業振興課」を設置するという組織変革がなされていた。

この流れは，2017年の「京都市中小企業未来力会議」の設置，2018年9月における「京都・地域企業宣言」で新しい展開をみせる。宣言を受けて門川市長は，同年12月，「京都市地域企業の持続的発展に関する条例」骨子（案）を発表した。「地域企業」とは，「中小企業・小規模事業者をはじめ，京都市の区域内に本店又は主たる事務所を有し，地域に根ざして活動される事業者」であり，同条例は「企業規模を基準とせず，地域と共に継承・発展をめざす」「全国で初めて」の条例（京都市 2019b）であるという。

条例は，2019年2月の市議会で可決された。地域企業振興条例の下での政策提案はこれからのことだが，「骨子案」中「8 具体的施策」に，例として「市場環境の整備」を掲げ，「経済の域内循環および内需の拡大の観点を踏まえ，『地域企業』の受注機会の拡大を規定します」と説明していることは注目すべきである。[5]

4　産業政策の背景にある産業・企業観

これまで，第1節において，京都市の産業政策予算配分に3回の転換が観察されることを見た。本節では，このうち，第1の転換と直近の中小企業重視への変化の背後にある産業・企業観を考える。

（1）　京都経済同友会の「中堅企業論」

「もはや『戦後』ではない」と，日本経済の本格的な高度成長の始まりを告げたのは1956年の『経済白書──日本経済の成長と近代化』だが，その翌年の1957年に刊行された『経済白書──早すぎた拡大とその反省』は，日本経済の「二重構造」[6]を取り上げて，一方に近代的大企業が，他方に前近代的小企業・家業的零細企業と農業が併存しており，両者間の賃金・所得格差が拡大していると論じた（経済企画庁編 1997：9）。

第Ⅲ部　地域・文化産業とまちづくり

　二重構造論が通念化している中で，「中小企業のわくをこえた成長を示す企業グループの群生」を「まさにそれは第三の企業グループなのである」と指摘したのが中村秀一郎である（中村 1972：ⅲ）。中村は，中堅企業の例の中に，京都の企業から，ワコール，京都セラミック（現・京セラ），立石電機（現・オムロン），堀場製作所，進工業の名を挙げている。

　こうした認識に立って，中村は，従来の「保護主義を基調とし，これに不徹底な近代化政策を加味した」中小企業政策を転換し，そして，スタートアップ期の企業に対するベンチャー・キャピタルの形成を促す必要があるとする。[7]

　京都経済同友会はこの議論に強く共鳴し，1968年の「京都における中堅的企業の成長とその課題——中堅的企業に関するアンケート調査から」，同年の「豊かな京都への提言」，1971年の米ボストン市への視察をまとめた「ベンチャービジネスと起業家精神——ボストン・ベンチャー・ビジネス視察報告」を経て，自ら中堅企業振興策の実践に乗り出す。それが1972年，日本初のベンチャー・キャピタルである KED（京都エンタープライズデベロップメント株式会社）設立である（なお，KED は，1976年まで5社に投資を行ったのち，解散した）。

　ここにいう中堅企業は，これまでの中小企業と大企業の狭間にあって，適切な政策の対象とならず，「わが国の政策上の死角にある」企業群である。そして，その中堅企業が「群生的成長」をみせたのが，ほかならぬ「大企業の殆ど存しない京都」であるという。さらに，中堅企業は「産業を伝統産業と近代産業とに分類して考える」「京都の囚われた産業観からの脱皮を促す」ものであるという（京都経済同友会 1978：183-188）。そして，京都は中堅企業の活動の場としては制約が多いので，従来の中小企業対策のような個別企業への保護助成策ではなくて，交通，通信，研究開発などの産業基盤の整備充実を求めていく。このように，大企業体制への批判的視点を内蔵する「中堅企業」論によって提案された新しい企業概念は，同友会のもう一つの柱である地域開発論につながる。すなわち，京都においては南北の「複眼的都市開発」，関西内では阪神間に対する京滋奈（ないし三重県を視野に入れての京滋奈三）構想，ひいては大企業の集中する東京に対する関西広域圏など，京

232

都経済同友会が唱えてきた二元的な地域開発構想は，中堅企業論とまさしく共鳴するものだった。

ところで，二重構造論においては「金融」が問題となっていたが，その後，オイルショック以降の低成長期に金融状況は変化し，国や自治体によるベンチャー支援制度も充実の度を増していった。当初から問題になっていた二重構造＝賃金格差は，高度成長期を通じて一旦は縮小，解消の方向をたどると見えたが，その後には改めて拡大し続け，大企業の内部でも労働市場全体でも，賃金格差が広がっている。また，あるベンチャー経営者が「日本は起業しやすいが，成長しにくい」と語っている（佐伯 2019）ように，技術革新のフィールドはいたるところにあり，しかも今日では資金の提供者に困っていないが，売れないこと，すなわち市場の確保は，今もって困難である。中村の中堅企業論でも，資金供給は論じられたが，中小企業の市場確保がなぜ困難であったかは触れられなかった。成長したベンチャー企業の企業家たちもまた，その成功体験故に，市場確保の問題は企業家自身の問題であるとしか見ない。京都経済同友会も，その後，その点に切り込む展開は見せなかった。

京都経済同友会の最新の産業ビジョンは，2018年に発表された『創立70周年記念提言・「グローバル都市・京都」のビジョン』で窺うことができる。そこでは，「グローバル化や技術革新が加速」するなか，京都は「グローバル都市」に生まれ変わる必要があるという。この「グローバル都市・京都」は，決して国際金融センターやニューヨーク，ロンドン，東京に比肩する「メガシティ」になろうというのではないが，しかし，中堅企業論が限定付きながらも持っていた大企業システムへの批判はない。大企業システムの発展の最新の形態であるグローバリズムそのものへの批判的視点も影を潜めている。

2000年代初頭以降の京都市経済政策の第3の転換にあっても，京都経済同友会の諸提言が持つインパクトはむしろ後退して，「行政の優位」が前面に押し出されてくる背景には，こうした批判的含意の喪失があると考える。

（2）京都経済同友会の文化政策提言

産業政策及びそれと関連する地域開発論の二本柱のほかに，京都の文化及

第Ⅲ部　地域・文化産業とまちづくり

び都市景観にかかわる提言にも，国家的見地からの政策を求める特徴がある。たとえば，革新市政時代の京都経済同友会（1968b）では，高度な産業都市としての発展とともに，「地域文化財」の保全を訴え，これは地域社会の責任だけでなく，国家財政上の措置を講じて保全するべきであるという。加えて，京都にはわが国の「代表的文化核」としての役割があるので，特別な立法措置によって「京都特別市」に指定するよう求めている。

　京都経済同友会（2003）は，「京都から始める日本再生」のために，京都を文化首都に指定する「文化首都特別措置法」の制定を求めている。京都経済同友会（2011）では美観と都市機能向上のために各種の政策を求めているが，それも「国際観光都市・京都」の都市格を貶めないためであり，「世界の歴史都市」である京都の景観のためである。

　京都経済同友会（2019）でも，京都市の新景観政策10年の成果を評価しつつ，まだまだ課題が残っているとするのは，「歴史・文化都市，世界遺産都市としての風格を継続的に高めていく」ことを考えるからである。

　こうした論調の評価はさておき，2015年以来浮上した文化庁の京都移転提案との関係で思い出されるのは，京都経済同友会（2009）である。そこでは10項目の「戦略的京都活用策」の5，6番目として文化庁・観光庁の京都開設を求めている。その発想の淵源は，河合隼雄（2002〜2007年，第16代文化庁長官）が提唱した「関西元気文化圏構想」にあるようだ。これを受けて文化庁は，2007年に「関西元気文化圏推進・連携支援室」を文化庁関西拠点として設置している。これら，とくに2000年代以降の諸提言においては，もはや「京都が取り残される」といった切迫感はない。「京都はすでに，…（中略）…，歴史と伝統を基調とする『日本の未来を拓くための戦略拠点』づくりに，オール京都で取組始めている」（京都経済同友会 2009：前文）とのべるなど，行政と伴走する自信があらわれている。

（3）京都中小企業家同友会の「中小企業論」

　経済のグローバル化に対して，批判的観点を維持してきた経済団体がある。それは中小企業家同友会である。同会は国内各府県に組織されており，京都では1970年に創立されて府内をカバーする「京都中小企業家同友会」（会員

第13章　産業政策のプレーヤーたちとそのビジョン

数1,681），及び府内市町や京都市各区を範囲とする「支部」組織を基礎に活動している。中小企業家同友会は，全国各地で「中小企業振興基本条例」制定運動を展開しており，その制定は，2018年6月で44道府県，363市区町村に及んでおり，なお増加中である。[8]そもそもこの条例制定運動は，1999年に京都中小企業家同友会が提言したものだった。

　同会の「地域経済ビジョン【京都版】」は言う。「しかし，経済のグローバル化に伴う海外での事業展開が加速化」して「製造業の成長力や雇用吸収力が低下」しつづける一方，「サービス分野で新しいビジネスが生まれ，売上や雇用を拡大」している。そして，京都市は2016年「基盤産業としての『ものづくり』や『観光』に加え，地域密接，生活密着型の産業の担い手である中小企業の振興を図ることをねらいに」「京都市産業戦略ビジョン」を策定したこと，その中で「中小企業・小規模事業者は…（中略）…市内の経済循環を促進する重要な役割を担っており，公共事業の発注や市内での消費を促進し，中小企業・小規模事業者の経営の安定化を進める必要がある」と結論づけていることを紹介，さらに京都市はこうした中小企業振興策の推進のために，すでに「京都市中小企業未来力会議」を発足させているという（京都中小企業家同友会　2018：25f）。

　ここでは，明らかに経済のグローバル化への対抗軸として機能する企業像が示され，さらにこれまで「成長産業」振興に力点をおいてきた京都市の産業政策が，中小企業家同友会が年来主張してきた中小企業の役割を重視する方向にそって動きつつあると，肯定的に評価している。「公共事業の発注」を明確に謳っていることにも注目するべきだろう。2016年に発足した「京都市中小企業未来力会議」の顧問やメンバーには，京都中小企業家同友会の代表が複数名参加している。前述した「京都市地域企業の持続的発展に関する条例」が，京都中小企業家同友会による年来の「中小企業振興基本条例」策定運動の上に立っているのは疑いない。

（4）これからの産業政策の方向性

　これまでの京都の産業政策予算の変遷から，政策の重心が伝統産業重視から近代工業重視へ，そして観光関連重視へ，さらに高度技術産業重視へと3

第Ⅲ部　地域・文化産業とまちづくり

度の転換が観察されることを見た。こうした政策転換，特に１度目と３度目の転換をもたらした要素の一つとして，京都経済同友会の地域経済への危機意識，および大企業システムへの批判的色彩の強い産業観・企業観があった。しかし，近年の京都経済同友会の諸提言では，グローバル経済への対応のための行政との伴走姿勢が前面に出ており，批判的視点はむしろ影を潜めている。他方，ごく最近表面化してきたのは，京都中小企業家同友会が唱道するかたちで表明された「地域企業」振興政策であり，それはグローバル経済への対抗軸として，地域社会の視点から中小企業の振興をはかろうとしている。その提言の核心部分には中小企業の市場確保，行政による受注機会の拡大政策がある。

　考えられる可能性の一つは，アメリカ連邦政府の SBIR（Small Business Innovation Research）に似た方式である。これは中小企業の技術革新を促す制度で，連邦政府の11省庁がその研究開発予算のうち一定割合（2017年度以後は3.2％，2100億円）を SBIR に割り当てている。その政策の核心は，商品化段階に達した SBIR 対象企業の製品を政府が調達することを定めた，強制的な市場確保にあった。山口栄一によると，ある分野ではこれによる産業育成費投下は45倍の当該企業売上増をもたらしたという（山口 2015a；2015b）。

　今後，京都市において，この「地域企業」振興の方向性がどのような政策に結実するかを注目したい。

　注
⑴　「近代派」とは「高度成長期を通じて企業活動を拡大させ，その実績の上で自信をつけてきた」近代産業の企業経営者及び「伝統産業分野で近代化を果たしつつある革新経営者」を念頭においている（波多野 1981：133）。
⑵　京都市関係者へのヒアリングによる。
⑶　「スーパーテクノシティ構想」は桝本市政第３期のための経済界対策（端的に言えば，堀場雅夫対策）だったという証言もある。京都市関係者からのヒアリングによる。それは「観光産業を戦略産業として位置づける」方向とのバランスを取るという意味だが，それを口実に産業予算の拡大を図った可能性もある。いずれにせよ，行政の意思が強く感じられる。
⑷　初代理事長は堀場雅夫，第２代は西川禕一（京大名誉教授）だった。

第13章　産業政策のプレーヤーたちとそのビジョン

(5)　パブリックコメント結果にある「市の責務の中に公契約条例的な地域企業への発注義務を記載していただきたいと思います」という意見も，この項目への反応だろう。京都市（2019c）参照。

(6)　「二重構造」という用語を初めて用いたのは有沢広巳であるといわれている（有沢 1957）。

(7)　清成ら（1971）。「ベンチャー・ビジネス」は著者らによる造語である。

(8)　全国商工会連合会（2018）。同連合会では「小規模企業振興に関する条例」と呼んでいる。

参考文献

有沢広巳（1957）「日本における雇用問題の基本的考え方」『世界』1957年3月号。

岡田知弘（2007）「産業政策の転換と京都財界の政策要求」村上弘・田尾雅夫・佐藤満編『京都市政　公共経営と政策研究』法律文化社。

京都経済同友会（1954）「京都市立試験研究機関の整備拡充に関する要望書」。

京都経済同友会（1966）「井上新市長のご就任を祝し今後の行政に望む」。

京都経済同友会（1968a）「京都における中堅的企業の成長とその課題」。

京都経済同友会（1968b）『豊かな京都への提言』。

京都経済同友会（1978）『京都経済同友会の30年』。

京都経済同友会（1989）『京都経済同友会の40年』。

京都経済同友会（1999）『京都経済同友会の50年』。

京都経済同友会（2003）「京都百年考　文化芸術都市の創造に向けて」。

京都経済同友会（2009）「京都を『日本の未来を拓く戦略拠点』に」。

京都経済同友会（2011）「京都の美観と都市機能の向上に向けて」。

京都経済同友会（2018）「創立70周年記念提言・『グローバル都市・京都』のビジョン」。

京都経済同友会（2019）「未来の京都の景観に向けて」。

京都市（2002）「京都市スーパーテクノシティ構想」。

京都市（2019a）「『京都市地域企業の持続的発展に関する条例』（仮称）骨子案に関する市民意見の募集について」。

京都市（2019b）（市長記者会見資料）「全国初！『京都市地域企業の持続的発展に関する条例』（仮称）の制定及び「地域企業応援プロジェクト」の実施について」。

京都市（2019c）「『京都市地域企業の持続的発展に関する条例』（仮称）骨子案への主な御意見と御意見に対する本市の考え方について」。

京都中小企業家同友会（2018）『地域経済ビジョン【京都版】』。

第Ⅲ部　地域・文化産業とまちづくり

清成忠男・中村秀一郎・平尾光司（1971）『ベンチャー・ビジネス』日本経済新聞社。

経済企画庁編（1997）『戦後日本経済の奇跡』大蔵省印刷局。

佐伯真也（2019）「スタートアップ経営者3人が語る，日本は起業しやすい！」『日経ビジネス online』2019年3月8日。

全国商工会連合会（2018）「市町村における小規模企業振興に関する条例が大幅に増加！　約半数で後継者育成等の小規模事業者支援策が充実」（プレスリリース）。

中村秀一郎（1972）『中堅企業論　増補第2版』東洋経済新報社。

波多野進（1981）「京都の経済界」三宅一郎・村松岐夫編著『京都市政治の動態』有斐閣。

山口栄一（2015a）「科学者とは何か　その1」『情報管理』58(2)，135-138頁。

山口栄一（2015b）「科学者とは何か　その2」『情報管理』58(6)，462-470頁。

山口定（1981）「京都の戦後政治史序説」三宅一郎・村松岐夫編著『京都市政治の動態』有斐閣。

（波多野進）

コラム9　国際交流のまち・京都

　都市は人間が形成するダイナミックな生き物である。その都市を議論する際，視点として「6つのS」と「1つのS」を提唱したい。具体的にはスケール（規模，大きさ），スパン（議論の対象期間），スピード（形成に要する速さ），ストック（取り巻く風土，歴史），スピリッツ（住民の精神性，心意気），センシビリティ（まちづくりに取り組む感性）の6つと，スローガン（リーダーが掲げる目標）のSである。京都という都市は極めて多面的な要素を兼ね備えており，都市の長い歴史，実績を積み重ねて今日の姿になっている。

　その過程で京都は政権の中枢が所在していたこともあり，国内都市との間での交流は多くの実績を持ち，国内のそれぞれの都市とはお互いに強く影響しあってきた。しかし海外都市との交流は宗教，文化，産業等の面で実績はあるものの，ヨーロッパ，中国などの都市と比べて意外に限定的であった。今日，世界的なグローバル化の中で，京都も人，情報，物が内外都市の間で交流が増加しており，自らの存在意義をしっかり認識しておかないと，このままの調子では今までに都市として培ってきた学術研究の主導性なり，デザイン・意匠にからむ美意識，高度な技術水準を備えた生産工程において従来果たしてきた都市の役割を見失ってしまうのではないかと懸念すら感じる。

　国際交流の土俵，舞台として見た場合，京都が持つ物理的空間は決して広いとは言えない。しかし，わが国唯一の国立国際会館を先導的拠点として大学，研究所，寺院，博物館等（ユニークベニュー）が相互に有機的に結び合っている現状を上手く活かし，これら施設の利用を存分に発揮する活動ができれば，都市の利点をますます充実，拡大し，限られた空間を完成していければ夢は広がる。まさに逆転の発想として「京都スタイル」を「分散型交流タイプ」と位置づけ，空間的狭さという制約条件を内的成熟によって克服して，さらに磨きをかけていく必要性は高まってきている。これこそが他の都市の模範となるものではないかと考える。人類は産業革命の過程において生産構造の大型化を実現してきたが，京都のまちの特性を有効に高めるためには決して大量生産，大量データを安易に受け入れるべきではなく一極集中が似合う都市格ではない。「身の丈，個性，独自性，少量多品種」タイプを追求することにより世界におけるリーダー的都市として歩むべきである。

　1978年に提唱された「世界文化自由都市宣言」に謳われているように，都市は「理想」を持つことにより前進していく。そして都市の顔はその都市で住み，働き，集う人達が形成していく。輝く都市は住む人達が創るものである。　　　　　（木下博夫）

<table>
<tr><td>終　章</td><td>座談会　「文化によるまちづくり」を
考える</td></tr>
</table>

　本章は，京都のまちづくりの指導的な立場にあった方との「文化によるまちづくり」に関する議論をとりまとめたものである。近現代の京都における文化を中心とする「まちづくり」（広域）に関して，①重要な点——他の都市にとっても参考となるような優れた点，②問題点——解決・是正すべき課題となる点，③留意点——今後のまちづくりを進めていくための提言，の3点を軸に実践と理論の両面から白熱した議論が展開された。

・日　　時：2019年2月5日（火）13時30分〜17時。
・場　　所：市民大学院（旧・京都市立成徳中学校）。
・出 席 者：山田浩之・池上　惇・青山吉隆・
【発言順】　宗田好史・佐々木雅幸・赤﨑盛久。

1　明治以後のまちづくり——近代化と伝統継承

　山田浩之（以下，山田）：皆さん，ご多用の中お集まり頂き，ありがとうございます。まず，私から2点申し上げます。1点目は，従来，都市の発展は経済の発展を中心に考えられていたことです。経済が発展し産業が発展することによって人口が増大することが，都市の発展とされてきました。しかし，私は，都市の発展を考える時に，経済の発展だけではなく文化の発展も視野に入れるべきではないかと思います。

　アメリカやヨーロッパでは，かつて製造業を中心として発展してきたまちが，1960〜1980年代に衰退していきました。しかし，まちに新しい文化施設を建設・移転するなど文化力を高める努力をし，文化による発展を構想して再生した所がたくさんあるのです。スペインのビルバオはその一つの典型例です。

日本でも，人口減少時代に入って量的拡大が見込めなくても，一人当たり
の所得と生活の質 QOL を高めることは可能です。それを実現しようとする
時，文化によるまちづくりが，今後，都市政策や都市問題において最重要の
論点になるのではないかと考えています。

　2つ目は近代化と伝統的な文化を共に重視する点です。この点を説明する
ために，京都が一つのモデルとなります。京都には1200年の歴史があり，特
に明治維新以後を振り返ってみますと，近代化の推進が政策方針の一つでし
た。その中でも特筆すべきは，1869年に小学校（番組小学校）を創設したこ
とです。小学校が全国的にできはじめたのは1872年からなので，1869年につ
くったことは称賛に価します。さらに，1889年には大阪にあった第三高等中
学校を，校舎の立て替え問題の折に京都へ移転させました。これが後の京都
大学につながりました。

　次に，伝統的なものの重視について説明します。文化的蓄積は豊富なので
すが，明治維新時の神仏分離や廃仏毀釈によって，京都でもかなりの文化遺
産が失われました。しかし，明治中頃から反省の気運も生まれ，遷都1100年
の時に平安神宮時代祭が始まりました。これは伝統の継承というより，伝統
の創造のような性質を持っていました。伝統は実は創造されるもので継承の
問題は創造と結びついていると思いますが，これが1897年の古社寺保存法を
生み出しました。ここから文化財保護が始まり，その歴史は以来ずっと続く
ことになります。祇園祭などの祭礼も継続でき，この継続というのが非常に
大きいと考えます。

　第2次世界大戦前についていえば，もう一つあります。都市計画法ができ
た後，京都は1930年代に約8,000 ha という非常に大きな面積を風致地区に
指定しました。東山，北山，西山の中腹ぐらいまでを全部都市計画区域にし
て，その山麓を風致地区にしたことは英断だったと思います。美しい自然景
観を守るという形で一つの伝統を守ったわけです。あるいは植林などもした
ので，伝統の創造という側面もあったといえるでしょう。片方で近代化を進
めながら，もう一方では，伝統を守る・継承し創造するという方向がすでに
示されていたのです。

　また，1994年が平安建都1200年祭に当たり，これに向けて色々な動きがあ

って，その中で古都京都の文化財がユネスコの世界遺産に登録されました。これも運動の成果であり，世界遺産への登録の実現は，伝統文化の継承が行われたことを意味します。

ただ，この頃から建築関係の近代化が始まって，町家が崩壊しはじめました。この段々と崩壊していく状況に対して危機意識が生まれ市街地景観条例の制定に発展し，現在の新景観政策という方向へ動くことになります。この間に第2次景観問題もあるわけです（第1次景観問題は1964年頃）。総合設計制度が始まって，高さ60mまでであれば建築物の建設が可能になったため，京都ホテルのように高さ60mの建物ができてしまいました。そして新京都駅が建都1200年祭の関連で計画され，59.8mの高さで建設されました。その時の議論を見ますと，もっと高いビルの計画にも賛成する意見がかなりあり，何とか60mに収まったというのが実情です。

とにかく京都では，景観問題が提起されて大きな問題になりました。京都市は近代化と伝統を守るという二兎を追ってきたわけで，その間に対立，軋轢が起こり，住民運動，市民運動が盛り上がりました。私としては，二兎を追った結果，問題は多いとしても，京都市は都市としての多様性を獲得できたのではないかと思っています。

さて，この2点を申し上げた所で，次の論点に入ることにします。

最初の論点ですが，今まで振り返ったように，京都は「文化によるまちづくり」を行ってきたといえます。近代化という面でも伝統を守るという面でも，「文化によるまちづくり」がある程度大きな流れになっています。その京都の「文化によるまちづくり」において，ある意味で先進的な面，他の都市の参考になるような優れた点について，まずお話を伺います。その後で，色々な問題が起こった点についてお話頂き，最後にご提言頂く，という流れで進めることにいたします。

では，京都市の「文化によるまちづくり」の優れた点について，皆さんのご意見をお伺いします。まず青山先生からお願いいたします。

2 「文化によるまちづくり」の優れた点

　青山吉隆（以下，青山）：京都には歴史的に有形無形の文化資源が集積し，また文化を尊重する伝統的な市民意識があります。その集積に啓発されて，文化に関与する人々が集まり，そこから文化のインスピレーションが生まれ，新しい文化活動の芽が誕生しています。このように京都には，文化の持続的発展を可能にする都市環境と市民コミュニティがある。こうした集積文化がいわゆる"京都らしさ"を構成しています。

　意識するか否かにかかわらず，この京都らしさは職，住，遊，学に対して文化インフラとして機能し，経済的には外部経済を提供しています。東京が首都機能というわが国唯一の外部経済を持っているが，京都には文化機能という特殊な外部経済がある。この外部経済が京都全体を空気のようにカバーし，京都ブランドや京都プレミアムなどの利用価値を創出し，誰でもその価値を自由に活用できます。たとえば，京都観光需要，京野菜，京料理，京土産，京をどり，京都本社機能，京都の不動産プレミアムなどは京都らしさの外部経済を内部化することに成功した事例です。地名を含めて「京」という文字が大事にされているのも，この外部経済と無縁ではありません。

　京都に集積した文化は京都のまちづくりにも間接的に影響を与えてきました。もちろん文化政策はまちづくりだけを目的にして行われるわけではないのですが……。しかし文化という広い多様性の中に，まちづくりに寄与する資源が含まれていることは確かだ。一方で，もし京都のまちづくりに失敗し，人口が減少し，地域コミュニティが崩壊し，経済が衰退することになれば，京都文化の維持，発展も困難になるでしょう。つまり文化とまちづくりは相互依存関係にあり，文化によるまちづくりという一方向性があるのではないと思います。

　山田：ありがとうございます。次に，池上先生，お願いします。

　池上惇（以下，池上）：まず，近代化と伝統を統合するには何が必要かという点から始めます。これを統合し得たとしたら——問題があったとしても——，その基盤と，それの発展があってこそ可能だったのだと思います。基

盤は何かというと，京都の学区制度の中で教育文化資産を各地に蓄積し，蓄積したものを交流させた結果生じたもので，その基盤の上に京都大学をはじめ，世界に比肩し得る水準の多様な高等教育機関や職業教育機関といった世界的な交流の場を作ることで絶えず外国の文化や外来のものに学びながら，同時に成果が地域に広く還元される体制を作ることができた。それは人材を育成して初めてできることなので，地域で育てられた人は，地域の恩に感じて地域に貢献しようとする。京都のまちづくりは，こういうものの考え方に支えられて成立しているのです。

　この一番大きな理由は，京都にある商人文化というものです。特に町衆文化と呼ばれる文化が育っていたことが背景にありました。それは18世紀後半頃から始まり，きっかけを作ったのは石田梅岩で，その時期に日本の商人たちの考えた思想というのは，質素倹約をして働いてお金を貯めたら，年を取ってからそれを布施にして世間にお返しをするというものです。こういう考え方が「商人の公人化」という画期的な思想を生み出しました。恐らく世界中を探しても，このような市民意識を持った商人が出てきた所は珍しいでしょう。この石田梅岩が作った塾こそが，石門心学という学問を通じて今日の小学校教育の基盤になりました。だから明治期に創立した番組小学校では，石門心学の教科書を使っていたわけです。

　そういう背景があってこそ，一つの近代的な都市の形成が可能だったのです。都市問題で最も深刻なのは格差ですが，京都では，それを解消するための基本的な基盤づくりができていたのです。この点に，京都繁栄の一番の基盤があったのではないでしょうか。ただ現在を考えると，そういった恩返しをしたいという人が，どのくらいいるかという問題はあります。それをどうするかが今後の最大の課題ですが，山田先生がご指摘のように，近代化とこれを両立させれば，現在の京都市が抱える問題は必ず解決できると思います。とはいえ京都人が長年築き上げてきた伝統が，近代化の中で大きな転換期を迎えていることは事実です。

　山田：私は最初に，京都の近代化の出発点は小学校が1869年に始まったことだと申しました。その背景には，江戸時代からたくさんできていた寺子屋が基盤としてあり，また精神的には石門心学があったということですね。

池上：やはり石門心学の影響力が一番大きかったと思います。

山田：その出発点についてお話し頂いたわけですが，京都の文化政策の発展には紆余曲折がありました。この点について，宗田先生，お願いします。

宗田好史（以下，宗田）：2007年に歴史まちづくり法ができ，京都市の歴史的風致維持向上計画を作った時に特に議論された点の一つが，「京都の文化を支えているのは誰だろう」という点です。一つには町衆があり，たとえば祇園祭などはその町衆の大きなイベントになっています。また，平安遷都千百年に際し，時代祭行列を市民参加でやりました。戦後は葵祭の斎王代と女人列が始まりました。

その時に言いましたのは，上記の問いの答えが「町衆」というのは確かにそうだ。そうやって近代化過程，戦後まで至る文化を支える仕組み，お金を出す仕組みをきちんと作っている。でも，町衆の他にも「家元」という存在が大きい。茶道，華道……，色々あります。そして3つ目には「社寺」が大きい。本山もたくさんあるし，神社庁もあります。4つ目が「伝統工芸・伝統芸能」の世界。特に花街を支えた人たち。もちろん能や歌舞伎もあります。5つ目が「京郊」，すなわち京都の郊外ですが，京都を取り囲む農村，山村が色々な所にあって，さまざまな資材が京都へ運ばれて来ます。たとえば，大喪の礼の時の八瀬童子のような存在もあって，関わり方が非常に複雑です。それと寺領社領がありますので，神社やお寺を支える仕組みも複雑です。最後の6つ目は，「近代化を担った人たち」がいることです。琵琶湖疏水もそうですし，島津製作所，山本覚馬が作った同志社のハリス理化学館など，枚挙に暇がありません。

近代化の過程で今挙げました6つの担い手たちは，それぞれに京都の政治的なヘゲモニーをとろうとしました。しかし6つもあると，どれかがトップになることは絶対にありませんので，それぞれが上手にその時々のバランスをとって，ある時は主導権を握り，ここは譲るとかいうことがたくさんありました。そして，これら6つがそれぞれに近代化します。京都の近代化とは，これらの6つとその関係が変容してきた過程なのです。

そのプロセスを解明すると，たとえば今「京都の文化」と言った時の伝統文化・古典文化の一つは，平安時代の王朝文化，それから室町後期から安土

桃山にかけてのわび・さびを含む茶の湯文化です。江戸時代には石田梅岩の教えがある一方，寺子屋を出た旦那衆は謡曲，または講談本などを通して歴史を習ったわけです。京都人の教養としての歴史教育は簡単にいえば家元を基盤としています。そういう世界が今でも残っているというのは，いわゆる経済の近代化のプロセスの中で，伝統文化が市民という支え手を巻き込みながら変容してきたことの証左だと思うのです。

　ただ，京都はその独自の特異性に依存し過ぎ，甘んじた。だから，今，内側から起こっている危機に向けての対処が弱い。お能の家に跡取りがいないこともあるのです。だから，町家の跡取りがいないのはごく当たり前です。裏千家とかの家元にはもちろん（跡取りが）います。でも，家元を支える千家十職があり，その下に高弟・業躰たちがいて，能なら観世とか金剛とか，大和四座からつながる流派があるのですが，それぞれに支えてくれる人たちがいるわけです。京舞にしてもそうです。このような空洞化，過疎化というものに，どう対応すればよいかという話なのです。このことがまず京都で解決されない限り，人口減少とともに社会が急速に変わっていく中で，日本の伝統文化を維持できなくなります。この時に国際化して，外国人にも受け入れられる京都文化・日本文化にしていくという，いわゆる文化の国際化が求められると思います。

　つまり，課題は世界に日本文化をどう発信し普及させていくかです。和食がその代表的な例です。そこで，過去150年，京都の伝統文化はどういう近代化のプロセスを経てきたのかについて，諸外国に起こった文化の近代化のプロセスと比べた上で，どうすれば未来の設計図を作ることができるのか，ヨーロッパ，アメリカ，アジアにどういう文化的な影響を与えていくかというプランを，考えるべきだという気がしています。

　山田：京都の文化の色々な側面を論じて頂きました。私がその中で一つ加えるとすれば，色々な人々がいて，特に伝統文化を支えてきた人が色々な人と交流してきた点もあると思います。たとえば裏千家の前の家元……。

　宗田：千玄室さん，大宗匠ですね。

　山田：玄室さんは国連へ行ってお茶をされたり，国際的に活躍しています。京都の中でも色々な交流があって，その交流の場として，たとえば花街は非

常に重要な役割を果たしていると思います。そういう交流の中から新しいものが生み出される。そして，単なる文化ではなくて経済の発展にもつなげられるのが，創造産業であり創造都市ではないかと思われます。次に，その点に詳しい佐々木先生にお願いいたします。

佐々木雅幸（以下，佐々木）：今，歴史認識の問題がありましたので，まずそこからお話ししたいと思います。京都には都として1000年以上の歴史があるという，世界の主な都市に無い特徴があります。つまり１国の首都をずっと続けたということです。そのことが持っている文化性には二重の意味があるだろう。つまり首都には権力が存在し，権力性があるわけです。それで町衆は，その権力と対抗する要素もありますが，町衆の創造性は，たとえば応仁の乱で支配層が崩壊した，あるいは明治維新で天皇が不在となって，権力に空洞化が起きたというような機会に沸き上がります。これは今，注目されているレジリエンスという概念なのです。

それから先程の裏千家と表千家の関係では，基本的に表千家は皇室により深く関わってきたので動きにくいものがある。裏千家は今の大宗匠が特攻の生き残りだったこともあって一碗から平和を希求する，ピースフル・ティーセレモニーという形でグローバル化できたのです。さもなければ生活様式の変化の中で縮小していったはずですが，それを世界に広げることによって，新しい日本文化というものの形を示したから，再生し，継続してきた。

危機の時に再生していく力というものを，京都はどこに持っていたか。これは明らかに文化資本です。近代化のプロセスでは，番組小学校がそうでしょうし，とくに京都大学・同志社大学等の，いわゆる学術文化資本です。創造性のハブというのは大学が持っている質の問題です。それから宗教をバックボーンにした自由の精神がある。そういう開放的な大学というものが，戦後は伝統的な文化と同時に大きく展開する。

現在，文化庁の京都移転が進められていますが，間違ってはいけないのは，京都に文化庁が「戻って来る」と思わないことです。むしろ東京と京都と２拠点ができる。東京型の文化とは違う文化を京都が発信する。東京は全国の他の都市を従えていますが，京都はそうではなく，ネットワークで他の都市と連携する視点で文化政策を考える。京都は古の都だから，それをもう一度

復活するというような古臭いことであれば，他の都市は，この取り組みを尻込みして捉えてしまいます。その覚悟がないと，京都の「文化によるまちづくり」はうまくいかないと考えています。

3 「文化によるまちづくり」が抱える問題点

山田：最初の問題提起について，一通り皆さんにご発言頂きました。それでは次に，これからの京都の課題について，もう少し詳しくお話し頂ければと思います。今までは比較的京都が優れている点に絞って議論して頂きましたが，その中で課題も見えてきたので，その課題について池上先生からお願いします。

池上：深刻な課題として私どもが直面しているのは，やはり事業継承という問題です。それは単にビジネスの世界でだけではなく，伝統芸能や華道などでも同様の状況です。そこで，新しい形の継承可能なシステムをどのように作っていくか。それが大変大きな課題になっていると思います。

この課題を解決するために，皆さんに色々とお伺いすると，共通して「伝統的職人産業では飯は食えない」と言われます。では，どうすればきちんと飯の食える産業に転換できるのか。たとえば，日本文化を象徴する西陣織ですが，帯・着尺・ネクタイ・洋服地・緞帳など，和魂洋才型の産業として発展してきました。いま西陣が危機に陥っている最大の理由は後継者不足で，解決するには西陣を魅力ある産業として再生するしかないわけです。しかし，その再生の方向性を巡っての論争が絶えずあります。

その際に，衰退の原因として最もよく言われる要因は，2つあります。1つ目は消費者のニーズが変化したこと。もう一つは金融機関をはじめ多くの融資会社が低金利で巨大融資を行い，それが過剰な設備投資を引き起こし，その結果破産に直面する事態に至った。この内，1つ目の消費者ニーズにどう応えるかは，とても深刻な問題です。この点については，「時代の流れだからしょうがない」と捉える考えがある一方，「それは違う。むしろ今は職人は世界的に見て再生の傾向にあり，滅びるはずがない。日本特有の"うまくいっていない"理由があるのではないか」という考えもありました。

後者の問いかけは世界的な調査に基づいていて，ヨーロッパを中心とした，多品種少量型で，かつ世界企業として展開し得る職人型産業を念頭に置いた問いかけです。情報技術が進めば進むほど，ますます軽薄短小型の技術になってくるので，1人でも操作できる工作機械や，自分の力で制御できる精密な機械装置が，どんどん生み出されていきます。そうなると，一人ひとりの人間の職人技と機械装置が結びついた場合，いったん機械で加工したものを消費者に受け入れられる質の高い商品に転換するため，最終段階でどのような手仕事を加えられるのか。それが課題になるのです。

　この点に鑑みると，西陣だけではなく日本各地の伝統産業についても復興する可能性が出てくる。ただし世界に通用するデザインを生み出す能力が無ければ，話になりません。ここで重要になるのが若手職人の感覚です。若手は古典を踏まえつつ現代的で世界性のあるデザインを創造する能力があります。また，このようなデザインを創造するには，機械技術を駆使する必要があるので，情報技術を知らない者にはできません。すると今までの職人とは違って，情報技術の能力があり，同時にデザイン感覚も一流な人材を育てるしかありません。また，京都の伝統を今に活かす方式は現在も生き残っていて，流れを逆転するのではないかと思います。

　そのための環境づくりは何かというと，2つあると言われています。一つは観光客の質の問題です。京都に来る最近の観光客の要望で一番多いのは，「職人の手業の現場を見せてほしい」で，これを見せると商品を買ってくれる。主にヨーロッパ系の観光客だそうですが，そのうちアジア系の人たちもそうなってくるのではないかと予測しています。もう一つは，日本に観光のために訪れるアジアの人が増えつつある点です。この傾向をどう見ればよいか。これは明らかにアジアの近代化が進んできて，日本から学ぼうと思って来てくれているわけです。そういう人々が日本の人たちと交流し，あるいは現地へ行った日本の技術者たちと交流し，互いにどれだけ学び合い，アジアの感覚と日本の感覚を交流し合えるか。私たちはまだヨーロッパに学ぼうと思っていますが，ヨーロッパから学びつつ同時にアジアからも学ぶことができれば，きっと新しい局面が開けるに違いありません。

　山田：色々な議論がありまして，最後はデザインの重要性でした。情報技

終　章　座談会「文化によるまちづくり」を考える

術が発達しても，デザインの重要性は人間の最後の能力と言いますか，機械に奪われることのないものだと思います。

池上：はい。奪われないようです。

山田：大事な所だと思います。デザインの問題も出てきました。次は宗田先生から今のお話も含めて，京都の問題点についてお願いします。

宗田：私は町家の調査をした時に，「これでは残らないよな」と思いました。京都ではその町家の古くからの住人，家族が今もまだ住んでいるのです。ヨーロッパでは，同じ家族がずっと住んでいることはまずあり得ません。いわゆる文化財不動産というものが流通し，家族の継続性はもう無いのです。家族の継続性があるのは封建時代の話であり，このような時代には親の商売を子どもが継ぐのは当たり前なのですが，ヨーロッパにはその種のいわゆるしきたり・伝統（tradition）は，それほど残っていないのが現状です。

　一方，日本では「伝統産業」と言ってしまうため，受け継がないといけないと思ってしまうのです。しかし，それは変えなければいけない。私は静岡と京都で，商店街の中のお店とかをいわゆる居抜きで別の新しい経営者が引き受けるという事業継承の仕組みを，経産省と地銀と一緒に進める仕組みを手伝いました。その場合，地元の金融機関などは，今まで貸し込んでいて，結構売上も評判もよい事業所だけど，後継者のいない高齢者なので無理とした融資も，お手伝いして事業継承してくれたら，融資額は1.5〜2倍ぐらいになるが，借り手が40歳であれば融資を考えてくれる。その第三者への承継をどうつないでいくかということが，今はもうビジネスとして成り立つようになっている。

　市民革命を起こしたヨーロッパでは当たり前に行っていますが，日本はいわゆる擬似近代化を行って，家制度という武家しか持っていなかった制度を庶民に分け与えました。だから，明治期に擬似家制度を作ってしまって，○○家之墓とか，婿養子といったことになるのです。1897年の旧民法に謳ってある日本の家制度は日本の伝統ではなく，明治国家を支えるために作られたものです。それに騙されて，今でも「婿養子」云々と言う人がいる。婿養子をとってまでこの家業を継がなければいけないと言う人がいること自体，いかに私たち知識階級が日本のエセ近代というものを見抜けなかったかの証し

251

です。封建制を一部で温存しながら，一方では文化や近代化を語ったりしてきた。人間の幸せを本当に考えるのであれば，徒弟奉公とか丁稚のようなものは取り除いてあげる。そのためにも伝統を見直す作業は必要だと思います。そうしないと，アジアの人に開かれるべきだという時に邪魔にもなります。

　山田：今のお二人の話を受けて，佐々木先生，よろしくお願いします。

　佐々木：はい。私は大きく時代区分した場合，20世紀は大量生産・大量消費・大量流通の大企業の時代で工業経済の時代だったと思います。21世紀にこれから主流になるのは基本的に創造経済ですので，ネオクラフト型生産を含むフレキシブル生産になり，個性的文化的な消費が増えてきます。ネットワークあるいはソーシャルメディアという形になってくるので，新聞などは廃れ，都市の形は産業都市から創造都市に変わるというふうに，ワンセットで捉えています。

　それで職人的ものづくりというのは，基本的にはネオクラフトプロダクションと呼んでよいと思うのですが，将来的には AI を活用する職人が現れ，フレキシブルなものづくりをする形になるだろう。そこで消費の質というものが，かなり重要な位置づけになるかと思っています。

　実は，ヨーロッパでは，クラフトはアートよりも低いものと見なされていました。つまりクラフトには用途がある。アートは単なるオブジェであって，日本でいう「用の美」というのは理解されないのです。日本のクラフトというのは「用」を足さないといけませんが，ヨーロッパでもアートとクラフトの境目が渾然一体としてきて，クラフトデザインの世界的な地位を上げるという流れが始まり，新しい動きが出てきました。これは皆さんのお話とすべて符合するのですが，そういう創造経済の段階に入った時にものづくりが変わってくる。先程から言及されている西陣の例で言うと，細尾真生社長です。彼はトヨタ的ではなく，フェラーリ的な物づくりをしているということです。1 台ですごく利益が稼げるという。そして年間に何万台とは作らない。それで回る経済になっているのです。このようなやり方が，確かに西陣の生き残り策の一つであることは間違いない。また，そういう高級な価格帯以外で，比較的中級でデザインに優れたものを作ることができれば，おそらくマーケットは変わってきます。従来の和装産業はどうしてもマーケットがドメステ

ィックでした。ところが今，若いアジアのお金持ちの人たちが出てきている。中国政府が，段階的に「文化創意産業」に力を入れると言い出している。文化創意産業を伸ばすためには，消費を上げる。「消費昇級」という概念です。消費のクラスを上げるのです。量ではなくて質を上げる。中国が本格的に消費昇級に取り組んだ時に，日本のクラフトは多分大きなマーケットになる。するとアジアというもの，アジアのマーケットは大きく変わってくる。そうなると，これはもちろん京都だけの問題ではなく，もっと広い視野で取り組む必要があります。

　山田：そのクラフトデザインというのは，メディアデザインなどと結びつくのでしょうか。

　佐々木：そういうものもあります。

　山田：そうでしょうね。メディアアーツというのが一番新しい分野でして，今，展開して創造的なデザインというのが生み出されていますが……。

　宗田：率直に言うと，西陣で26年やってきて，基本的に細尾さんはじめ成功した所は本当に数えるほどです。だから，佐々木先生が今言われた議論というのは，頭ではわかるけど現実には厳しいと思います。私たちがイタリアでそのモデルを見出して，すでに30年が経ちます。なんで日本でそれが普及しないのか。文化政策もそうです。なぜ，それが地域の経済に広がっていかないのかを，そろそろまじめに考えるべき時期だろうと思うのです。モデルはわかったけれど，それでどうなるのかという……。

　佐々木：文化的価値に基づく「ものづくり」を普及するためには，産業政策と文化政策の両面から振興することが大切です。元々，金沢は京都と並んで伝統工芸の町です。しかし，世界の流れは，伝統やしきたりに留まっていない。それで21世紀美術館の前館長の秋元雄史さんが「工芸未来派展」をやるのです。クラフトというのはやはりまだ安物のイメージがあるのです。だから日本の工芸は「美術工芸」ですから，アートのレベルだと提唱したいということで始めました。当然，金沢だけではなく，ニューヨークでも，ヨーロッパでもやります。ルーブル美術館は姉妹館ですから。そういう世界的な日本の新しいネオクラフティズムというか，あるいは工芸のあり方，この新しいアートの波を京都が作れるかどうかなのです。それが無いと，細尾さん

は頑張っているけれども，やはり単発の事例で終わってしまいます。

山田：そのクラフトデザインの新しい波を作っていくのが，京都の役割ということになると思うのですが，この点については如何でしょうか。

宗田：ちなみに文化庁長官だった青柳正規さんが，工芸をテーマにした博物館とか美術館を作ろうと考えていました。

4　町家の問題

山田：この辺で，京都の極めて大きな問題の一つ，町家について議論して頂きたいと思います。色々と調査がされていて，町家は毎年約2％の割合で減少しています。町家が京都の町並み景観を形成していたのですが，空き家もたくさん生まれて，ほとんど崩壊しかけているかのような印象さえあります。まず青山先生からいかがでしょうか。

青山：京町家は私有財産ですが，一方で建築文化，暮らしの文化，町並み景観の形成など，京都らしさを形成する貴重な文化資源でもあります。多くの文化財は法律，条令で保護され，あるいはそれが創出する付加価値に対して対価を得ることによって経済的に自立していれば持続可能です。しかし，京町家とそれが創り出している町並み景観は京都らしさという社会的効果を創出しているにもかかわらず，その対価は得ていない。つまり京町家はそれが私有財産であるがゆえに，その付加価値を内部化することに失敗し，持続可能性が失われている。ここに京町家が毎年1.6％減少し，空き家が14.5％に達する根本的な原因があります。

京町家は経済現象として見ると不動産市場への土地供給者でもあります。京町家所有者の多くは京町家文化を大切にし，その維持保全に強い意志を持っていますが，今日では所有者の高齢化などの個人的事情や現行税法による相続問題などがあり，土地価格の上昇につれて京町家所有者が不動産市場への供給を増加させるのは経済合理的であるということになってしまいます。京町家による供給と新用途による需要がある限り，不動産市場において京町家からマンション，ホテルあるいは駐車場などの新用途への土地利用転換が継続し，京都らしさが失われていく。したがって京町家の減少は，京町家施

終　章　座談会 「文化によるまちづくり」を考える

策がこの不動産市場へどこまで干渉できるかによって決まります。京都らし
さを維持するために，京町家はどれだけ維持されるべきか，あるいは維持で
きるかについて，京町家に関する文化政策的なアプローチとともに，不動産
市場における経済金融政策的なアプローチが必要です。

　山田：ありがとうございます。京都市でもいろいろな対策を講じているよ
うですが……。宗田先生，この点については如何でしょうか。

　宗田：イタリアやフランスでやっていることはほぼやり尽くしたのですが，
中々，決め手にならないということがあります。すでに申したように，家族
が継承するのはもはや不可能なのです。といって，行政が全部買い上げるの
も駄目です。すると，町家に合った現代社会をどう設計するか，ということ
になります。私たちは都市計画屋なので，ある土地の町家を残すと決めたな
ら，その町家を使える社会，経済をどう設定するかを考えます。その時にイ
タリアのブランドや職人産業，文化観光などがモデルになります。

　山田：新しい町家をつくろうという動きもありますね。

　佐々木：狭い業界でやっていると，どうしても関心が広がらない。

　宗田：それはわかりますが，京都ではすべての人に受け入れられる事が難
しい。言いっ放しでよければいくらでも言えます。現実に施策として関係部
局を説得して事業化し予算化することを一つひとつしながら，町家まちづく
りプランに始まって，職住共存地区のガイドプランと地域共存型まちづくり
とか，2007年の新景観政策とか，町家条例に来るまでには長いステップがあ
った。その中でマンションを京町家型集合住宅とか，長屋の復活とか，公営
住宅・京都住宅供給公社に町家の再生までやらせて，ボローニャみたいなこ
とをやりました。たとえばアーティスト・イン・レジデンスは，まさにそれ
だったわけです。

　佐々木：それは個別でしょ。

　宗田：ええ。だけどHAPS（東山アーティスツ・プレイスメント・サービス）
では海外の人もかなり来ていますし，今は京都芸術センターが海外の芸術家
を入れることもやっています。で，申したいのは，それよりも京都の街中の
簡易宿所です。民泊は止めたのですが，簡易宿所で来るのがいる。六原学区
などの仕組みが全域に広がっていけばよいのだけれど，そう簡単にはいきま

255

せん。

　佐々木：ちょっと問題が生じているわけですね。

　宗田：はい。だからその点をどう受け入れるかなのです。先程申したように，町家はご家族の了解の下に第三者に渡すとか，ご家族の誰かが残ってくれるということが当然ありますが，地域の皆さんとの関係が非常に密なのです。だから，少しでもやり過ぎると地域の反発を招いてしまうので，この関係性を見ながら町ごとに慎重な対応が求められるのです。

　山田：では，町家の空き家や民泊の問題に取り組まれている赤﨑先生にご発言頂きたいと思います。

　赤﨑盛久（以下，赤﨑）：問題になる放置空き家はほとんどが町家です。しかし民泊新法（住宅宿泊事業法）は問題です。これは観光振興と空き家対策が一石二鳥になると，空き家を所有者がネットで届ければ宿泊事業が開業できるというおおざっぱな法律です。これまで積み上げてきた宿泊客を守るための規制や，住環境を確保するための都市計画の制限を一気に緩和する政策です。また，空き家の多くは耐震性に問題があります。町家を活用するにはまず最低限の耐震性を確保すること，もう一つは住宅性能を現代の水準に上げることによって，今後町家はさらに何十年か使用できます。

　山田：今の町家の問題について，佐々木先生，何かありますか。

　佐々木：関心があるのは観光との関係です。京都市が2000年に「観光客5000万人構想」を立てていましたが，これは古くさいなあと思っていました。数字を目標にするより，むしろクオリティの高い観光のあり方を重視するべきです。量から質への転換を，2000年の時点から掲げているべきでした。

　宗田：かなり前から（量から質への転換を）掲げていました。

　佐々木：だけど目標に出てくるのは5,000万人という数字です。最近では，バルセロナのツーリズム2020などの新しい計画ではもっと徹底していて，いわゆる目抜き通りのホテル新設は全部禁止されていて，郊外のまだホテルの少ない所へ積極的に誘導するということをはっきり打ち出しています。

　山田：そうですか。

　佐々木：そうでないと市民の反対運動が根強くて，トラブルになります。いわゆる市民の QOL を優先するのか，観光客を優先するのかが，市民の間

256

から出てきた。だからそういう形をとることができたのです。京都もまもなくそういうことになるだろうと思います。これは京都や金沢のテーマであり，その中に町家の保存活用の問題が当然入ってきます。

赤﨑：ただ京都の住民の方も観光客に慣れてきて一時のようなアレルギーはなくなりつつあります。簡易宿所について言えば，市側の努力もあって運営会社もきっちり管理されるようになりました。

山田：町家の活用法にも色々あって，京都の場合はその一つが民泊でした。秩序正しい民泊を作り出すことは一つの課題でしょう。その他，町家の新しい使い方がさまざま出てきて，レストランになったり，アートを創り出す場所になったりもしています。

5　観光をめぐる問題

山田：観光の問題に入りましたので，観光についてのご意見をお願いします。

宗田：昨今の京都の観光を見ていますと，日本人観光客の減少が著しいです。

佐々木：京都の場合ですか？

宗田：いえ，人口減少が起きていますので，全国どこでもそうです。5,700万人弱をピークにずっと下がり続けていて，減った分をインバウンドが埋めている感じです。2000年の4,000万人弱から2015年の5,700万人弱まで，たった15年で約34％増えました。その間，嵐山と東山で激しい渋滞が起こった。そこで観光対策を公共交通優先で行い，一時期41.7％まで増えたマイカー利用を，パークアンドライドや公共交通優先で8.7％まで押し込みました。

佐々木：そうか，模範事例ですか。

宗田：京都市の歩くまち推進室は，15年間で34％も増えたにもかかわらず，ほとんど観光公害を起こさずに対処したのです。その時はバスもすごく混んでいましたが，日本人のお客さんは中高年化して，女性が7割，50歳以上が7割という観光地です。全国的にそうですが，特に東京の女性が着物を着てバスで隣りに座っていると，京都の人よりも京都らしいのです。だから，誰

257

も観光公害とは言いませんでした。

　しかし，2015年以降，外国人の比率が増えている。今までの京都は，10回以上来るお客が7割以上の観光地だったので，暮らすように旅をするというコンセプトで始まった町家ホテルが定着していました。そこでは，町家の住民以上に町家暮らしを楽しめました。ところが，初めての海外旅行，初めての日本，初めての京都という東アジアの人たちが泊まりに来るわけです。すると「何なんだ，この人たち」ということになる。LCCとかビザの緩和などで突然起こった現象でした。

　この約5年間の急激な増加で色々なトラブルが起こりました。今では「こうすればお客さんをきちんと受け入れます」というルールを設ける所が増えてきました。それが一つのモデルになって，次第に先程言った東アジアの観光客がデザインを共有しようということになり，東アジアの京都化，和風化が起こって，行儀のよい東アジアの人たちが京都に増えてくるだろうと。私たちも1970年代にヨーロッパへ行き始めた時は，マナーのひどさが現地で問題となりました。

　山田：そうでした。日本人の観光客がいっぱいで，大きな声を出して，群れていました。美術館でも重要なポイントだけを回ろうとし，走るように館内を移動するから，大いに顰蹙を買ったものです。

　宗田：1970年代後半〜1980年代にかけて海外旅行に行く日本人が増えた時にはキリスト教も知らない，という人が大半でした。だから，聖母マリアを見て「あれ，誰？」「誰，あのきれいな人？」と聞いたりする。ヨーロッパの教会の人にとって，それはちょっとしたショックでした。そういう知的なギャップや情報ギャップのある外国人が入って来た時に，どう受け入れるかという問題もあります。

　佐々木：まさにマス・ツーリズムからカルチャー・ツーリズムですね。私はクリエイティブ・ツーリズムと言っていますが，結局，これは学習のプロセスです。爆買いは中国の方も規制が進んでいますので，一応脱したといえるでしょう。

　金沢ではクラフト・ツーリズム，あるいはクリエイティブ・ツーリズムと言って，すでに実験を行っています。たとえば，若手アーティストや作家の

アトリエに，彼ら本人が希望すればお客を連れて行って販売をやります。西陣などのような所では，コーディネートする人がいれば可能なことです。訪れるグループや個人に合わせたルートを作り，そして（西陣の事を）説明できる人がいる事が重要になります。それを普通のホテルに任せてしまっては，うまくいきません。そこまで手を掛けたことをやらないと，カルチャー・ツーリズムと言っても，たぶん結局は表面的な文化消費で終わってしまう。

　山田：なるほど。新しい観光のあり方についての提言がありました。では，最後にそれぞれから，青山先生，宗田先生，佐々木先生，赤﨑先生，最後に池上先生，という形でお願いいたします。

6　京都のまちづくりへの提言

　青山：京都にはそれぞれの地域に，祭事，生活文化，京町家，町並み景観などの地域文化があり，そこに誇りを持った市民コミュニティが育っている。しかし市民コミュニティは，行政による支援を受けてはいるが，この集積文化と地域文化を十分に活用するための政策的，経済的な装置をまだ持っていません。

　一方で，「新景観政策」や「歩いて暮らせるまちづくり」などの成功体験を通して，たとえば屋外広告物の適正化に典型的にみられるように，まちづくりに対しての規制強化が短期的には経済損失であっても，長期的に便益を生むことを市民は実感し，企業は企業価値を高めることに合理性を見出しています。したがって京都では，まちづくり活動に対して，長期的視点から企業や市民の協働を期待できる環境がある。遠回りのように思えますが，地域の市民コミュニティが広い集積文化の中から，まちづくりに利用可能な文化資源を見つけ，企業が社会貢献として協力し，行政等がそれを内部化できる装置を提供することが「文化によるまちづくり」に必要です。

　山田：ありがとうございます。では，次に宗田先生，お願いします。

　宗田：日本の文化財政策は，いわゆる地方分権化と民営化をやってきませんでした。だから文化財政策の中に市民参加というものが欠けていて，トップダウンで行うことがあった。日本政府はそれを反省もしなかったので，

「国が文化財保護法で指定しないなら，世界遺産としてユネスコに指定してもらえ」みたいな意識があった。

　ユネスコの無形文化遺産が始まった時に「食」でいくと言われて，みんな唖然としたわけです。それで議論をする時にフランスから，「和食文化は日本の伝統的な食文化だと言うけれど，きちんと研究しているのか。大学はあるのか。学会はあるのか」と聞かれ，「いや，無いです」ということになった。そこで山田知事（当時）が「作れ」と言い出された事があった。

　ただ，なぜ食が文化といえるのかについては，そもそもフランスのアナール学派という庶民文化史を研究する歴史学の一派の考えが，根拠の一つになると思います。私がボローニャに留学している時に，文学部にカルロ・ギンズブルグという有名な歴史学の先生がいて，『チーズとうじ虫』という本を書きました。これはギンズブルグ先生が「これからはもう庶民の生活史をやるべきだ」と言って，イエズス会によって異端裁判にかけられるベネト地方の一粉挽き職人の暮らしがどうだったとか，何を食べていたかという記録をまとめたものです。

　しかし，京都で食文化というと，料亭文化とか家元の茶事とかが重視される傾向があります。その一方で，京都の裏路地でもよいですが，普通の人が食べている食事という非常に大きな世界があります。建築に長屋から桂離宮や御所までの幅があるのと同じように，「食」においても，階級，地域性，歴史性，時代性などみなまちまちなのです。

　佐々木：庶民の生活を研究することが重要ですね。

　宗田：江戸時代の黄表紙の中に出てくるものとか，『好色一代男』の世之介が色々な物を食べているので，それは何だとか。それらを一つひとつ復元しながら，文化史としての食を研究しようという試みがスタートしているということです。

　佐々木：ユネスコ無形文化遺産に認定されたのは料亭料理ではないのです。ユネスコ認定に向けた運動のリーダーが料亭を経営されているので，何となくそちらが前に出てしまっていますが，認定されたのは庶民料理のおばんざいです。

　宗田：東京に行くと，すき焼きや天ぷら，蕎麦，寿司なのです。東京は17

世紀初めにできた町で，日本の歴史を代表していないので当然ですが。料亭やおばんざいだけでなく，無形遺産に登録された日本人の食文化は深まっていくでしょう。

山田：食文化の研究を通じて，何とかまちづくりに貢献をして頂きたいと思います。では佐々木先生，最後の発言をお願いいたします。

佐々木：今，話題に出た和食の関係でいくと，ちょうど同じタイミングで韓国も認定されました。

宗田：そう。キムジャン文化。

佐々木：キムジャン文化は，まさに庶民のものです。だから京都の庶民の生活文化の質をもう一度見直すことが重要です。ユネスコ無形遺産に認定される要件は，将来消えていく危険性があるということなのです。おばんざいとか一汁一菜といわれても，中々，普通に食べられなくなってしまった。そういった食文化が持っている意味を考え直したり，その底流をずっと引き継いできた庶民の中から出てくる創造性を引き上げて，創造産業につなげていく。現在，こういう政策が求められていると思います。

これだったら，きっと日本の他の地域をも励ますことができる。京都の独自性のみで進めると，「ああ，あれは京都の話だ」となってしまう。そこがクリアできて，しかもアジア的な広がりで見直していく。そういうことがよいのではないかと思います。

赤﨑：京都の「まちづくり」への提言ということですと，ある県では「おもてなしを県民総参加により推進し」などと観光振興政策のスローガンで「おもてなし」と言う言葉を出しています。しかし，住民に「おもてなし」などを求めるのは大間違いだと思います。観光客と価値を共有でき，触れ合う場所の創出が大事です。

山田：それでは池上先生，最後にお願いします。

池上：従来，京都はオープン・イノベーションが非常にできた地域だと思うのです。その理由はやはり，「たとえ他の会社が東京へ行っても，自分たちは自身の判断で，ここでやっていく」ということや，独自の学問ができるということではないでしょうか。これまでの議論中でご指摘されたように，海外文化を拒否して排除するのではなく，和魂洋才の心を生かして，ともに，

学びあい育ちあってゆく。そのための場をつくる。これが京都の文化力です。学習力の蓄積がなければできないことですね。組織の枠を超えたネットワークで国際的に情報を集め，経験を集め，創造的に何かができるシステムを持っているのですね。その情報を発信する主体を生みだす条件はあるが，問題はそれを現場で活用し，経営に活用しながら現実にお金を出し，そういう研究成果を支援するというシステムをどう作るか。それが鍵だと思います。

　そこの所を理論化されたのは，亡くなられた梅棹忠夫先生です。梅棹先生は「情報の価値は，情報を発信した人びとの格と情報の質」，つまり品格と情報の質の高さと言います。昔は徳の高いお坊さんが情報発信しましたので，そういう人たちの所に必ずお布施が集まったと。それと同様に，質の高い情報を発信して，その格の高さと応用能力とでもって，現実に QOL を上げられるものを開発した時，世の中の人たちは大いに賛同して，みんながお金を出してくれる。そのようなシステムをどうつくるかが決定的に大事だというのです。先生はそれを実現せずに亡くなられましたが，たとえば，大学が情報を発信した時，価値があるならば，それに対して社会から必ず支援が集まってくるはずですし，またそうでなければならないと思います。

　その一つの焦点は，京都の大学がそれこそ組織の枠を超えてネットワークで協調し合いながら価値ある情報を発信して，その成果に対して社会がお金を出し得る条件をどれだけ切り開けるか。それが達成できたなら，個別企業の競争力も高まるし，大学としての国際的な権威も高まり，世界からこの京都に学びに来てくれる人がますます増えます。そういうことを考えるべきではないか，というのが私の結論です。

　山田：最後に大学のまちの問題が出てきましたが，京都はかなり独特のシステムを持っていて，大学コンソーシアムという大学間の交流組織があるのです。これは京都独自の非常に優れたまちづくりのシステムとして推奨してもよいのではないでしょうか。

　また今日はあまり話に出ませんでしたが，祇園祭を見るといろいろなアイデアがあるのではないでしょうか。現在の祇園祭は江戸時代の中頃に成立した形式を踏襲していますが，町衆がさまざまな新しいアイデアを，その中に盛り込んでいるのです。そのようなアイデアを，まちづくりの中にも出して

いくことが必要だと思います。現在の祇園祭は，粽を売ったり保存会を作って財産の運営で収益を上げるなどの自助努力，京都以外の他所からの寄付集め，京都市・京都府からの援助，この３つが揃って初めて維持されています。まちづくりにおいても，このような取り組みから得られた知見を活かしていかなければいけないのではないでしょうか。つまり，風流の精神を呼び戻す必要があるのではないでしょうか。

宗田：山田先生が言われたように，民間のお金を集めてくる力が問題です。長刀鉾などは寄付金の額がすごいのですが，その違いがあって，主に財団法人化をすでに30年前にしているわけで，それは深見茂さん（元・山鉾連合会理事長）が非常にご苦労されている。また，大文字保存会のようにNPOでやっているものもあります。

祇園祭の運営形態を見ると，まちづくりに通じる所はもちろんあります。そして，共に決して住民だけで決められるわけではありません。地元の中小事業者・大企業も関わっていたり，それぞれの学区に宗教法人が関わっている場合とか，お家元とか伝統産業，伝統工芸も関わっています。

山田：いろいろな主体がパートナーシップを作って協力してやっているわけです。そういうシステムをまちづくりにも取り入れていくべきだ，ということを最後の結論にしたいと思います。いかがでしょうか。

宗田：そうです。そこです。

山田：どうも今日はありがとうございました。

（山田浩之・池上　惇・青山吉隆・宗田好史・佐々木雅幸・赤﨑盛久）

あとがき

　本書を出版する経緯は，京都市のご厚意により，廃校になった旧・成徳中学校の校舎をお借りし，文化政策とまちづくりを推進するための研究や場づくりを行ってきた市民大学院（文化政策・まちづくり大学校）で，2008年から継続してきた研究会「京都まちづくり学」での成果を，10年目の区切りとして上梓しようということであった。

　「京都まちづくり学」の講座を始めた2008年頃は，旧来の「都市計画」だけでは不十分で，市民主体の「まちづくり」が必要だという考え方が広く浸透してきた時期であった。そういう状況の中で，「京都におけるまちづくり」はいかにあるべきか，という問題意識で「京都まちづくり学」を始めた。第1期は，2008年1月から2011年3月までで，主としてまちづくり問題に先駆的に取り組んでこられた方をお招きして，ご講演をしていただいた。とくに故・巽和夫京都大学名誉教授，宗田好文京都府立大学教授，西川幸治京都大学名誉教授などの先生方からは，貴重なお話しを伺うことができた。第2期は2011年4月から現在までで，研究者の方ばかりでなく，まちづくりの実務に携わっておられる京都市の行政の方や，実際に京都でまちづくり活動をされている方にご講義をいただいた後，お話しいただいたテーマについて質疑応答や受講者全員で議論をするゼミナール方式で研究会を行ってきた。それらのご講演や研究会でご講義いただいた方々にご執筆を改めて依頼してまとめたのが，本書である。ご執筆をお願いした方々に色々ご無理をお願いしたにもかかわらず，快くご対応いただいたことを，この場をおかりして御礼を申し上げる次第である。

　ここで改めて京都におけるまちづくりの研究や，まちづくり活動そのものの意義をまとめてみたい。まず序章でも述べたように「文化の発展」が都市の発展において重要な位置を占めるようになってきた今日，1200年におよぶ歴史都市京都は文化によるまちづくりを研究し，実践するにあたりこれ以上

265

の都市はないであろうこと。また，古い事物や建築の価値を継承しながら，新しい時代の変化に対応しようとすること。学区という濃密なコミュニティに支えられたコンパクトシティのモデルともなりうること等，今後のまちづくりのテーマに恵まれた京都でのまちづくりの研究や実践は，これからの都市政策，まちづくりの在り方を考える場合に，多くの都市にとって非常に参考になると確信する次第である。

　最後に本書の出版にあたり，ミネルヴァ書房の音田潔氏には編者達のわがままを受けとめていただいた上，ご苦労をいとわず，多大なるご尽力いただいたことに心から謝意を表したい。

　2019年 8 月

赤﨑盛久

索　引

あ　行

葵祭　12,246
空き家　118,136,256
　　——率　137
アクションリサーチ　125
揚げ見世　121
『あと涼み』　151
姉小路　162-167
　　——界隈地区政策協定　164
アーバン・ルネッサンス　1
アロー，K.J.　125
『案内者』　149
粟田学区　177,178
家と自然との関係　120
家と町との関係　121
家元　246,247
石田梅岩　245,247
五木寛之　13,23
井上清一　227
甍の波　96,100
入れ子構造　120
岩倉具視　16
インバウンド　44,219
美しい国づくり政策大綱　101
梅棹忠夫　3,6,17,262
梅原猛　21
裏千家　247
駅伝　70
御池通　162,163
欧州景観条約　95
欧州文化首都　2
応仁・文明の乱　124

岡崎地域　114,115,161
屋外広告物規制　7,101,102,174,259
オストロム，E.　127
御土居堀　145
オープン・イノベーション　261
表千家　248

か　行

快適性　94
外部経済　208
界わい景観整備地区　100,176
花街　42,173,246,248
舁き手　75
柿野欽吾　214
学術研究　4
学術文化　4,14
革新市政　224
河床　158
河川改修　154
河川法　158
価値共有型　125
価値共有過程　124
価値調整型　125
価値の「共有」　124
価値の「調整」　124
学区　58,138
　　——制度　59,245
門川大作　188,203,231
歌舞伎　146,152
かまど金　13
上賀茂　18
鴨川　144,145
　　——芸術橋　100

——条例　157
——納涼床審査基準　157
賀茂川　→鴨川
『川方勅書』　147,151
河合隼雄　234
川端康成　12
観光　5,6,218,219,229,256
観光客　250,258,261
観光産業　161,195,230
観光資源　44,161
観光消費　54
観光振興　43
——政策　196
観光都市　17,190,234
観光費　224-226,230
観光立国　52
——懇談会　53
関西文化学術研究都市　229
関西文化元気圏　234
寛文新堤　145
祇園新橋　18,98
祇園囃子　75
祇園祭　12,27,163,242,262
——・錺職人の技展　65
——協賛会　84
教育文化資産　245
共存の感性　122
共同的管理　123
京都エンタープライズデベロップメント
　232
京都会館　17,114,202
京都型文化産業　199-202
京都祇園祭の山鉾行事　73
京都御苑　16
京都経済同友会　223,227,228,231-234,
　236
京都芸術センター　20,23,28,60
京都芸術文化プログラム2020　37

京都工芸繊維大学　14
京都高度技術研究所　228,230
京都国際文化観光都市建設法　17,22,98
京都国際マンガミュージアム　20,200
京都コンサートホール　20
京都策　13
京都産業情報センター　228,229
京都市学校歴史博物館　20
京都市観光振興推進計画　196
京都市紀念動物園　14
京都市基本構想　19,20
京都市京町家の保全及び継承に関する条例
　117
京都市京町家保全・継承審議会　117
京都市景観・まちづくりセンター　21,100,
　185
京都市芸術文化振興計画　20,61
京都市交響楽団　17,22,28,202
京都市国際交流会館　20
京都市細街路対策指針　135
京都市市民スポーツ振興計画　71
京都市スーパーテクノシティ構想　230
京都市成長産業創造センター　230
京都市体育振興会　71
京都市地域景観づくり協議会　175
京都市地域景観まちづくりネットワーク
　184
京都市伝統産業活性化検討委員会　216
京都市伝統産業活性化推進条例　193,215-
　217
京都市伝統産業の日　213
京都市美術館　14,28,114,202
京都市文化芸術都市創生条例　28
京都市ベンチャー企業目利き委員会　197,
　203,229
京都市立音楽短期大学　17
京都市立絵画専門学校　14
京都市立芸術大学　14,22,28,202

京都市立美術大学　17
京都創生　50
京都大学　14, 228, 242, 248
京都タワー建設問題　18, 98
京都中小企業家同友会　233-236
京都帝国大学　14, 22
京都電気鉄道　15
京都府画学校　14, 17, 22
京都府伝統と文化のものづくり産業振興条例
　　215, 217
京都文化芸術都市創生計画　21, 28
京都文化芸術都市創世条例　16, 21, 28
京都文化芸術プログラム2020　21, 36
京都文化力　56
京都ホテル　20, 99, 243
京都リサーチパーク　198, 204
京町家　21, 100, 101, 116
　　──再生研究会　116
　　──再生プラン　21, 116
　　──条例　165
　　──保全・継承推進計画　117
　　──まちづくり調査　116
京焼　208, 211, 213, 214
京友禅　12, 195, 210
京料理　12
巨大工作物規制区域　98, 100
清水焼　12, 208, 213, 214
　　──団地　213, 219
　　──団地協同組合　213, 214
　　──の郷まつり　214
『羇旅漫録』　152
近代工業振興費　224, 225, 230
近代工業の空洞化　195
区画整理事業　18
グッゲンハイム美術館　1
区民運動会　63
区民祭り　63
クラックホーン，C.　2

クラフト　252, 253
車方　75
グローバリズム　233
グローバル・コモンズ　127
グローバル観光戦略　52
桑原武夫　18
郡中小学校　60
蹴上水力発電所　15
蹴上浄水場　160
「計画」　129
景観　7, 94, 95, 154
　　──計画　101
　　──条例　168
　　──地区　101
　　──紛争　7, 101
　　──法　7, 101
　　──論争　98, 99
経済効果　4
経済的価値　3
芸術文化　4
芸術文化振興基金　5
芸術文化の産業化　201
京阪電車（京阪電気鉄道株式会社）　153
『月堂見聞集』　151
健康長寿・笑顔のまち・京都推進プラン
　　71
建造物修景地区　100
現代アート　29
建築基準法　7
建築協定条例　18
建築様式　126
顕著な普遍的価値　46
建都1200年祭　243
原理主義　122
合意形成　180
格子窓　121
高水敷　156
交通規制　179

269

公同組合　75
高度地区　99
護岸（石積護岸）　147
国際文化観光都市建設法　16, 18
「国勢調査」　77
国宝　27
国民文化祭　5
国立京都国際会館　17
古社寺保存法　16, 22, 97, 242
個人のシナリオ　130
国家戦略としての京都創生の提言　19
古都京都の文化財　12, 45, 243
異なる価値観の共存　120, 124
古都保存法　7, 18, 22, 98
小布施町　6
コミュニティ活動　183
コミュニティネットワーク　128
コモンズ　95, 126-128
コンテンツ産業　198, 200, 201
コンベンション都市　190

さ　行

細街路　135
『在京日記』　151
嵯峨鳥居本　18
サービス経済化　2
産業基立金　14
産業的雰囲気　208
産業都市・京都　190
三条通　126, 162
産寧坂　18, 98
市街地景観　95, 96
　——条例　18, 98, 99, 243
　——整備条例　21, 99
事業継承　249, 251
四条河原　148
自然景観　7, 19, 22, 95, 96
地蔵盆　166, 168

時代祭　12, 22, 27, 242, 246
自治連合会　58, 62
シナリオアプローチ　128-131
市民大学院　179
社会資本　1, 15, 18, 22
社会選択理論　125
社会的分業　208, 209
社会福祉協議会　58
借景　101
「住宅・土地統計調査」　137
重要伝統的建造物群保存地区　18
重要文化財　27
熟議　126
巡行補助金　84
障害者スポーツ　70
小学校　13, 14, 242
床几　155
商人の公人化　245
商人文化　245
職住共存地区　77
職人型産業　250
食文化　261
白川エリア　177-181
白川まちづくり協議会　180
白川を創る会　180
新価値創造ビジョン　198
新京都駅　20, 243
新京都市観光推進計画　196
新景観政策　16, 21, 22, 101, 174, 234, 243, 259
神幸祭　74
新産業技術研究所　225, 230
新産業振興政策　197
水害　153
スーパーテクノシティ構想　197, 230
ストローム夫妻　130
スポーツ文化　4, 70, 71
住みごこち　122

索　引

住みごたえ　122
住みこなし　123
住み継ぎ　123
角倉了以・素庵　146
生活の質　2, 242, 256
生活文化　4, 118-124
清々講社　75
舎密局　15, 22
世界遺産　12, 243
　——条約　45
世界文化自由都市宣言　16, 18, 19, 22, 61,
　188, 229, 239
世界歴史都市会議　19
石門心学　245, 246
セン, A.　125
前衛都市　13
千玄室　247
漸次的な意思決定　129
創業支援貸工場 VIF　229
総合設計制度　99, 243
創造産業　8, 248, 261
創造性　3, 8
創造都市　8, 248, 252
　——ネットワーク　8
ソーシャル・キャピタル　218, 219

た 行

第 2 次景観問題　20, 243
体育振興会　64
第一蹴の地　70
大学のまち　12, 14, 96
大工方　75
第三高等学校　14
耐震診断　141
耐用年限　118
大礼記念京都美術館　14
高さ規制　7
高瀬川　145, 146

高山市政　17, 224, 227
高山義三　158, 224
高床形式　158
多品種少量型　250
地域企業　231, 236
地域景観づくり協議会制度　165, 166, 172,
　175, 184
地域経済活性化　44
地域結集型共同研究事業　230
地域コミュニティ　136, 212, 213, 230, 244,
　259
地域産業政策　188
地域資源　66
地域生活空間　123
地域づくり　48, 189
地域文化　5
　——力　56
地域連携型空き家対策促進事業　137
知恵産業　198, 200
地区計画　169
知的クラスター創成事業　230
地方創生　43
茶屋（水茶屋）　149-151
中堅企業　231, 232
中小企業振興基本条例　235
中心業務地区　80
町会所　85, 87
町組　13
町式目　121, 164, 175
町中組織　75
町内会　75, 169, 170
眺望景観　21, 101
賃貸用の住宅　136
『徒然草』　98, 120
低床形式　152
デザイン　250, 252
手仕事　250
手伝い方　75

271

寺子屋　13
伝産法　→伝統的工芸品産業の振興に関する
　　法律
伝統工芸　29
伝統産業　12,15,22,100,192-195,205-219,
　　227,250
　　──活性化推進条例　193
　　──産地　206,211,215,217
　　──従事者　214
　　──都市　191
伝統産業振興　193,224
　　──費　224-226,230
伝統軸組構法　122
伝統的建造物群保存地区　7,98
伝統的工芸品　206
伝統的工芸品産業　206,208
　　──の振興に関する法律　192,206,215,
　　217
伝統文化　5,12,16,29,247
伝福連携　219
陶器まつり　213,214
東京オリンピック　29
東京遷都　13,14
東京パラリンピック　29
同志社大学　248
陶灯路　214
通り庭　121
特別保全修景地区　98
都心幹線沿道地区　77
都心部小学校跡地活用審議会　62
富井清　224,227

な　行

内国勧業博覧会　16,114
中村秀一郎　232
双々岡（丘）　96,98
　　──開発問題　18
西陣　15,252

──機業　15
──地域　202,212
西陣織　12,195,208,209,212,214,249
　　──工業組合　212
西谷良圃　13
西之町　167-177
二次的住宅　136
二重構造　231,232,233
二条城　27
『日次記事』　149
蜷川虎三　228
日本文化研究所　19
納涼床　148-150,152

は　行

ハーディン,G.　126
パートナーシップ　128
バブル経済　100
バブル崩壊　229
林田悠紀夫　228
林屋辰三郎　15
番組小学校　59,242
阪神・淡路大震災　125
美観地区　98,100
曳き手　75
曳舟　146
ビジット・ジャパン・キャンペーン　53
ビルバオ　1,241
琵琶湖疏水　12,15,114,153,160,161,192,
　　246
風致地区　22,97,98,242
　　──条例　18
フェノロサ　16
深見茂　263
福沢諭吉　13,23
複数のシナリオ　129
不動産市場　254
舩橋求己　18,224,228,229

索　引

風流　72,263
古川町商店街　178,180,181
フロリダ, R.　9,218
文化・メディア・スポーツ省　8
文化遺産　4-6,12,16,19,22,44,96-98,259
文化開発論　6
文化環境　4
文化観光資源　94
文化技術振興基本法　5,6
文化経済学　3,4,95
文化経済戦略　6
文化芸術基本法　6,21,30
文化芸術振興基本法　29
文化交流　4
文化財　27,44,97,242,259
　——保護法　5,18,43,97,98,260
　——保存活用地域計画　5
文化産業　3,4,7,8
文化資源　4,66
文化資本　4,248
文化首都　234
　「——・京都」推進本部会議　39
文化振興　5
　——条例　6
　——マスタープラン　5
文化人類学　2
文化多様性　8
　——に関する世界宣言　8
文化庁　5,21
　——の京都移転　29,234,248
文化的価値　3,4,21,95,123,158,217,218,
　253
文化的景観　5,18,46,114,180
文化的財　3,95
文化都市　192
文化ボランティア　35
文明開化　13,15,22,97
平安建都1200年祭　242

平安神宮　16,22,115,242
平安遷都　20,95,144
　——千百記念祭　16,114,242
ペトロフピアノ・コンサート　65
ベンチャーインキュベーションラボ　228
ベンチャー・ビジネス　232
　——都市　191
防鴨河使　144
保革5党支持市政　224
北斎館　6
保守市政　224
細尾真生　252
堀場雅夫　236
本能まちづくり委員会　212,213,218
先斗町　173-177

ま　行

マイコンテクノ HOUSE 京都　228
槇村正直　13,14
『枕草子』　95
マクロシナリオ　130
マーシャル　208
まち・ひと・こころが織り成す京都遺産
　38
まち・ひと・しごと・創生長期ビジョン
　49
まち・ひと・しごと・創生法　49
まち・ひと・しごと創生総合戦略　50
町衆　246,248
まちづくり　123
　——協議会　169
　——憲章　100
　——の課題　124
　——の仕組み　126
　——ワークショップ　130
街なみ環境整備事業　165
町並み景観　123,254
まちのシナリオ　130

273

まちの将来像　126
町家　22,211,215,218,251,254,256
マネジメント力　185
マンション紛争　125
マンフォード，L.　9
ミクロシナリオ　130
神輿渡御　74
水打ち　122
水辺景観　7,161
みそそぎ川　157
『都名所図会』　151
民俗文化財　5
民泊　256,257
無形文化遺産　4,261
無形文化財　5
村田純一　227
明治維新　12,13,22,96,242
明倫学区　60
明倫小学校　20
元学区　119
ものづくり都市　190
門掃き　122

や　行

厄除け粽　85
山口栄一　236
山・鉾・屋台行事　72
山並み景観　7,97,100
山本覚馬　246
山鉾町　74
山鉾連合会　75
山鉾保存会　75
有形文化財　5,12
夕涼み　155
ユニークベニュー　239
容積率規制　7,99

吉田兼好　98,120

ら・わ行

ライフヒストリー法　130
『洛陽勝覧』　150
ランドリー，C.　8
両側町　119,120
歴史的景観　7,95,96
　　——保全修景地区　100
歴史的風致　49
　　——維持向上計画　5,106,246
歴史的風土特別保存地区　98
歴史的風土保存区域　7,98
歴史まちづくり法　7,49
レジリエンス　130,248
連担　119-121,123
ロイヤル・ダッチ・シェル　130
ローカル・コモンズ　127
ロームシアター京都　20,202
若手芸術家等の居住・制作・発表の場づくり　36
和食　260,261

欧　文

ACT京都　→京都市成長産業創造センター
ASTEM　→京都高度技術研究所
HAPS　256
JR京都駅　99
KED　→京都エンタープライズデベロップメント
Kyoto Cultivates Project　40
KYOTO STEAM——世界文化交流祭　41
QOL　→生活の質
MICE　190
SBIR　235
VIL　→ベンチャーインキュベーションラボ

著者紹介 （所属，執筆分担，執筆順，＊は編者）

＊山田浩之（編著者紹介参照：序章，第1章，第6章1・2，終章）

白須　正（龍谷大学政策学部教授：コラム，第11章1）

平竹耕三（京都市文化芸術政策監〔執筆時〕：第2章，コラム2）

峯俊智穂（立命館大学経済学部准教授：第3章）

和崎光太郎（浜松学院大学短期大学部講師：第4章）

村田和繁（京都市役所職員：コラム3）

佐藤弘隆（立命館大学文学部特任助教：第5章）

松田　彰（京都市役所文化財保存活用・施設整備アドバイザー：第6章3）

大島祥子（スーク創生事務所代表：コラム4）

髙田光雄（京都美術工芸大学教授・京都大学名誉教授：第7章）

森重幸子（京都美術工芸大学工芸学部准教授：コラム5）

＊赤﨑盛久（編著者紹介参照：第8章，第10章4，終章）

鈴木康久（京都産業大学現代社会学部教授：第9章）

金井萬造（立命館大学経済学部客員教授：コラム6）

谷口親平（姉小路界隈を考える会事務局長：第10章1）

横山経治（西之町まちづくり協議会事務局長：第10章2）

神戸　啓（先斗町まちづくり協議会事務局長：第10章3）

森川宏剛（NPO法人京都景観フォーラム専務理事：コラム7）

水野成容（京都リサーチパーク株式会社常務取締役：コラム8）

滋野浩毅（京都産業大学現代社会学部教授：第12章）

波多野進（京都学園大学名誉教授：第13章）

木下博夫（ワールドマスターズゲーム2021関西組織委員会事務総長
：コラム9）

池上惇（京都大学名誉教授・福井県立大学名誉教授：終章）

青山吉隆（京都大学名誉教授：終章）

宗田好史（京都府立大学文学部教授・京都府立大学京都和食文化研究セン
ター長：終章）

佐々木雅幸（大阪市立大学名誉教授・同志社大学経済学部客員教授：終章）

編著者紹介

山田浩之（やまだ・ひろゆき）

　1932年生まれ。

　1958年　京都大学大学院経済学研究科博士課程単位取得。経済学博士。

　　　　　京都大学名誉教授，大阪商業大学名誉教授，羽衣国際大学名誉教授。

　主　著　『都市経済学』（共著）有斐閣，1978年。

　　　　　『都市の経済分析』東洋経済新報社，1980年。

　　　　　『文化経済学を学ぶ人のために』（共編著）世界思想社，1993年。

　　　　　『都市祭礼文化の継承と変容を考える』（編著）ミネルヴァ書房，2016年。

　　　　　『地域経済学入門 第3版』（共編著）有斐閣，2018年。

赤﨑盛久（あかさき・もりひさ）

　1943年生まれ。

　2004年　神戸大学大学院経営学研究科前期課程修了，経営学修士。

　2009年　京都大学大学院都市環境学博士課程修了，工学博士。

　現　在　三重大学工学部建築学科非常勤講師，あきや活用まちづくりセンター代表理事。

京都から考える　都市文化政策とまちづくり
——伝統と革新の共存——

2019年11月20日　初版第1刷発行　　　　　　　　　　　〈検印省略〉

定価はカバーに
表示しています

編 著 者	山	田	浩	之	
	赤	﨑	盛	久	
発 行 者	杉	田	啓	三	
印 刷 者	田	中	雅	博	

発行所　株式会社　ミネルヴァ書房

607-8494 京都市山科区日ノ岡堤谷町1
電話代表（075）581 - 5191
振替口座 01020 - 0 - 8076

©山田，赤﨑ほか，2019　　　　創栄図書印刷・清水製本

ISBN978-4-623-08768-6

Printed in Japan

都市祭礼文化の継承と変容を考える

山田浩之 編著

A5判／276頁／本体5000円

ソーシャル・キャピタルのフロンティア

稲葉陽二・大守隆・近藤克則・
宮田加久子・矢野聡・吉野諒三 編

A5判／262頁／本体3500円

文化政策の経済学

デイヴィッド・スロスビー／後藤和子・阪本崇 監訳

A5判／322頁／本体3500円

文化経済論

金武創・阪本崇 著

A5判／320頁／本体3200円

入門 文化政策

井口貢 編著

A5判／268頁／本体2800円

── ミネルヴァ書房 ──

http://www.minervashobo.co.jp/